Le Temps des comètes

Daniel SCHÖNPFLUG

Le Temps des comètes

1918 : après la guerre, l'aube d'un nouveau monde

Traduit de l'allemand par Odile Demange

La librairie VUIBERT

La traduction de cet ouvrage a bénéficié du soutien du Goethe-Institut.

GOETHE
INSTITUT

Titre original : *Kometenjahre. 1918 : Die Welt im Aufbruch*
Éditeur original : © S. Fischer Verlag GmbH, Francfort-sur-le-Main, 2017.

ISBN : 978-2-311-10244-4

La Librairie Vuibert
5, allée de la 2e D.-B. – 75015 Paris
www.la-librairie-vuibert.com

Pour Céline, qui m'a ouvert les yeux.

Prologue

Le noyau de la comète

Un météore décrivant sa trajectoire est attiré
dans les parages de la Terre, dévié,
contraint de fendre l'atmosphère ;
il échappe de justesse comme étoile filante
embrasée au danger de devoir rester attaché
à la Terre pour toujours et, se refroidissant
et s'éteignant dans le vide d'air,
poursuit son chemin dans l'espace.

Paul Klee, *Théorie de l'art moderne*,
trad. P.-H. Gonthier, Gallimard, 1998, p. 121.

Paul Klee, *La Comète de Paris*, 1918

Le 11 novembre 1918 au petit jour, l'empereur allemand est pendu entre deux gratte-ciel new-yorkais. Inerte, le monarque se balance à l'extrémité d'une longue corde, environné de confettis qui volettent et scintillent dans les rayons du soleil. Il ne s'agit évidemment pas de Guillaume II en personne, mais de son effigie, un pantin plus grand que nature, affublé d'une grosse moustache et d'un casque à pointe auquel restent accrochés de longs rubans de papier blanc jetés des étages supérieurs et qui descendent avec une lenteur majestueuse vers le fond du canyon urbain.

L'armistice entre les puissances alliées et le Reich allemand a pris effet à 5 heures du matin, heure de la côte est des États-Unis. Les « Huns », comme les Américains appellent les Allemands depuis le début de la guerre, ont été mis à genoux au terme de quatre années d'une lutte implacable. La Première Guerre mondiale, qui a coûté seize millions de vies humaines à travers le monde, s'est achevée par la victoire des Alliés. Les New-Yorkais l'ont lu dans la presse du matin et sont descendus dans la rue par milliers. Entre les gratte-ciel moutonne un océan d'habitants, tous sur leur trente et un, en costumes et chapeaux melons, en robes d'été, en uniformes ou en tenues d'infirmières, épaule contre épaule, bras dessus bras dessous. On se salue, on se saute au cou. Carillons, salves de canon, marches et fanfares se mêlent à des millions de voix qui rient, chantent, scandent en chœur pour former un tapage évoquant une violente houle. Des automobiles, sur les toits desquelles on agite frénétiquement des drapeaux, roulent au pas, traversant la foule à grands coups de klaxon. La ville est en liesse : c'est une fête de rue improvisée, avec affiches peintes à la main, tribunes populaires autoproclamées, orchestres, danses effrénées sur le pavé. Tout le monde à New York a cessé de travailler en ce jour d'allégresse, ce jour qui, tous en sont persuadés, apportera bientôt la paix au monde.

Cela ne fait pas longtemps que Moina Michael a quitté ses fonctions de maîtresse d'internat et d'enseignante dans une université pour jeunes filles de Géorgie. Depuis quelques semaines, cette presque quinquagénaire travaille dans un camp de formation de l'Association chrétienne des jeunes femmes – le pendant féminin de la YMCA[1]. Dans les bâtiments de l'université Columbia, à Manhattan, Moina Michael et ses collègues préparent des jeunes gens, filles comme garçons, à intervenir en Europe. Dans quelque temps, les plus compétents franchiront l'Atlantique en tant qu'auxiliaires civils pour mettre en place des centres de soins destinés aux soldats à l'arrière du front.

Deux jours avant l'armistice, Moina Michael a eu entre les mains un numéro du *Ladies Home Journal*, dans lequel est reproduit *In Flanders Fields*, un poème de guerre du lieutenant canadien John McCrae : « Dans les champs de Flandre,

1. Young Men's Christian Association, mouvement de jeunesse chrétien américain.

les coquelicots fleurissent entre les croix... » La page est abondamment illustrée de représentations héroïques de soldats aux yeux levés vers le ciel. Captivée, elle poursuit sa lecture jusqu'au dernier vers dans lequel McCrae évoque un soldat mourant dont les mains, de plus en plus faibles, passent le flambeau aux survivants. Alors que les mots et les images résonnent en elle, elle a l'impression que ce poème a été écrit à son intention, que les voix des morts lui parlent directement à travers les rimes. C'est à *elle* que ce texte s'adresse ! C'est *elle* qui doit tendre la main et saisir la torche de la paix et de la liberté qui menace de tomber. *Elle* doit être l'instrument de la fidélité et de la foi, *elle* doit veiller à ce que le souvenir des millions de victimes ne s'efface jamais, qu'ils n'aient pas combattu pour rien et que leur mort n'ait pas été vaine !

Moina est tellement émue par ce poème et par sa propre mission qu'elle s'empare d'un crayon et qu'elle griffonne, sur une enveloppe jaune, quelques lignes en hommage au coquelicot, « la fleur qui s'épanouit au-dessus des morts ». Comme dans un serment versifié, elle jure de transmettre aux survivants « la leçon » des champs de Flandre :

Désormais, en l'honneur de nos morts,
nous brandirons la torche et le rouge coquelicot.
Ne craignez pas d'être morts en vain ;
nous transmettrons la leçon que vous avez forgée
Dans les champs de Flandre.

Pendant qu'elle couche ces mots sur le papier, une délégation de jeunes gens s'approche de son bureau. Ils ont recueilli 10 dollars pour remercier Moina du soutien qu'elle leur a apporté lors de l'aménagement de leur logement à la YMCA. À l'instant même où elle prend le chèque, tout devient clair dans son esprit : elle ne se contentera pas de mots, si joliment rimés soient-ils. Elle transformera son poème en réalité ! « J'achèterai des coquelicots. [...] À partir d'aujourd'hui, je porterai toujours des coquelicots rouges », annonce-t-elle aux jeunes gens stupéfaits. Elle leur montre ensuite le poème de McCrae et, après quelque hésitation, leur lit également le sien. Ses visiteurs sont enthousiastes. Ils veulent, eux aussi, porter un coquelicot à leur revers, et Moina s'engage à leur en procurer.

C'est ainsi qu'elle passe les dernières heures précédant l'armistice à courir les magasins de New York à la recherche de coquelicots artificiels. Elle constate que si la métropole mondiale offre un large assortiment de fleurs en tissu de toutes les couleurs et de toutes les formes, le choix de *Papaver rhoeas*, l'espèce rouge vif chantée dans les poèmes, est limité. Elle finit pourtant par trouver son bonheur chez Wanamaker's, un des grands magasins qui vendent absolument tout, des articles de mercerie aux automobiles. Il y avait même un restaurant de luxe, le Crystal Tea Room. Elle achète un grand coquelicot artificiel pour son bureau et deux douzaines de fleurs de soie à quatre pétales. De retour à la YMCA, elle glisse les fleurs à la boutonnière des jeunes gens qui partiront bientôt servir en France. Tels sont les modestes débuts de la marche triomphale d'un symbole. Quelques années plus tard, les *Remembrance Poppies* seront devenus dans l'ensemble du monde anglo-saxon l'incarnation du souvenir des morts de la guerre mondiale.

Le culte du coquelicot est né d'un moment historique exceptionnel, qui a vu des millions d'êtres humains à travers le monde faire la fête, interrompre leurs activités, fondre en larmes ou crier vengeance. Mais au-delà de cet instant précis, les coquelicots renvoient au passé tout en annonçant l'avenir. Ils exhortent à affronter une réalité qui vient de se produire, à ne pas l'oublier. En ce sens, ils participent d'une culture mémorielle planétaire, dans le cadre de laquelle on organise des cérémonies, on construit des monuments et on grave les noms des morts sur des plaques de pierre dans les écoles, les administrations et les casernes. L'idée de Moina Michael est également tournée vers l'avant, car pour elle, le sang versé et les innombrables victimes de cette guerre imposent une obligation pour les temps à venir : il faut que sur les tombes s'épanouissent des fleurs – tel est, dans un premier temps, son espoir naïf, né d'une inspiration spontanée et d'une profonde religiosité. Pour elle comme pour nombre de ses contemporains, la fin de la guerre pose la question pressante de l'avenir. Elle inspire des visions d'une vie meilleure, mais aussi des craintes ; elle fait naître des idées, des rêves et des aspirations révolutionnaires, en même temps que des cauchemars.

En 1918, Paul Klee a pris pour thème de *La Comète de Paris*, aquarelle aussi ironique qu'emblématique, cet instant à cheval entre passé et avenir, entre réalité et projections. Quand on l'observe attentivement, on se rend compte que ce dessin à la plume aquarellé de Klee, alors soldat de l'école d'aviation royale bavaroise, ne représente pas une comète, mais deux : une première, verte, à longue queue et une seconde qui prend la forme d'une étoile de David. Elles gravitent autour de la tête d'un funambule qui, tenant une perche dans ses deux mains, évolue en équilibre sur un fil invisible tendu au-dessus de la tour Eiffel. C'est l'un des nombreux feuillets que Paul Klee réalisa durant cette période et qui représentent des astres au-dessus de villes. Comme si souvent, l'artiste se comporte en « illustrateur d'idées ». Sur ce dessin, le lointain Paris – capitale de l'ennemi, mais patrie de l'art – fait figure de Bethléem moderne. La comète – depuis toujours et plus particulièrement dans l'atmosphère précaire, tendue, de ce début du XXe siècle – apparaît comme le signe de l'imprévisible, comme annonciatrice de grands événements, de transformations radicales, de catastrophes, même. Elle symbolise la perspective de possibilités insoupçonnées, d'avenirs inconnus. La petite sœur de la comète, l'étoile filante, invite à faire un vœu. En revanche, un phénomène céleste apparenté, la météorite qui se précipite vers la Terre, effraie par son pouvoir de destruction. Rappelons qu'en 1910, le monde a vécu en l'espace de quelques mois le passage des comètes de Johannesburg et de Halley et que, sur tous les continents, les plus angoissés des mortels s'étaient préparés à la fin du monde. Peut-être ces événements, auxquels ont pu s'ajouter les rapports sur l'impact de la météorite de Richardton dans le nord du Dakota le 30 juin 1918, auront-ils inspiré cette œuvre à Klee.

Son funambule se tient en équilibre, à mi-chemin entre la merveille terrestre qu'est la tour Eiffel, et les astres, gros de promesses autant que de menaces. En suspens, il n'appartient entièrement à aucune de ces sphères, il a la tête dans les nuages et risque pourtant à tout moment de chanceler et d'être précipité dans le vide. Avec les étoiles qui dansent autour de sa tête, il évoque un homme ivre plutôt qu'inspiré. Son regard chaviré pourrait indiquer que les astres qui cernent son front lui font tourner la tête, augmentant encore les risques de chute.

C'est ainsi qu'avec *La Comète de Paris*, Paul Klee offre un symbole ironique de la vie en cette année 1918, vibrant entre enthousiasme et défaitisme, entre espérances et appréhensions, entre visions ambitieuses et cruelles réalités. Ceux qui croyaient au caractère annonciateur des comètes pouvaient voir la réalisation de prophéties stellaires en ce 11 novembre 1918, jour de l'armistice, alors que la vieille Europe était tout à la fois en miettes et en fête, que des révolutions la secouaient, que de grands empires s'effondraient et que vacillait l'ordre du monde.

En même temps, en cet instant de grand chambardement, on assista à une véritable pluie d'étoiles filantes de projets d'avenir. Rarement l'histoire eut l'air aussi ouverte, aussi contingente, aussi dépendante de décisions purement humaines. Rarement il parut aussi indispensable de convertir promptement les leçons des erreurs du passé en concepts d'avenir. Rarement, en présence d'un monde en mutation, il sembla aussi inévitable de s'investir et de lutter pour imposer ses visions. On conçut alors de nouvelles idées politiques, une nouvelle société, une culture et un art nouveaux. On proclama l'avènement d'un homme nouveau, l'homme du XXe siècle, né dans les flammes de la guerre et affranchi des chaînes du vieux monde. Tel un phénix, l'Europe, voire le monde entier, devait se relever de ses cendres. Le carrousel des possibilités tournait si vite que de nombreux contemporains furent pris de vertige.

Les hommes dont il est question dans les pages qui suivent sont tous des funambules. Leur vision entièrement subjective des événements est empruntée aux descriptions d'eux-mêmes qui figurent dans leurs autobiographies, leurs Mémoires, leurs journaux intimes et leur correspondance. La vérité de cet ouvrage est celle de ces documents. Elle peut entrer en collision avec la vérité des livres d'histoire, et il arrive même à nos témoins oculaires de mentir. Étonnés, ils voient s'embraser des rêves au firmament, mais assistent aussi à leur désintégration rapide et au choc de la roche cosmique refroidie contre la réalité. En tâtonnant, ils progressent sur cette étroite crête qui mène au-dessus du précipice. Si certains, à l'image de Moina Michael, réussissent à conserver leur équilibre à cette altitude, d'autres tombent, comme l'empereur Guillaume II, pour qui cette mince corde – en effigie du moins – devient celle du gibet.

En même temps, les événements retracés et les souvenirs des contemporains révèlent la tension presque insupportable dont est chargé l'après-guerre. En effet, visions, rêves et aspirations ne se contentent pas de stimuler les hommes en cet instant de transition entre le XIXe et le XXe siècle ; ils les divisent aussi. Certains projets d'avenir sont diamétralement opposés, ils sont même incompatibles – c'est du moins ce que prétendent un grand nombre des nouveaux messies – et leur réalisation passe par la destruction des projets concurrents. C'est ainsi qu'au lieu de la paix ardemment espérée, la lutte opiniâtre pour un avenir meilleur engendre une nouvelle violence et réclame de nouvelles victimes.

I

Le début de la fin

Que ce soit vers la droite,
que ce soit vers la gauche,
vers l'avant ou vers l'arrière,
vers le haut ou vers le bas,
il faut avancer sans se demander
ce qui est devant ou derrière vous.
Cela doit rester caché :
vous aviez le droit,
vous aviez le devoir de l'oublier
afin de pouvoir accomplir la tâche.
Arnold Schönberg,
L'Échelle de Jacob, 1917.

Paul Nash, *Nous créons un monde nouveau*, 1918

Le crépuscule s'étend déjà sur la campagne belge quand, dans l'après-midi du 7 novembre 1918, un convoi de cinq voitures officielles noires se met en branle au quartier général allemand de Spa. Le dernier véhicule transporte Matthias Erzberger, un homme corpulent de 43 ans, aux lunettes à monture métallique, à la moustache soigneusement taillée et aux cheveux méticuleusement séparés par une raie au milieu. Le gouvernement du Reich a envoyé le secrétaire d'État en mission chez l'ennemi, accompagné d'une délégation de trois membres. Il doit, d'une signature, mettre fin à une guerre qui dure depuis plus de quatre ans et a touché presque toute la planète.

À 21 h 20, alors qu'une pluie fine s'est mise à tomber, la colonne franchit la ligne de front allemande près du petit village de Trélon, dans le nord de la France. Derrière la dernière rangée de tranchées, dont les occupants viennent encore de soumettre les troupes françaises à des tirs meurtriers, commence le *no man's land*. Le convoi avance au pas, progressant difficilement dans l'obscurité, en direction des lignes ennemies. La première voiture arbore un drapeau blanc et de brèves sonneries de trompette retentissent à intervalles réguliers. La trêve est respectée ; aucun coup de feu n'est tiré pendant que les délégués traversent le terrain disputé pour rejoindre les toutes premières tranchées françaises, qui ne sont qu'à 150 mètres des lignes allemandes. Erzberger trouve l'accueil que lui réserve le camp adverse froid, mais respectueux ; on leur épargne les bandeaux dont on couvre habituellement les yeux des négociateurs en pareilles occasions. Deux officiers accompagnent les voitures jusqu'à la localité de La Capelle, où leur arrivée attire une foule de soldats et de civils qui saluent les délégués de l'ennemi en applaudissant et en criant : « Finie, la guerre ? »

Le groupe d'Erzberger change de véhicules pour monter dans des automobiles françaises. Lorsque la lune surgit entre les nuages, sa lueur blafarde éclaire un paysage apocalyptique. La Picardie, où les combats ont fait rage quatre ans durant, est devenue le royaume des morts. Le bord des routes est jonché de pièces d'artillerie détruites et d'épaves de véhicules militaires qui rouillent à côté de cadavres d'animaux en décomposition. Les champs sont hérissés de barbelés. Le sol est éventré par des millions d'explosions, contaminé par des tonnes de balles, pollué par la puanteur d'innombrables cadavres, par les gaz de combat aussi. La pluie s'accumule dans les tranchées et dans les cratères d'obus. Il ne reste des forêts que des moignons calcinés, dont les silhouettes se découpent dans le ciel nocturne. Le convoi traverse des villages et des villes, rasés par les troupes allemandes en retraite. Erzberger relate, bouleversé, ce qu'il voit du village de Chauny : « Plus une maison n'était debout. C'était une suite de ruines. Sous la lune, des pans de murs prenaient des lueurs spectrales. Pas un être vivant à la ronde. »

L'itinéraire de l'émissaire allemand imposé par les chefs de l'armée française traverse les parties du nord de la France qui ont le plus souffert de la guerre ; on dirait qu'une météorite s'y est abattue. L'aspect terrifiant de la région portée plus tard sur les cartes sous le nom de « zone rouge » est censé mettre Erzberger en condition pour les négociations d'armistice imminentes. Ces secteurs, qui, de l'avis des spécialistes de l'époque, ne seront plus jamais cultivables, doivent lui rappeler ce que les Allemands ont infligé aux Français.

Le civil Erzberger a probablement déjà vu sur des photos, dans la presse, sur des cartes postales et aux actualités filmées les ravages subis par le nord de la France, qui constituent un argument majeur de la propagande de guerre alliée. Cet homme cultivé et curieux a certainement lu *Le Feu* d'Henri Barbusse, ce roman qui décrit en mots pénétrants les « champs de stérilité » créés par la guerre. Peut-être connaît-il également quelques-unes des nombreuses toiles de son temps qui s'inscrivent dans un tout nouveau genre de peinture de paysage : c'est ainsi que le Britannique Paul Nash a évoqué ses expériences du conflit dans une œuvre emblématique où un soleil blême se lève sur une forêt criblée d'impacts. *Nous créons un monde nouveau* : tel est le titre de ce tableau qui oscille entre sarcasme et espoir. Mais voir de ses propres yeux la désolation, l'héritage catastrophique de la guerre mondiale, est une autre affaire : « Le voyage à Compiègne, écrit Erzberger dans ses *Souvenirs de guerre*, fut pour moi un véritable calvaire. Il reste le souvenir le plus douloureux et le plus amer de ma vie politique. »

Cela fait déjà un moment que l'officier américain Harry S. Truman s'est habitué à ces paysages de guerre. Il les décrit dans une lettre adressée à son amie Bess Wallace : « Des arbres qui formaient jadis une belle forêt ne sont plus que des souches aux branches nues qui se dressent, tels des spectres. Le sol n'est plus que cratères d'obus. [...] Cette terre dévastée a dû être autrefois aussi cultivée et aussi belle que le reste de la France, alors qu'aujourd'hui, en comparaison, le Sahara ou l'Arizona passeraient pour le jardin d'Éden. Quand la lune se lève derrière les arbres dont j'ai parlé, on peut imaginer que les esprits du demi-million de Français massacrés ici défilent tristement entre les ruines. »

Truman, un fermier du Missouri, officier dans une unité d'artillerie pendant le conflit, se trouve alors à 150 kilomètres à l'est de Chauny, la ville en ruine que Matthias Erzberger traverse en cette nuit du 7 novembre 1918. Dans les forêts vallonnées de l'Argonne où Truman est engagé depuis la fin septembre 1918 se livrent les derniers combats de la guerre entre l'Empire allemand et les Alliés. Le maréchal Foch, commandant en chef des armées alliées, a choisi les collines boisées du triangle situé aux confins de la France, de l'Allemagne et de la Belgique comme théâtre de l'offensive décisive. La « ligne Hindenburg » des Alliés, que les Allemands appellent la « Siegfried Stellung », la dernière position défensive consolidée par les troupes allemandes, est tombée dès les premiers jours de l'attaque, à la fin du mois de septembre 1918. L'armée française et les American Expeditionary Forces (AEF), la plus grande unité de combat que les États-Unis aient envoyée à cette date faire la guerre hors de leurs frontières, progressent impitoyablement vers l'est, en direction du Rhin. Dans son abri à proximité de Verdun, Truman écrit : « La vue est navrante. Des Français sont ensevelis dans mon jardin de devant et des Huns derrière ma maison, et tous sont éparpillés un peu partout, à perte de vue. Chaque fois qu'un obus boche tombe dans un champ à l'ouest d'ici, il déterre un fragment humain. Heureusement que je ne crois pas aux fantômes. »

Contrairement à l'empereur, Guillaume de Prusse, héritier du trône de l'Empire allemand, ne portait pas la somptueuse moustache à la prussienne. Alors que Guillaume II impressionnait par son physique, le Kronprinz, jusqu'à un âge avancé, présenta toujours un aspect plutôt juvénile et, comme pour se différencier d'une figure paternelle écrasante, il n'arborait qu'une fine moustache qu'il rasa du reste à la fin de la guerre. Cela évita au fils aîné des Hohenzollern prussiens, né dans le palais de marbre de Potsdam, de devoir, à l'instar de milliers de soldats allemands – dont Adolf Hitler –, sacrifier ses ornements faciaux lorsque l'introduction des gaz de combat et des masques à gaz en fit la source d'un danger mortel. En 1918, à 36 ans, Guillaume de Prusse était à la tête du groupe d'armées « Deutscher Kronprinz », encore fort de quatre armées à cette date. Cela ne signifiait cependant pas qu'il les commandait concrètement. Son père, qui, dès son plus jeune âge, l'avait tenu plus ou moins à l'écart des affaires du gouvernement, lui avait fermement recommandé de laisser toutes les décisions entre les mains du chef d'état-major, Friedrich von der Schulenburg. Aussi le Kronprinz désignait-il celui-ci comme « *mein Chef* ». Depuis l'été 1918, qui avait vu s'enliser l'ultime offensive allemande, le groupe d'armées « Deutscher Kronprinz » n'avait pourtant pas cessé de reculer.

En septembre 1918, face à la violence intacte des attaques alliées, le Kronprinz se prend à douter pour la première fois de la victoire allemande : « Nous avions le sentiment d'être à l'apogée de l'offensive ennemie concentrique et [...] dans l'ensemble, de résister encore grâce au dévouement de toutes nos forces [...] Combien de temps encore ? » Un peu plus tard, après avoir rendu visite à la première division de la garde commandée par son frère Eitel-Frédéric, surnommé Fritz, Guillaume est contraint de reconnaître que le combat de l'Allemagne contre les Alliés est désormais sans espoir. Fritz, généralement très optimiste, l'accueille cette fois le teint gris, accablé.

Sa division ne compte plus que cinq cents hommes. Le ravitaillement est pitoyable. Les pièces d'artillerie sont hors d'usage et on n'a plus de quoi les remplacer. Certes, les attaques de l'infanterie américaine, qui se font en colonnes « contrairement à toutes les règles de la guerre », restent contrôlables grâce à des mitraillades généralisées. Mais la dernière innovation technologie alliée, le char d'assaut, met les troupes allemandes en difficulté. Les brigades de chars américaines passent au-dessus des tranchées allemandes, qui n'abritent plus qu'un homme tous les 20 mètres, avant de les canarder par-derrière. De surcroît, à la différence des Allemands, les Américains semblent disposer d'inépuisables réserves d'artillerie lourde et d'hommes. Chacune de leurs attaques est préparée par des tirs plus nourris qu'à Verdun et sur la Somme. Les deux frères, dont l'enfance avait été bercée par des récits d'héroïsme guerrier, de champs d'honneur où se décidaient l'ascension et la chute d'empires entiers, de généraux qui chevauchaient à la tête de leurs troupes, sabre au clair et panache au vent, se trouvent désormais au milieu d'une logistique sinistre et de chair ensanglantée.

La supériorité de l'adversaire inspire à Guillaume un sentiment d'impuissance. Épuisés, mal équipés, n'ayant que des armes usagées et des munitions de plus en plus rares, les soldats qui lui restent – ceux qui n'ont pas préféré la captivité à la mort – résistent aux assauts de l'ennemi. Chacune de ces attaques renforce son pessimisme. « L'air vibrait sous le feu, un martèlement sourd, un mugissement, un roulement qui n'en finissaient plus. » Fin septembre, le Kronprinz a compris qu'il n'y en avait plus pour longtemps : « Où se situait à présent la frontière entre pouvoir et vouloir dans la tête embrouillée par la faim, les souffrances et les privations de ces hommes qui avaient courageusement risqué mille fois leur vie pour la patrie ? »

Alvin C. York était entré dans l'infanterie américaine au terme de longues hésitations. Originaire du village de Pall Mall dans les montagnes du Tennessee, ce grand gaillard de la campagne, roux et baraqué, était méthodiste pratiquant. Pour lui, la Bible devait être prise au pied de la lettre et le cinquième commandement – « Tu ne tueras point » – représentait une injonction sacrée contre l'usage des armes. L'arrivée de son ordre de mobilisation avait inspiré à York un terrible conflit intérieur entre ses devoirs de chrétien et ses devoirs d'Américain. Il s'était plongé et replongé dans les Saintes Écritures, cherchant des passages qui auraient pu l'aider à trancher ce dilemme. Il avait prié, discuté avec son pasteur et avait finalement décidé de se faire exempter de ses obligations militaires. Son objection écrite était on ne peut plus sobre : « Je ne veux pas me battre. » Mais sa requête fut rejetée et York finit par se résoudre à l'inévitable, espérant seulement ne pas être affecté dans une unité combattante.

Il suivit une formation au camp Gordon en Géorgie, puis se rendit via New York à Boston, où il embarqua le 1er mai 1918 à 4 heures du matin. York, qui n'avait encore jamais quitté ses montagnes natales, franchit alors le vaste océan pour aller prendre part à une guerre qui se déroulait dans la lointaine Europe. Le mal du pays, le mal de mer et la peur d'être touché par la torpille d'un sous-marin allemand se conjuguèrent pour faire de cette traversée une expérience douloureuse : « Il y avait trop d'eau pour moi. »

Après avoir fait étape en Angleterre, York atteignit le 21 mai 1918 le port du Havre, où l'on distribua aux hommes des armes et des masques à gaz : « La guerre se rapprocha drôlement », raconta-t-il plus tard. À partir de juillet 1918, son unité fut placée sous commandement français, d'abord dans des secteurs tranquilles du front pour que les soldats puissent acquérir un minimum d'expérience. York subit son baptême du feu dans les journées qui suivirent le 12 septembre, au moment de la percée de Saint-Mihiel. Les pertes furent lourdes mais la victoire revint aux Américains et elle eut une importance mondiale : c'était la première intervention autonome de l'AEF, le corps expéditionnaire américain commandé par le général américain John Pershing. Pour les Américains, Saint-Mihiel incarne donc une nouvelle image d'eux-mêmes et on pourrait presque dire que c'est dans ce petit village du nord de la France que les États-Unis commencèrent à jouer un rôle sur la scène internationale.

Au début du mois d'octobre, l'unité de York est transférée dans l'Argonne, dix jours après le début de l'offensive décisive. Il découvre alors lui aussi les paysages de guerre dévastés, qui lui donnent l'impression d'avoir été balayés par « un terrible cyclone ». Dès la marche vers le front, la vie de York ne tient qu'à un fil. Les Allemands bombardent les voies militaires et, depuis les airs, leurs avions braquent leurs mitrailleuses sur les troupes en marche. York passe le 7 octobre à l'abri d'un cratère d'obus au bord de la route, près du petit village de Chatel-Chéhéry. Autour de lui, une pluie de projectiles déchiquette ses camarades. Des brancardiers évacuent des blessés hurlant de douleur. Des morts, bouche bée et regard fixe, gisent sur le bas-côté, abandonnés de tous. S'y ajoute la pluie incessante qui commence à remplir le trou où il s'est réfugié.

Le 8 octobre à 3 heures du matin, York reçoit l'ordre d'effectuer ce qui sera sa mission la plus dangereuse de la guerre. À 6 heures, depuis l'« éminence 223 » voisine, ses compagnons et lui doivent aller s'emparer d'une ligne de chemin de fer qu'utilisent les Allemands pour faire venir des renforts. York se met en marche au milieu de son groupe qui progresse tant bien que mal à travers la pluie et la gadoue, masque à gaz sur le visage. À 6 h 10, l'attaque commence, avec un léger retard.

Des tirs de mortier sont censés tenir les Allemands en échec. Mais la vallée dans laquelle les Américains avancent au pas de course se transforme en piège mortel. La dépression est prise sous les tirs de mitrailleuses depuis une position cachée. La première vague d'assaillants tombe comme « les hautes herbes devant la faucheuse ». Les rescapés se tapissent en s'allongeant de tout leur long derrière chaque obstacle, chaque bosse, s'abritant même derrière leurs camarades. Force est de constater qu'une attaque frontale est impossible sous pareil feu. Quand il s'en rend compte, l'officier commandant de York et de ses camarades conçoit un nouveau plan. Il ordonne aux rescapés de trois groupes de se déplacer à reculons. Dix-sept hommes, dont York, progressent alors en rampant, puis avancent latéralement à travers un épais sous-bois, se dirigeant droit vers les gueules crépitantes des armes.

Lorsqu'ils ne sont plus qu'à quelques jets de pierre de leur but, les soldats américains arrivent inopinément dans une clairière où une bonne dizaine de soldats allemands sont en train de petit-déjeuner. Ils ont déposé leurs armes et leurs casques. Les uns comme les autres, pris au dépourvu par cette rencontre inattendue, restent figés, comme foudroyés. Mais les Américains sont prêts à faire feu, alors que les Allemands, en manches de chemise, sont assis et se restaurent. De plus, les soldats de l'Empire allemand croient avoir affaire à l'avant-garde d'une unité américaine plus importante. Ils lèvent les mains en l'air pour se rendre.

Toutefois, les mitrailleurs allemands postés plus loin ne tardent pas à prendre la mesure de la situation et dirigent leurs armes meurtrières vers la scène. York voit six de ses camarades tomber sous une grêle de balles. Le « caporal Savage [...] reçut probablement une centaine de balles dans le corps. Ses vêtements furent presque intégralement soufflés ». Allemands et Américains se jettent au sol ; les assaillants cherchent à s'abriter entre les corps des assaillis. York est allongé à 20 mètres à peine du nid de mitrailleuses ennemies. Sous cette pluie d'explosifs, le chasseur des montagnes du Tennessee se fie à son œil acéré et à sa main assurée. Dès qu'un Allemand pointe la tête hors de son abri, il vise soigneusement et l'abat d'une balle. C'est exactement comme au tir au pigeon des fêtes locales, sauf que les cibles sont plus grosses, racontera-t-il.

Enfin, un officier allemand jaillit de la tranchée, suivi de cinq soldats. Ce groupe de choc se précipite sur York, baïonnette au canon. Mais sur les quelques mètres qui les séparent de sa position, York les abat au pistolet, l'un après l'autre, commençant par ceux qui sont à l'arrière pour garder les premiers dans sa ligne de tir.

York a désormais tué plus de vingt soldats allemands et il exhorte les autres à se rendre. Un commandant du camp adverse propose de convaincre ses camarades d'abandonner le combat. Sur son coup de sifflet, les Allemands sortent de leur tranchée, un par un, ils jettent leurs armes et lèvent les bras. York les fait mettre en rangs par deux. Les hommes qui lui restent sont chargés de les surveiller. Commence alors la marche de retour, qui les expose à un double danger : d'une part, d'autres positions allemandes se trouvent à proximité immédiate, de l'autre, il n'est pas exclu que la longue colonne de soldats en marche soit prise pour une contre-attaque allemande et essuie les tirs des Américains. York réussit pourtant à ramener ses prisonniers

– rejoint par d'autres qui tombent entre ses mains en chemin – jusqu'à son cantonnement. Les vaincus sont alors dénombrés. Presque à lui seul, York, l'ancien pacifiste, a fait cent trente-deux prisonniers.

Au cours de ces dernières offensives décisives sur le front de l'Ouest qui allaient encore coûter la liberté, la santé ou la vie à plus d'un million de soldats, les rouages de la diplomatie internationale n'ont cessé de tourner dans l'espoir de mettre fin à la guerre.

Dès le 4 octobre, le gouvernement allemand a envoyé un télégramme à Washington, demandant au président des États-Unis, Woodrow Wilson, l'ouverture de négociations en vue d'un armistice. C'était une manœuvre tactique destinée à assurer un rôle déterminant au sein du processus de paix au chef d'État américain, qui avait auparavant tenu des propos conciliants envers l'Allemagne. Berlin espérait en effet qu'il ferait contrepoids aux puissances occidentales européennes, et plus particulièrement à la France, dont le plus cher désir était de châtier impitoyablement l'« ennemi juré » et de lui faire payer chèrement son agression. Dans un discours prononcé devant le Congrès américain dès le 8 janvier 1918, Wilson avait en revanche présenté quatorze points exposant les buts de guerre américains et les bases d'un futur ordre de paix : il avait notamment exigé des négociations de paix officielles, la liberté de navigation sur les mers, la liberté de commerce, la réduction des armements, le règlement final de toutes les revendications coloniales. Les frontières, que la guerre avait rendues imprécises en Europe et au Proche-Orient, devaient, selon lui, être stabilisées par le retrait des troupes allemandes et par la création d'un nouvel ordre territorial. Il convenait de créer une Société des Nations, dont les membres seraient garants de leur indépendance et de leur inviolabilité respectives. Wilson ajouta par la suite l'obligation pour l'Allemagne de se doter d'un régime parlementaire ; l'abdication de son empereur était également au programme. Cette initiative, qui vaudrait au président américain le prix Nobel de la paix en 1919, n'avait pas fait l'objet de la moindre concertation avec les Alliés européens. Les États-Unis d'Amérique considéraient que, puisqu'ils payaient désormais leur tribut dans cette grande guerre, il était légitime que, non contents de faire partie du cercle des puissances mondiales, ils en prennent la tête.

Wilson avait laissé aux chefs des armées alliées le soin de préciser les dispositions militaires de l'armistice. C'est ainsi qu'à Paris, le 1er novembre 1918, le maréchal Ferdinand Foch, commandant en chef des troupes alliées, expose aux représentants des gouvernements des principaux adversaires de l'Allemagne sa conception de l'armistice. Celui-ci doit, selon lui, revenir à une capitulation. C'est le seul moyen de gagner la guerre sans livrer la dernière bataille meurtrière et décisive qu'il a pourtant appelée si longtemps de ses vœux. Mais surtout, les négociations imminentes doivent exiger l'occupation de la rive droite du Rhin. Faute de quoi, protégés par le fleuve et par une trêve, les Allemands seront en mesure de regrouper leurs forces et de lancer une nouvelle attaque ou, tout du moins, d'exercer de redoutables pressions lors des négociations de paix à venir.

Pour Foch, les paysages de guerre jouent également un rôle central. Il ne songe toutefois pas aux forêts spectrales laissées par les combats, mais au « paysage borné » dont Kurt Lewin a parlé en 1918. Le spécialiste berlinois de psychologie sociale expliquait comment les stratégies des conflits militaires imposaient à la nature des limites et des directions, des zones et des corridors, un « avant » et un « arrière ». Telle est exactement l'idée que Ferdinand Foch se fait du paysage. Dans son quartier général, qui tient davantage du siège d'une grande entreprise ou d'un bureau d'ingénieur, il administre l'espace et lui affecte des ressources humaines et tactiques. Pensant en concepts de logistique militaire, Foch insiste pour faire franchir le Rhin à l'armée alliée. Il s'agit à ses yeux d'une question de masses et de possibilités. Peut-on mettre fin à une guerre stratégique et tactique, à une guerre moderne, par une paix qui serait, elle aussi, logistique et moderne ? Sa réponse est claire : ne pas le faire, c'est compromettre l'avenir que des victoires aussi durement acquises doivent permettre de façonner.

Les conditions des Alliés sont définies à la date du 4 novembre. Elles correspondent largement aux idées de Foch et sont aussitôt communiquées à Washington. On reçoit le même jour une requête de la commission allemande d'armistice demandant à pouvoir participer aux négociations de Paris. Foch donne les directives nécessaires concernant l'accueil des délégués allemands. Quelques jours plus tard, dans la nuit du 6 au 7 novembre, on lui transmet un radiotélégramme précisant les noms des plénipotentiaires allemands.

Le 129ᵉ régiment d'artillerie que commande Harry S. Truman est chargé d'assurer la protection des troupes au sol alliées qui progressent face aux tirs allemands. Au début du mois de novembre, il annonce à sa Bess chérie qu'en cinq heures, il a tiré mille huit cents obus contre les « Huns ». Au commencement de l'offensive, son unité avait dû rester sur ses gardes. Dès leurs premiers tirs d'artillerie, ses hommes étaient devenus visibles pour l'adversaire et s'étaient retrouvés exposés aux explosions meurtrières et aux gaz. Ils ont mené une guerre étrange, définie par la technique, la tactique, la stratégie, la balistique et la logistique, durant laquelle ils n'ont presque jamais vu l'ennemi en face. Mais depuis la fin octobre, la résistance allemande s'est affaiblie. Les Allemands « semblent n'avoir plus la force de répliquer [...]. Hier, un de leurs pilotes s'est abattu juste derrière ma batterie et s'est foulé la cheville, son appareil était complètement bousillé et il a été intégralement pillé par les Français et les Américains des environs. Ils ont même voulu leur (ils étaient deux dans l'avion) prendre leurs manteaux. [...] Un de nos officiers, je rougis de le dire, a pris les bottes de celui qui s'était foulé la cheville et les a gardées. [...] "La guerre fini" [*sic*] », aurait crié le pilote, espérant ainsi avoir au moins la vie sauve. Pourtant, l'offensive exige tout des hommes de Truman. Il faut suivre inlassablement le tracé du front qui se déplace rapidement, ce qui impose de transporter laborieusement les pièces d'artillerie à travers le terrain boueux, en partie à la force des bras et avec l'aide des chevaux. Les marches de nuit usent la troupe. « Nous étions tous presque à bout de nerfs et avions tous perdu du poids au point de ressembler à des épouvantails. »

Mais plus la défaite allemande paraît à portée de main, plus le régiment de Truman continue d'avancer contre l'ennemi invisible sans subir de pertes décisives, et plus la guerre dans laquelle les États-Unis se sont engagés en avril 1917 lui fait l'effet d'une « *terrific experience* ». Avec le temps, il s'est accoutumé aux conditions variables dans lesquelles il passe la nuit – équipé précairement d'un poêle, d'un téléphone et d'une cuisine roulante. Il est tellement habitué désormais à dormir sous terre que chez lui il devra probablement passer la nuit à la cave, remarque-t-il avec ironie. Au cours des dernières semaines de guerre, alors que la victoire semble imminente, les lettres de Truman prennent un ton de plus en plus joyeux : s'il revient un jour au pays, il sera trop heureux de passer le restant de son existence à courir derrière un âne dans un champ de maïs. Il trouve même le temps d'envoyer en souvenir à sa chère Bess deux fleurs accompagnées de mots galants.

À la lecture des lettres écrites par Truman dans les dernières journées du conflit, on pense au film que Charlie Chaplin a consacré à la Première Guerre mondiale, *Shoulder Arms* (*Charlot soldat*), sorti sur les écrans de Broadway à New York le 20 octobre 1918. Dans ce film de commande destiné à collecter des dons au profit de la guerre, le petit moustachu fait le pitre dans les tranchées du nord de la France, celles où Truman passe lui aussi les dernières semaines des hostilités. À la fin, le héros du film réussit à libérer une belle jeune fille captive des Allemands. Puis il rencontre personnellement l'empereur et le conduit, grâce à une ruse, au camp allié. Le vagabond met ainsi fin à la guerre, cette « *terrific experience* ».

Le 7 novembre, en fin d'après-midi, Ferdinand Foch monte dans un train spécial à Senlis, au nord-est de Paris. Il est accompagné par son chef d'état-major, Maxime Weygand, par trois officiers de l'état-major et par des représentants de la flotte britannique avec à leur tête l'amiral Wemyss. Le trajet est court. Le convoi s'arrête peu après Compiègne, dans une clairière proche de la ville de Rethondes. Suit une longue nuit d'attente. Ce n'est que le lendemain matin à 7 heures qu'arrive le train dans lequel ont embarqué après minuit, dans les ruines de la gare de Tergnier, l'émissaire allemand Erzberger et ses compagnons.

Deux heures plus tard, le 8 novembre 1918 à 9 heures du matin, une première entrevue a lieu dans un wagon du train spécial de Foch aménagé en bureau. L'atmosphère est glaciale. La délégation allemande entre la première dans la pièce et s'assied aux places qui lui ont été attribuées à la table des négociations. Elle est rejointe par les représentants français dirigés par le maréchal Foch, que Matthias Erzberger décrit comme un « petit homme aux traits énergiques, et qui trahissait au premier coup d'œil l'habitude du commandement ». Au lieu d'une poignée de main, on n'échange qu'un salut militaire, remplacé, pour les civils, par une brève inclinaison du buste. Les délégations se présentent : Erzberger, Alfred von Oberndorff, Detlof von Winterfeldt et Ernst Vanselow se voient demander de remettre le document leur conférant les pleins pouvoirs.

Foch ouvre ensuite les négociations en feignant l'ignorance : « Qu'est-ce qui amène ces messieurs ? Que désirez-vous de moi ? » Erzberger lui répond que la délégation est venue s'informer des propositions d'armistice des Alliés. Foch rétorque sèchement qu'il n'a pas de propositions à leur faire. Oberndorff demande alors au maréchal quelle formulation il souhaite qu'ils emploient. Les Allemands ne tiennent pas à telle ou telle stratégie ; ils veulent simplement connaître les conditions d'armistice des Alliés. Foch répète d'un ton déterminé qu'il n'a pas de conditions à présenter. Erzberger donne alors lecture de la dernière note du président Wilson indiquant expressément que le maréchal Foch est autorisé à faire connaître les conditions d'un armistice. Foch se décide enfin à jouer cartes sur table : il n'est autorisé à communiquer ces conditions que si les Allemands demandent l'armistice. Il n'est pas question de leur épargner cette humiliation.

Erzberger et Oberndorff déclarent alors en bonne et due forme qu'ils demandent l'armistice au nom du gouvernement de l'Empire allemand. Ce n'est qu'à cet instant que le général Weygand entreprend de donner lecture des principales clauses de la résolution alliée du 4 novembre. « Foch garde un calme de statue. » Le représentant de la Grande-Bretagne, l'amiral Rosslyn Wemyss, cherche à paraître tout aussi impassible, mais il trahit son agitation intérieure en tripotant nerveusement son monocle et sa grande lunette d'écaille.

Les délégués allemands écoutent la lecture des conditions, blêmes, pétrifiés, racontera plus tard Weygand. Des larmes ruissellent, paraît-il, sur les joues du jeune capitaine de vaisseau Ernst Vanselow. Le traité n'exige pas seulement le retrait immédiat des troupes allemandes de l'ensemble des territoires occupés de Belgique, de France et du Luxembourg, ainsi que du land impérial d'Alsace-Lorraine, il ne réclame pas seulement – comme Foch l'a imposé opiniâtrement – l'occupation des territoires de la rive gauche du Rhin et de zones neutres autour des têtes de pont de Mayence, Coblence et Cologne. Il prévoit aussi la livraison des armes, des avions, de la flotte de guerre, des trains allemands ainsi que l'annulation du traité de paix conclu par l'Empire allemand en 1917 avec la Russie.

Ce fut un moment déchirant, se rappellera Weygand. Le général Winterfeld s'efforce tout de même, une fois que Weygand a terminé sa lecture, d'obtenir des conditions un peu moins draconiennes : il conviendrait de prolonger le délai prévu pour la signature afin qu'il puisse consulter son gouvernement, et il serait bon que les armes se taisent pendant que le camp allemand examine ces conditions. Foch repousse ces deux requêtes. L'ultimatum est fixé au 11 novembre 1918 à 11 heures du matin, heure française. Un éventuel cessez-le-feu n'entrera en vigueur qu'après la signature.

Le même jour, le maréchal envoie un télégramme à ses commandants, leur ordonnant de ne diminuer en aucun cas l'intensité de leurs attaques. Il s'agit d'obtenir de nouveaux « résultats décisifs » pendant l'examen des conditions. Il rappelle fermement à Erzberger qu'il n'y a rien à négocier. Les Allemands peuvent accepter ou refuser l'offre, en bloc. Il admet tout de même que des discussions « privées » puissent avoir lieu entre les deux délégations, à un niveau inférieur. Erzberger espère obtenir quelques aménagements, au moins en matière de délais et de quantités de matériel à livrer, et argumente en faisant valoir la nécessité d'éviter une famine et le complet effondrement de l'ordre dans son pays.

Au terme de la première séance, le capitaine von Helldorf est renvoyé au quartier général allemand de Spa avec la liste des conditions alliées. Les « discussions privées » commencent dans l'après-midi et s'étalent sur deux jours, tandis que les heures précédant l'ultimatum s'égrènent inexorablement. Dans la soirée du 10 novembre, vers 21 heures, soit quatorze heures avant l'expiration du délai, une instruction télégraphiée et chiffrée du chancelier de l'Empire allemand arrive dans la clairière. Elle autorise Erzberger à accepter tous les points des conditions d'armistice. En dépit de cet écrit, la délégation allemande, qui a manifestement fait de gros efforts de persuasion, réussit à obtenir une dernière négociation. Le 11 novembre, avant le point du jour, entre 2 et 5 heures du matin, six heures à peine avant l'expiration de l'ultimatum, quelques modifications sont apportées au texte. Sans rien retirer de sa rigueur à ce document, elles ne sont pas négligeables pour autant : au lieu de deux mille avions, les Allemands n'auront à en livrer que mille sept cents, et vingt-cinq mille mitrailleuses à la place de trente mille. L'argument présenté pour obtenir ce dernier aménagement met le maréchal français en colère : ces armes seraient nécessaires, prétend Erzberger, pour tenir en échec les forces insurrectionnelles sur le territoire allemand. La zone neutre située sur la rive droite du Rhin s'étendra sur 10 kilomètres, et non plus 40. L'évacuation des territoires de la rive gauche par l'armée allemande pourra se faire en trente et un jours au lieu de vingt-cinq. La mise en garde contre la famine qui menace l'Allemagne conduit les Alliés à s'engager à fournir des denrées alimentaires aux Allemands pendant la durée de l'armistice, fixée dans un premier temps à trente-six jours.

Le 11 novembre 1918, à 5 h 20, avant même que ne se lève le pâle soleil d'automne, la dernière page du document d'armistice est signée, pendant que l'on met encore au point la version définitive de l'intégralité du texte contenant les dernières modifications négociées. Après avoir revissé le capuchon du stylo-plume, Erzberger prononce une déclaration dans laquelle il affirme que certaines des dispositions signées ne sont pas réalisables dans les faits. Sa communication s'achève par une formule pompeuse : « Un peuple de soixante-dix millions d'hommes souffre, mais il ne meurt pas. » Ce que Foch commente d'un laconique « Très bien ! ». Puis les délégations se séparent, toujours sans poignée de main.

Racontée ainsi, la fin de la Première Guerre mondiale n'est pas loin de ressembler à une pièce de théâtre intime et l'on pourrait avoir l'impression qu'en cet automne 1918, l'histoire s'est réduite à un format de poche, concentrée en une poignée de personnages et de lieux situés dans un triangle circonscrit entre Paris, la ville thermale belge de Spa et Strasbourg, encore allemande à cette date. Évidemment, une guerre mondiale ne tient pas dans un wagon de chemin de fer.

Entre 1914 et 1918, le conflit s'était transformé d'un bras de fer entre les puissances de l'Entente d'une part (France, Grande-Bretagne et Russie) et celles de la Triple Alliance de l'autre (composée de l'Empire allemand, de l'Autriche-Hongrie et de l'Italie) en un affrontement mondial, dont le cadre avait dépassé l'Europe pour s'étendre au Proche-Orient, à l'Afrique, à l'Extrême-Orient et même aux océans, mobilisant soixante-dix millions de soldats originaires des cinq continents. Aussi, parmi les seize millions de soldats auxquels la Première Guerre mondiale coûta la vie, tous n'étaient-ils pas européens, tant s'en faut : 800 000 Turcs, 116 000 Américains, 74 000 Indiens,

65 000 Canadiens, 62 000 Australiens, 30 000 Sénégalais, 26 000 Algériens, 20 000 Africains de la colonie d'Afrique-Orientale allemande (Tanzanie), 18 000 Néo-Zélandais, 12 000 Indochinois, 10 000 Africains d'Afrique-Occidentale allemande (Namibie), 9 000 Sud-Africains et 415 Japonais y trouvèrent la mort.

Vue du wagon de Compiègne, la césure de novembre 1918 marque une délimitation bien nette entre guerre et paix. Toutefois, un unique trait de plume sous un traité ne suffit pas à arrêter la machine emballée d'une guerre mondiale. Ces signatures ne firent que sceller un des quatre traités d'armistice conclus dans le courant de 1918 entre les différentes parties mêlées au conflit. Ces textes ne constituaient qu'une première étape des véritables négociations de paix ; jusqu'à la signature d'une série de traités, dont la dernière – mettant définitivement fin à la guerre – n'eut lieu qu'en 1923, les actions et les affrontements militaires se poursuivirent sur plusieurs théâtres d'opérations.

Sur le front de l'Ouest, l'armistice fut suivi de l'avancée des troupes alliées jusqu'au Rhin et de l'occupation de la rive droite du fleuve. Dans les Balkans, un conflit entre la Hongrie et la Roumanie faisait rage. Dans les pays baltes, la Lettonie se battait pour arracher son indépendance à la Russie soviétique. Par ailleurs, l'hécatombe se poursuivit en raison d'une épidémie elle aussi mondiale, la « grippe espagnole », qui fit plus de victimes que tous les combats de la guerre additionnés.

Peu après, les conflits entre l'Irlande et l'Angleterre, la Pologne et la Lituanie, la Turquie et la République arménienne ainsi qu'entre la Turquie et la Grèce provoquèrent d'autres conflagrations. De son côté, la révolution russe de 1917 entraîna à l'est de l'Europe et sur le continent asiatique une guerre civile sanglante entre partisans et adversaires des bolcheviks, qui allait durer jusqu'en 1922.

Issue d'une famille de Cosaques, Marina Yurlova avait grandi dans un village du Caucase. Pour pouvoir se battre au côté de son père dans l'armée du tsar, elle s'était coupé les cheveux et avait endossé des vêtements d'homme. C'est sur un lit d'hôpital de Bakou, en Azerbaïdjan, qu'elle apprit que le tsar pour lequel elle avait risqué sa vie venait de perdre son trône. Elle avait été prise, peu de temps auparavant, sous un tir d'obus alors qu'elle était au volant d'un camion militaire. Sa mémoire n'avait conservé de tout ce qui s'était passé ensuite que des souvenirs confus de détonations, d'éclats d'obus et de cris. Elle passa de longs mois à demi inconsciente dans plusieurs hôpitaux. Si ses blessures physiques ne tardèrent pas à guérir, les répercussions psychiques de l'explosion furent plus durables. Marina, qui avait alors 17 ans, tremblait de tout son corps, sa tête oscillait d'un côté à l'autre de façon incontrôlable et, quand elle ouvrait la bouche, elle ne pouvait proférer que des balbutiements inintelligibles. Elle n'arrivait pas à oublier les images bouleversantes des minutes qui auraient pu être les dernières de sa vie, de l'instant où la combattante s'était transformée en victime de guerre.

Au cours des mois qui suivirent, Marina avait vu de ses propres yeux la révolution de 1917 marquer l'avènement de temps nouveaux. Depuis une ambulance, elle assista au massacre d'un vieux général de l'ancienne armée russe, pris à partie par une troupe de soldats rebelles sur la place d'un village. Les soldats se succédèrent pour enfoncer leurs baïonnettes dans le corps de l'officier, bien que celui-ci se fût effondré, mort, dès le premier coup. En plus de trois ans de guerre, Marina avait vu des violences et des morts, mais rien « ne se comparait à un meurtre comme celui-ci ». Plus tard, depuis la fenêtre d'un hôpital moscovite, elle observa un rassemblement de soldats révolutionnaires qui prononçaient des discours enflammés contre le tsar et fut prise du pressentiment que tout ordre avait disparu. « J'avais le vague sentiment que la fin du monde était arrivée ici, à Bakou. Ma vieille nurse avait coutume de me dire que, d'après une prophétie qu'elle avait entendue, le monde devait finir 2 000 ans après Jésus-Christ. » La vieille femme ne s'était manifestement pas trompée dans ses prédictions, songea Marina, et cette pensée lui apporta un étrange réconfort.

Son statut d'invalide de guerre évita à Marina Yurlova de devoir choisir immédiatement son camp dans la lutte pour l'avenir qui s'était engagée en Russie en 1917. Mais la position d'une jeune femme dont la famille servait le tsar depuis des générations ne pouvait faire aucun doute. Au moins cette conviction était-elle parfaitement claire dans sa tête, même si celle-ci ne pouvait s'empêcher de dodeliner. Les traitements électriques qu'on lui fit subir à Moscou améliorèrent légèrement son état. Mais à part ses trois séances quotidiennes d'électrothérapie, personne n'accordait la moindre attention à la rescapée du conflit contre l'Empire allemand qui avait pris fin avec la signature du traité de paix de Brest-Litovsk le 3 mars 1918. Abrutie, Marina s'habitua à voir ses draps devenir plus gris de jour en jour, salis par la poussière et la fumée des cigarettes. À travers les vitres crasseuses, elle suivait d'un œil vague l'instauration d'un nouveau régime à Moscou et apprit, horrifiée, l'exécution du tsar Nicolas II et de sa famille. Lui raconta-t-on également sur son lit d'hôpital qu'en novembre 1918, les bolcheviks avaient inauguré un monument en hommage à Robespierre dans le jardin Alexandre, et que cette statue coulée dans du béton de mauvaise qualité s'était écroulée au bout de quelques jours ?

Au même moment, Thomas E. Lawrence vient de quitter Damas. Son entrée par l'imposante porte de la ville syrienne le 1er octobre 1918 avait tenu du cortège triomphal. Il l'avait franchie vers 9 heures dans l'éclat du soleil matinal, vêtu de la tenue blanche d'un prince de La Mecque. Devant son cheval tournoyaient des derviches, derrière lui chevauchaient des guerriers tribaux arabes qui poussaient des cris perçants et tiraient des coups de feu en l'air. Toute la ville était venue voir « Lawrence d'Arabie », l'incarnation de la victoire de la révolte arabe contre l'Empire turc – celle-là même qui avait scellé la défaite des troupes turques et de leurs alliés allemands au Moyen-Orient.

Cependant, l'officier britannique Thomas E. Lawrence n'a pas vécu la prise de Damas comme un jour de victoire. Il a encore assisté à des massacres atroces au cours des journées et des semaines précédentes et est complètement épuisé au sortir de ces épreuves inhumaines. Néanmoins, plus que ces images sanglantes, ce qui pèse sur son âme est la conscience que, depuis longtemps, la liberté pour laquelle ses amis arabes et lui-même se sont battus n'est plus qu'une chimère. En effet, les hommes d'État, les militaires et les diplomates européens se sont déjà entendus sur l'avenir du Moyen-Orient après l'effondrement de l'Empire ottoman et se sont partagé la région. Les peuples arabes ne jouent qu'un rôle secondaire dans leurs plans.

Pendant les derniers jours de la guerre, Rudolf Höss se trouve lui aussi à Damas ; c'est du moins ce qu'il prétend dans son autobiographie. Le soldat allemand âgé de 18 ans à peine est originaire de Mannheim, dans le Bade-Wurtemberg. Son père, d'un catholicisme très strict, le destinait à la prêtrise ; mais le patriarche est mort dans le courant de la deuxième année de guerre. Ce décès a retiré un soutien majeur au jeune garçon qui, du même coup, a perdu pied à l'école. Pour pouvoir quitter la maison, il s'est engagé comme volontaire et les hasards de la guerre ont conduit l'élève catholique en Terre promise. Dans les lieux saints de Palestine qu'il connaissait par la Bible, il a vu la guerre impitoyable que l'Empire allemand, allié de la Turquie, a menée contre l'Empire britannique et ses alliés arabes.

Dans les sables du désert, Höss connaît son baptême du feu le jour où son unité rencontre des groupes de combattants ennemis – des Anglais, des Arabes, des Indiens et des Néo-Zélandais. Pour la première fois de son existence, il éprouve le sentiment de puissance qu'inspire le pouvoir de décider de la vie ou de la mort d'un être humain, arme à la main. Il n'a pas le courage de regarder en face « son » premier mort. Mais tuer devient bientôt une habitude. Il se sent bien intégré dans cette troupe où règne une stricte hiérarchie, et apprécie les liens que le combat commun tisse entre les hommes. Évoquant son capitaine de cavalerie, il écrit : « J'avais une confiance absolue en cet officier ; je le vénérais avec un élan que je n'avais pas connu pour mon père. »

Outre le souvenir de la violence et de la camaraderie, Höss conservera celui d'une expérience qui ébranle ses principes religieux. En patrouille dans la vallée du Jourdain, les soldats allemands tombent sur une colonne de charrettes paysannes chargées de mousse. Les véhicules sont consciencieusement fouillés car on veut s'assurer qu'ils ne contiennent pas d'armes destinées à être livrées clandestinement aux Anglais. Par le truchement d'un interprète, Höss demande aux paysans à quoi peut bien servir cette mousse. Il apprend ainsi qu'ils la transportent à Jérusalem. Là-bas, lui confie-t-on plus tard, ces végétaux d'un gris blanc taché de rouge vif sont vendus comme de la « mousse du Golgotha » aux pèlerins chrétiens qui croient acheter des lichens constellés de gouttes du sang de Jésus. Écœuré par cette escroquerie, Höss commence à douter de sa foi en l'Église catholique.

Quand Marina Yurlova est transférée à Kazan, la capitale du Tatarstan située à plusieurs centaines de kilomètres de Moscou, la guerre mondiale s'est déjà transformée sur le territoire de l'ancien empire du tsar en un nouvel affrontement fondamental : la guerre civile entre les révolutionnaires russes et leurs adversaires a commencé. Dans une gare de Moscou, les invalides sont témoins d'une fusillade entre l'Armée bolchevique et les soldats fidèles au tsar. Les gardes rouges qui défendent la gare contre une attaque des « blancs » sont tellement décharnés, leurs uniformes tellement déguenillés qu'on aurait peine à voir en eux les membres d'une armée régulière. Mais par leur âpre détermination à vaincre ou mourir, ces « créatures déshumanisées, jaunes, en loques » deviennent pour Marina l'incarnation de la révolution et elle ne peut s'empêcher d'éprouver pour eux un certain respect.

Le train pour Kazan dans lequel on la fait monter en novembre 1918 ne progresse que fort lentement. Au terme de son voyage, c'est un nouvel hôpital qui l'attend, une nouvelle salle aux lits durs et aux draps élimés. Le lit voisin est occupé par un beau jeune homme d'à peine 20 ans. Son visage est rose, ses yeux d'un gris lumineux et ses cheveux bouclés d'un noir de jais. Marina met un moment à comprendre ce que ce blessé a d'étrange : il ne bouge pas. C'est qu'il n'a ni bras ni jambes. Il ne peut plus remuer que la tête, et ses yeux contemplent Marina avec un mélange de douleur et de fierté devant cet ultime vestige de faculté sensorielle.

Bientôt, la révolution atteint Kazan. Les bolcheviks sont décidés à jeter toutes leurs forces dans la bataille contre les partisans du tsar. Marina découvre avec désespoir son nom sur une liste de patients qui doivent être intégrés dans l'Armée rouge. Refaire la guerre, malgré sa tête branlante et ses nerfs en piteux état ? L'ordre placardé invite les soldats concernés à se présenter à l'université de Kazan.

La révolution dicte alors sa logique à Marina. Être invalide et en profiter pour rester à l'abri de la lutte entre les grandes idéologies s'oppose aux principes des bolcheviks. De deux choses l'une, soit on est un ardent défenseur de la nouvelle Russie, soit on est son ennemi et on mérite d'être exterminé. C'est en tout cas ce que pense le membre de fraîche date de l'Armée rouge chargé des tests de sélection militaire. Il n'est pas prêt à admettre qu'un soldat ne veuille pas se mêler de politique. Il crie au petit groupe de mutilés : « Vous soutenez qui, à quel gouvernement croyez-vous ? » Puis il s'adresse directement à Marina : « En quoi est-ce que tu crois ? » Et sans lui laisser le temps de réagir, l'homme répond lui-même : « Un Cosaque ! [...] Au nom du tsar, les Cosaques ont terrorisé les paysans et les travailleurs ! » Marina s'apprête à répliquer par une harangue vibrante : « Frères ! » s'écrie-t-elle, et elle tend le bras dans un geste éloquent. Mais avant qu'elle ait pu prononcer son plaidoyer pour l'union des combattants au nom de la patrie, ses nerfs, encore ébranlés par les détonations, la trahissent. Marina s'évanouit. Elle reprend connaissance entre quatre murs gris.

II

Un jour, une heure

Hurray, the war is over !
Hurray, the fight is won !
Back from the life of a rover,
Back from the roar of the gun.
Back to the dear old homeland,
Home with the peaceful dove ;
Don't let us sing anymore about war,
Just let us sing of love[1].

Peace Song du chanteur écossais Harry Lauder,
décembre 1918.

1. « Hourra, la guerre est terminée / Hourra, nous l'avons gagnée ! / Finie la vie de vagabond / Fini le grondement du canon / Nous rentrons au pays / Retrouver notre colombe paisible ; / Ne chantons plus la guerre / Chantons l'amour » (*Chanson de paix*).

Briton Rivière,
Saint Georges et le dragon, 1909

Le 11 novembre 1918, quelques minutes après 11 heures, un bruit inattendu fait sursauter la journaliste Louise Weiss dans son bureau exigu de la rue de Lille à Paris. Ce sont d'abord des chaises qui raclent le plancher, des portes et des fenêtres qui s'ouvrent. Puis des voix, des cris, des cloches qui carillonnent. Les collaborateurs de la revue *L'Europe nouvelle* traversent la cour et se précipitent dans la rue. Est-ce déjà la paix ?

Louise Weiss avait 21 ans quand la guerre a éclaté. Après avoir brillamment réussi ses examens, elle était partie avec ses frères et sœurs pour le paisible village de Saint-Quay, en Bretagne, où la nature estivale lui avait paru plus belle que jamais. Ce n'est que lorsque son grand frère adoré avait pris le train pour aller faire la guerre à l'Allemagne, la laissant sur le quai, frappée de stupeur et enveloppée de la fumée de la locomotive, que Louise avait compris qu'une ère nouvelle avait commencé. Serait-elle prête, elle aussi, à faire un tel sacrifice ? Elle sentait que sa réponse serait « non ». On n'avait pas posé la question à son frère.

Quelques mois après le début des hostilités, les revers subis par les Français lors des premiers engagements frontaliers entraînèrent l'afflux d'une vague de réfugiés dans les régions occidentales de la France, encore paisibles. Pour Louise, il allait de soi qu'il fallait prêter assistance à ces malheureux. Surmontant sa timidité, elle réclama un local au curé, harcela son oncle pour qu'il lui donne un peu d'argent et demanda à la mère Heurtel, propriétaire de l'entreprise locale de « Transports en tous genres », de mettre à sa disposition une charrette avec laquelle elle fit le tour du village, quémandant matelas, literie, chaises, casseroles, bois de chauffage et charbon. À peine avait-elle rassemblé le strict nécessaire que les premières familles arrivaient. L'approvisionnement des réfugiés se faisait chaque jour plus difficile, mais les généreux donateurs étaient toujours plus nombreux.

Il fallut bientôt accueillir, plus démunis encore, des soldats blessés au cours de la bataille de la Marne de septembre 1914. Louise réussit à les loger dans la villa d'une certaine Mlle Vallée, qui vivait seule. La présence de cette troupe, qui comprenait également quelques soldats marocains et sénégalais, mit ce village breton en émoi. Mais en définitive, les habitants donnèrent plus que ce dont les soldats avaient besoin et, au bout de quelques semaines, l'unité plus ou moins remise sur pied reprit la route après un chaleureux discours de remerciements.

Non sans détour, Louise regagna Paris où elle trouva un emploi de secrétaire dans l'antichambre d'un sénateur. Ce n'était pas un poste très prestigieux pour une jeune diplômée de l'université, mais il lui permettait de rencontrer des gens intéressants et de saisir au vol de nombreuses informations sur la politique du jour. Louise suivait avec une vive curiosité les événements qui se précipitaient et entreprit à la même époque de rédiger ses premières contributions pour la presse. Ce fut dans cette même antichambre que débarqua un jour – en quête de précieuses nouvelles – le journaliste et éditeur Hyacinthe Philouze. Sa versatilité politique avait autant fait pour sa réputation douteuse que les succès financiers fluctuants de ses différents projets journalistiques. Un jour où le sénateur ne pouvait pas le recevoir, une conversation s'engagea entre Louise et Philouze. Ce dernier confia à la jeune secrétaire l'histoire d'un ami entré en possession d'une petite fortune que lui avait laissée un camarade de combat décédé et qui se demandait comment l'investir. Avait-elle vraiment l'intention de travailler jusqu'à la fin de ses jours pour un sénateur vieillissant ? N'avait-elle aucune idée de ce qu'on pourrait faire d'intelligent avec cet argent ? Louise répondit du tac au tac : à sa place, elle fonderait un hebdomadaire politique qui plaiderait pour l'avènement de la démocratie dans le monde et pour l'indépendance des peuples de l'empire des Habsbourg. Ce périodique pourrait s'appeler *L'Europe nouvelle.*

« Tiens ! s'écria Philouze. C'est une idée », et lorsqu'elle lui eut exposé ses plans plus en détail, il répondit : « Tope là ! » Et – on n'est jamais à l'abri des surprises – il tint parole. C'est ainsi que Louise Weiss quitta la fameuse antichambre pour les bureaux d'une nouvelle revue dont elle avait elle-même inventé le concept. Officiellement « secrétaire de rédaction », elle s'acquittait en réalité des tâches d'une rédactrice en chef, responsable de l'intégralité du contenu. Le premier numéro sortit en janvier 1918. C'est probablement vers cette époque-là que Louise Weiss se fit couper les cheveux. Ils lui arrivaient désormais au menton, ses boucles ternes encadrant son visage rond à la lèvre supérieure rectiligne, souvent pincée dans un pli têtu.

En ce 11 novembre 1918, Louise Weiss réfléchit aux articles du prochain numéro de *L'Europe nouvelle* qui doit – c'est dans l'air – traiter de la fin de la guerre. Travaille-t-elle déjà sur sa lettre ouverte à Georges Clemenceau qui doit y être publiée ? Elle y félicitera le président du Conseil de ses remarquables succès, tout en l'avertissant que la fin de la guerre devra marquer l'heure des nations. Sur les pages étalées devant elle, la revue s'étend sur la situation des pays d'Europe centrale et orientale où les anciennes monarchies se sont effondrées. Un long article expose comment l'idée d'une « Société des Nations », dont discutent déjà des représentants des puissances alliées à Londres, pourrait se concrétiser. Il importe, déclare son auteur, l'écrivain Jules Rais, de bâtir rapidement sur les ruines de la vieille Europe les fondations d'un avenir meilleur. Le risque est trop grand qu'après les années de guerre, la haine persiste et soit à l'origine de futurs conflits incessants. Il faut également se méfier de la concurrence économique entre les États européens, qui pourrait engendrer de nouvelles discordes. Aussi convient-il de chercher une issue à ces problèmes par différents moyens. Le premier est l'éducation des jeunes. Ils doivent apprendre la langue des autres pays et découvrir comment on y vit grâce à des programmes d'échange. Rais propose également un système commun de crédits d'État, grâce auquel les grands pays permettraient aux petits d'emprunter à des conditions favorables et identiques pour tous. Alors que de nombreux États sont lourdement endettés à cause de la guerre, un tel système pourrait servir de fondement à une nouvelle solidarité européenne, concilier des intérêts apparemment divergents et, partant, favoriser une paix durable.

Mais tandis que Louise parcourt attentivement, mot par mot, ligne par ligne, les articles qu'on lui a remis, l'agitation gagne l'immeuble et elle comprend : c'est l'armistice ! Quatre jours trop tôt ! Le numéro ne peut partir à l'impression que le 15 novembre et sa rédaction n'est même pas encore terminée ! Au lieu de se laisser entraîner par le flot de ses collègues enthousiastes, Louise Weiss ferme les fenêtres de son bureau pour ne pas entendre les carillons des cloches et le brouhaha des voix qui s'élève d'une foule immense.

À 10 h 30, en ce 11 novembre 1918, l'officier d'artillerie Harry S. Truman se demande encore quel accueil les Allemands réserveront aux propositions d'armistice des Alliés. Il ne sait pas encore qu'à l'aube de ce même jour, alors que l'encre du traité d'armistice n'était pas encore sèche, le maréchal Foch a adressé un télégramme à l'ensemble des commandants : « Les hostilités seront arrêtées sur tout le front à partir du onze novembre 1918 onze heures (heure française). » Depuis, la ligne sur laquelle les troupes se sont immobilisées ne peut plus être franchie. Les gains territoriaux réalisés jusqu'à cet instant précis sont gelés. Tout contact avec l'ennemi est interdit.

Il faut visiblement plusieurs heures à ce télégramme pour atteindre toutes les lignes. Il semblerait que Truman ait espéré, avant l'arrivée de ce message, que la guerre se poursuivrait jusqu'à la défaite intégrale de l'Empire allemand : « Quel dommage que nous ne puissions pas entrer en Allemagne pour la dévaster, couper les mains et les pieds à quelques gamins et scalper quelques vieux, mais je suppose qu'il vaudra mieux les faire travailler pour la France et la Belgique pendant cinquante ans. » Avec une satisfaction sinistre, Truman calcule qu'au cours de l'offensive finale, il a dû tirer contre l'ennemi plus de dix mille salves, qui auront « sûrement eu un certain effet ». Il est bien décidé à poursuivre le bombardement jusqu'à la dernière minute. Une batterie voisine tire toujours, elle aussi, « comme si elle voulait se débarrasser de ses munitions restantes avant qu'il soit trop tard ».

La position de Truman n'est pas le seul secteur du front où les combats continuent. Au cours de ses dernières heures, de ses dernières minutes, la guerre fait encore de nombreuses victimes. À 9 h 30 du matin, George Ellisson, un mineur de Leeds en Grande-Bretagne, est abattu au cours d'une patrouille. À 10 h 55, à quelques centaines de kilomètres au nord-ouest de Compiègne, dans les Ardennes, Augustin Trébuchon, berger de Lozère, est tué par une balle allemande. Deux minutes encore avant l'armistice, le Canadien George Lawrence Price tombe près du canal du Centre en Belgique.

Enfin, la petite aiguille de toutes les horloges françaises s'arrête sur le chiffre 11, le jour et l'heure qu'une poignée de militaires et de diplomates ont portés sur un document dans une forêt proche de Paris et ont, par leur signature, inscrits dans le droit international. On assiste à l'un de ces rares moments de simultanéité universelle, dont plusieurs millions d'êtres humains d'un bout à l'autre de la planète se souviendront toute leur vie – ils sauront jusqu'à leur dernier jour ce qu'ils faisaient en ce 11 novembre 1918 à 11 heures.

Ferdinand Foch a quitté la clairière désormais historique de Compiègne peu après la signature de l'armistice. Il décrit en des termes solennels l'instant de transition entre la guerre et la paix : « Un silence impressionnant succédait à cinquante-trois semaines de bataille. » La même emphase marque son message aux armées alliées qui ont « gagné la plus grande bataille de l'histoire et sauvé la cause la plus sacrée, la liberté du monde. Soyez fiers ! leur dit-il. D'une gloire immortelle vous avez paré vos drapeaux. La postérité vous garde sa reconnaissance ». De retour à Paris, Foch rend d'abord visite au président de la République, au palais de l'Élysée. Puis il décide de rentrer chez lui où l'attend sa femme. Il faut toutefois un certain temps au maréchal pour se frayer un chemin à travers la foule qui tient à le féliciter, qui l'acclame et pleure de joie. En arrivant chez lui, Foch est obligé d'improviser un discours dans l'escalier de son immeuble. L'appartement est envahi de bouquets envoyés par d'éminentes personnalités aussi bien que par de parfaits inconnus. Le maréchal doit interrompre plusieurs fois son déjeuner pour se montrer à la fenêtre aux admirateurs rassemblés dans la rue.

Pour Arthur Little, l'euphorie a débuté dès la veille, le 10 novembre 1918. Officier du 369e régiment américain d'infanterie, il s'est accordé un jour de permission pour entreprendre une excursion tout à fait particulière. Ayant emprunté une automobile, il rejoint une unité blindée à quelque 8 kilomètres de Langres. À son arrivée, il prend contact avec l'officier de service. Il lui expose sa requête et est invité à déjeuner. On fait ensuite appeler un certain sergent Little. Le jeune homme apparaît, se met au garde-à-vous devant l'officier, salue et commence son rapport. Mais voilà qu'au milieu d'une phrase, il s'interrompt brutalement. Les yeux écarquillés, il dévisage son supérieur et il lui faut quelques secondes pour reprendre son sang-froid et réussir à balbutier : « Oh, Père ! Quelle joie de te voir ! On m'avait dit que tu étais mort ! » Les deux hommes tombent dans les bras l'un de l'autre.

Ils regagnent Langres ensemble, envoient un télégramme aux États-Unis à la mère du sergent, font un bon dîner et vont au théâtre avant de passer la nuit dans un logement de la YMCA. Le jeune sergent revient à peine du combat, cela fait des semaines qu'il n'a pas dormi dans un vrai lit. Dès qu'il pose la tête sur l'oreiller, il sombre dans un sommeil si profond que le lendemain matin, au moment où son père doit repartir, il lui est impossible de le réveiller. Il laisse donc son fils au lit, la conscience tranquille : il peut dormir en paix. En ce

11 novembre 1918, le père sait que son fils ne retournera plus sur le champ de bataille.

Fort de cette heureuse certitude, Arthur Little regagne son bataillon. Ce n'est pas une unité comme les autres. Les soldats américains qui y servent et sont placés sous commandement français sont issus de la garde nationale new-yorkaise. La plupart sont des Afro-Américains de Harlem. Ce n'est pas de gaieté de cœur que l'Amérique s'est décidée à intégrer des Noirs dans son armée. Seule l'effroyable pénurie d'hommes a convaincu les États-Unis de les mobiliser. Leur formation a été très différente de celle des autres soldats. Ils ont été réduits à faire l'exercice sur des places publiques, dans des salles de sport et de bal de Harlem et, au lieu d'armes réelles, on ne leur a confié que des pelles et des manches à balai. Rares sont ceux qui ont obtenu des postes de commandement. Combien de regards en coin, de remarques désobligeantes et de gestes humiliants n'ont-ils pas dû essuyer dans un pays qui n'avait mis fin à l'esclavage que quelques années auparavant et où régnaient la discrimination et les conflits raciaux ! Les soldats noirs n'ont pas été autorisés à participer à un défilé de la garde nationale de New York, le Rainbow Regiment, le « régiment arc-en-ciel ». Le noir ne fait pas partie des couleurs de l'arc-en-ciel, leur ont expliqué les organisateurs.

La confiance n'a pas été plus grande à leur arrivée de l'autre côté de l'Atlantique. On leur a fait décharger les bateaux, creuser les tranchées et enterrer les morts après les batailles. La situation n'a évolué que lorsque le 369e régiment a été placé sous commandement français. Les Français, qui avaient une longue expérience de la mobilisation de soldats originaires de leurs colonies africaines, n'ont pas hésité un instant à armer les soldats noirs et à les envoyer en première ligne. Les hommes de Harlem ont rapidement prouvé qu'ils n'étaient pas inférieurs à leurs camarades blancs. Ils ont montré qu'ils étaient des combattants opiniâtres et les Allemands ont appris à les craindre. On les a surnommés respectueusement les « Harlem Hellfighters », les « combattants de l'enfer de Harlem », et plusieurs hommes de cette unité sont entrés dans la légende.

Le plus grand de ces héros, le soldat Henry Johnson, était d'assez petite taille. Avant la guerre, il travaillait comme porteur à la gare d'Albany, dans l'État de New York. Pendant sa formation et au cours des premiers mois du conflit, il s'était surtout fait remarquer pour sa langue bien pendue. Mais une nuit où il était de faction en première ligne, il avait accompli un exploit peu commun. Un commando allemand chargé de mener des attaques surprises avait repéré la position que Johnson tenait avec un camarade et était passé à l'offensive. L'autre avait été touché par une balle dès le début de l'échauffourée, laissant Johnson résister seul à l'agression. Il était cependant bien décidé à tenir sa position et à sauver son compagnon. En se servant de son fusil, de grenades et finalement d'un pistolet et d'un couteau, Johnson avait tué plus de vingt Allemands et avait fini par mettre les agresseurs en fuite. Victime d'innombrables blessures, Johnson fut le premier héros de guerre noir de l'histoire américaine. Le *Saturday Evening Post* lui-même relata les exploits de celui qu'on surnomma « *Black Death* » (« Mort noire »).

Un autre Noir dont la célébrité dépassa largement les rangs des Harlem Hellfighters fut un officier du nom de James Reese Europe, qui dirigeait l'orchestre du régiment. Avant la guerre, il était à la tête du Society Orchestra, un groupe de ragtime new-yorkais réputé. Il interprétait des marches, des danses et des chansons populaires dans des arrangements personnels aux syncopes torrides. Le Society Orchestra avait été l'un des premiers *bands* à utiliser des saxophones. Il jouait le fox-trot honni des classes moyennes blanches, qu'il portait à incandescence dans les night-clubs de Harlem. James Reese Europe fut l'un des tout premiers musiciens noirs à enregistrer un disque pour un label (la Radio Corporation of America) et l'un des premiers lieutenants noirs à partir pour la guerre – à la tête d'une fanfare militaire de plus de quarante membres. Dès leur arrivée à Brest, ils se lancèrent dans une version jazzy de *La Marseillaise* qui fit transpirer à grosses gouttes les auditeurs français venus les accueillir au port. Ce n'était qu'un début.

Après cinq mois au front durant lesquels James Reese put découvrir la guerre des tranchées sous son aspect le plus hideux (ce qui lui inspira ultérieurement le ragtime *On Patrol in No Man's Land*), la direction militaire décida que le jazz serait plus utile aux Français qu'une quarantaine de soldats noirs et portoricains de plus dans les tranchées. L'orchestre des Harlem Hellfighters fut alors séparé de son unité et muté à Paris. Pendant plusieurs mois, il se produisit dans des théâtres, des salles de concert, des parcs et des hôpitaux de la capitale. Les gens n'en revenaient pas. Les Parisiens n'avaient encore jamais entendu de jazz, et les rythmes entraînants, les contretemps et les syncopes du ragtime, les *blue notes* et les glissandi des mélodies, les saxophones allègres et le son nasillard des trompettes bouchées plongeaient les auditeurs dans une véritable extase. Des Noirs étaient autorisés à monter sur scène, les musiciens jouaient sans partition, ils se lançaient dans des solos improvisés, le corps parfaitement détendu, ils avaient les yeux mi-clos tandis que leurs bras et leurs jambes commençaient à se balancer et à tressaillir de façon incontrôlable au rythme de la musique : tout cela électrisait le public partout où l'orchestre se produisait. C'était l'expression d'un nouvel art de vivre, l'annonce d'une ère encore inconnue, celle du XXe siècle, d'une modernité différente que celle apportée par les mitrailleuses, les sous-marins et les chars d'assaut.

Les Harlem Hellfighters passent le 11 novembre 1918 dans un camp des Vosges où ils se reposent après cent quatre-vingt-onze jours d'engagement militaire ininterrompu. L'officier Arthur Little décrit l'instant de contentement tranquille où, à 11 heures tapantes, heure française, la guerre s'achève pour son unité. Un interprète français a rejoint les combattants américains avec deux bouteilles de champagne. On trinque, avec soulagement mais sans exubérance. Rien à voir, comme le relate Little dans ses Mémoires, avec la « frénésie » qui éclate ce jour-là à New York, Londres et Paris. L'armistice apparaît comme un moment de calme et de lumière, où le poids des responsabilités qui pèsent sur les épaules du commandant depuis des semaines tombe d'un coup. Amusés, les hommes de Harlem regardent les Alsaciens en costume folklorique descendre en masse dans la rue et arroser au riesling la fin de l'occupation allemande. Le lieutenant-colonel Hayward exprime bien ce que tous ressentent : « Le jour de la naissance du Christ a été le plus grand jour de l'histoire mondiale ; et celui-ci est le second. »

Lors de ce « second plus grand jour », c'est à Berlin, sa ville natale, que Käthe Kollwitz apprend, en lisant la presse, les conclusions des négociations de Compiègne. Avec effroi, elle consigne dans son journal intime les « terribles » conditions de l'armistice. À cette date, la sculptrice et dessinatrice au visage rond et aux cheveux raides immuablement noués en chignon, née à Königsberg d'un père maçon, a 51 ans et est l'épouse du médecin Karl Kollwitz. Le couple habite le quartier de Prenzlauer Berg.

Le soir du jour où l'on n'en finit pas de faire la fête à Paris, New York et Londres, « un silence de mort » règne à Berlin. La peur rôde, les gens restent chez eux. Des coups de feu résonnent çà et là dans les rues désertes.

En ce 11 novembre 1918 à 11 heures, l'officier d'artillerie Harry S. Truman est confortablement assis dans son abri, un large sourire aux lèvres. Il mange de la tarte aux myrtilles. Pendant que des soldats français font circuler les bouteilles de vin en chantant, Truman ne peut se défendre d'une légère déception.

Bien sûr, la guerre et le rôle qu'il y a joué ont tout pour le satisfaire. Il écrit ainsi à sa chère Bess : « Tu sais que j'ai réussi à faire ce qui était ma plus grande ambition depuis le début de la guerre : commander une batterie jusqu'à la fin du conflit sans perdre un seul homme. » D'un autre côté, il est loin d'avoir réalisé son second objectif : se couvrir de gloire. Dans son enfance, il a lu Homère et les *Mémoires* de Napoléon. Il rêvait alors de suivre une formation militaire à l'académie américaine de West Point et d'accomplir un jour des exploits qui éclipseraient ceux de l'empereur français. Malgré tout ce qu'il a pu faire pendant le conflit, il est encore très loin d'avoir réalisé ce rêve de jeunesse. « Mon ambition s'est achevée au poste de centurion. Je suis encore bien loin de César ; n'est-ce pas ? Maintenant, j'ai envie d'être fermier. » Il semble donc se résigner, prenant conscience que la fin des combats marque aussi celle de toutes ses possibilités d'ascension. « J'en ai presque conclu que je ne suis pas destiné à devenir très riche, ni très pauvre, et suis plus ou moins convaincu que c'est l'état le plus heureux que puisse atteindre un homme. » Peut-être pourrait-il désormais se voir confier le commandement d'une ville allemande occupée. Ou même, raisonne-t-il, être nommé, à son retour aux États-Unis, à la commission des affaires militaires de la Chambre des représentants.

Virginia Woolf le savait depuis le 15 octobre 1918. Ce jour-là, Herbert Fisher, son cousin, ministre britannique de l'Éducation depuis deux ans, lui avait confié la bonne nouvelle devant une tasse de thé, chez elle : « Nous avons gagné la guerre aujourd'hui. » Fisher tenait cette information précoce du ministère de la Guerre et savait aussi – contrairement à Guillaume II lui-même – que l'empereur allemand ne tarderait pas à abdiquer.

Virginia Woolf avait alors 36 ans et était l'auteure d'un premier roman, accueilli avec bienveillance par la critique mais fort peu remarqué des lecteurs. Elle craignait de ne jamais réussir à dépasser le niveau d'une médiocre dilettante, une inquiétude contre laquelle elle luttait en cherchant à se persuader qu'elle gâcherait sa vie en renonçant à la littérature. Avec son mari Leonard Woolf, Virginia habitait Richmond, une paisible localité à l'ouest de Londres, au bord de la Tamise. Leur union était harmonieuse, même si d'emblée, Virginia avait clairement fait comprendre à son mari qu'elle estimait ne pas avoir à satisfaire ses besoins sexuels. La solidité de leur couple avait déjà été mise à rude épreuve peu de temps après leur mariage, quand Virginia Woolf avait été atteinte de graves troubles psychiques. Après une phase d'exaltation marquée par une inspiration débordante et une véritable logorrhée, elle fut en proie à des hallucinations et se mit à entendre des voix. Suivit une profonde dépression durant laquelle elle n'avait plus la force de se lever ni de parler, de manger ni même de vivre. Ses idées étaient si noires qu'elle chercha à attenter à ses jours en absorbant une dose excessive de médicaments. Après l'avoir conduite chez une kyrielle de médecins qui ne pouvaient malheureusement pas la soulager, Leonard mit au point un programme de vie méticuleux, prévoyant des plages régulières de travail, des repas équilibrés et une heure précoce de coucher. Il allait jusqu'à consigner la date de ses menstruations.

Le couple avait acheté une presse d'imprimerie et espérait grâce à cette petite machine manuelle créer une maison d'édition littéraire. Peut-être Leonard Woolf pensait-il aussi qu'un travail suivi sur un projet bien défini pourrait aider Virginia à vaincre ses démons. La première publication de cette maison d'édition fut, en 1917, une brochure contenant deux récits, l'un de Virginia, *La Marque sur le mur*, l'autre de Leonard. Ne disposant que d'un nombre limité de caractères, ils préparaient seulement deux pages à la fois qu'ils imprimaient avant de passer aux suivantes – heureusement, il s'agissait d'histoires courtes. Ils commencèrent aussi à étudier de près les textes d'autres auteurs susceptibles d'être édités, faisant preuve en l'occurrence d'un esprit critique impitoyable. Ils refusèrent ainsi un manuscrit intitulé *Ulysses* d'un écrivain encore inconnu, un certain James Joyce. D'une part, le texte était beaucoup trop long pour leur petite presse, de l'autre, ils furent rebutés par ses fréquentes allusions aux pets et aux excréments.

La visite du ministre de l'Éducation en titre ne s'adressait donc pas à une écrivaine de renom, mais tenait – comme le reconnaît Virginia Woolf dans son journal – « à de vieux liens de famille ». Quand Herbert venait voir sa cousine Virginia, il laissait mentalement l'homme politique dans son bureau du 10 Downing Street, où affluaient constamment des messages des quatre coins du monde et où « le sort d'entières armées dépend des décisions de deux ou trois vieux messieurs ». Chez Virginia, Herbert se montrait cordial et détendu. Sa présence ne l'en impressionnait pas moins. Son cousin lui apparaissait comme un lien avec la réalité, avec la vérité, avec la vie, il était à ses yeux « au cœur du cœur des choses ». Les événements semblaient tellement évidents et si proches quand il lui en exposait les grandes lignes ! Par exemple, quand il lui parlait des préparatifs de l'armistice et de la nécessité de faire passer à Ferdinand Foch sa soif de vengeance et de le priver de « sa bataille », on aurait pu croire que Fisher avait parlé personnellement au maréchal français. Et comment ne pas être convaincue quand il affirmait que « la proportion de brutes » était plus élevée parmi les Allemands que dans les autres peuples parce qu'on leur avait systématiquement « enseigné la brutalité » ? Grâce à Fisher, Virginia Woolf se sentait, l'espace d'un après-midi, au contact direct de la grande histoire. En même temps, elle prenait douloureusement conscience de l'exiguïté de son horizon dans la paisible Richmond.

Tout bien considéré, la guerre mondiale n'était jamais arrivée jusqu'à cette petite ville. On souffrait, certes, de pénuries alimentaires et il était difficile de trouver du personnel en ces temps agités. De passage à Londres, Virginia Woolf avait éprouvé personnellement l'épouvantable terreur que répandaient les bombes larguées par les zeppelins. Richmond en revanche n'avait pas grand-chose à craindre, même s'il arrivait occasionnellement que des avions allemands survolent la commune.

Au cours de leurs promenades, Virginia et Leonard parlaient aussi de la paix comme d'une affaire qui ne les concernait que de loin, et se disaient que, bénéficiant d'une prospérité nouvelle, les gens oublieraient bientôt la guerre. Ils doutaient l'un comme l'autre que les habitants de Richmond se félicitent durablement d'avoir affranchi les Allemands du joug d'un souverain despotique et de leur avoir offert la liberté. Au cours de ces dernières semaines de guerre, l'écrivaine s'informait dûment des progrès des pourparlers diplomatiques, dont les rebondissements arrivaient dans leur foyer par la presse. Mais ces gros titres n'impressionnaient guère son esprit d'ordinaire si vif. Toute cette affaire était-elle « trop lointaine et dénuée de sens » ?

C'est donc avec calme que les Woolf réagissent aux salves de canon qui ébranlent Richmond le 11 novembre à 11 heures. Virginia note dans son journal : « Les freux tournoyaient, qui semblèrent un instant les participants symboliques d'une cérémonie mi-action de grâces, mi-honneurs funèbres. Journée très nuageuse, sans un souffle, la fumée chavirant lourdement vers l'est, et cela aussi parut un instant quelque chose qui planait, battait des ailes, retombait. » S'y ajoute le hurlement des sirènes déclenchées exceptionnellement pour marquer la fin de la guerre.

Comment pourrait-elle écrire dans un tel tohu-bohu ? Les servantes ne cessent de l'interrompre. « Nelly a quatre drapeaux qu'elle tient à suspendre dans les pièces qui donnent sur la rue. Lottie dit qu'il faut faire quelque chose et je la vois fondre immédiatement en larmes. Elle insiste pour astiquer les heurtoirs et pour héler de l'autre côté de la rue le vieux pompier qui habite en face. Oh mon Dieu ! Quel tapage elles font ! » Elle-même se sent plutôt mélancolique en cet instant « où tous les taxis klaxonnent et où les écoliers [...] font cercle autour des drapeaux. L'atmosphère est en même temps celle d'une veillée mortuaire. Un harmonium joue un cantique et on hisse un immense Union Jack au sommet d'un mât ». C'est la paix.

Est-ce vraiment la paix ? Le lendemain, les Woolf prennent le train pour Londres. L'importance du jour leur a inspiré une certaine agitation mais ils ne tardent pas à regretter leur décision : « Une grosse femme débraillée, en velours noir et plumes, avec ces dents gâtées qu'ont les pauvres, voulait absolument serrer la main de deux soldats. [...] Elle était déjà à moitié ivre et n'a pas tardé à exhiber une grosse bouteille de bière dont elle leur a fait boire, puis elle les a embrassés. » La capitale abonde en personnages de ce genre, misérables, soûls, agitant des drapeaux, et le ciel londonien punit les fêtards en les arrosant de copieuses averses d'automne. Virginia Woolf regrette, note-t-elle dans son journal, l'absence de « pôle d'attraction » qui aurait pu fixer les masses et leurs émotions. Elle estime que le gouvernement aurait dû préparer une célébration quelconque pour fêter un jour aussi exceptionnel. Déconcertée, elle constate que les gens respectables, troublés par l'absence de cérémonie, répriment leur joie et vont jusqu'à réagir avec mauvaise humeur aux embarras de toutes sortes – cohue, magasins fermés, pluie.

Dans les profondeurs du Londres en effervescence, au sous-sol du très chic hôtel Carlton de Haymarket, cela faisait des mois que Nguyen Tat Thanh lavait des montagnes d'assiettes. À l'étage du restaurant, des serveurs en livrée déposaient la vaisselle sale dans un monte-plats qui la faisait descendre jusqu'aux cuisines où officiaient Nguyen et ses collègues. Les restes étaient jetés à la poubelle. Les assiettes, les verres et les couverts étaient séparés, soigneusement lavés dans de grands bacs puis essuyés et lustrés avec des torchons de coton.

La guerre n'avait pas encore éclaté quand Nguyen avait quitté sa patrie, l'actuel Vietnam, qui faisait alors partie de la colonie française d'Indochine. Depuis, il avait passé le plus clair de son temps sur différents bateaux comme garçon de cuisine, parcourant ainsi une bonne moitié de la planète. Il avait pris l'habitude de se lever à 4 heures du matin pour récurer la cuisine et allumer les fourneaux. En cas de gros temps, il devait quitter la cuisine torride et enfumée pour grimper dans la cambuse glaciale située sur le pont afin de rapporter les provisions nécessaires pour la journée. Son corps, fluet à l'origine, s'était endurci et musclé à force de traîner les lourds sacs de charbon et de vivres, mais son visage au front haut, aux yeux pénétrants et aux lèvres pleines était resté fin et expressif.

En 1917, Nguyen décida de s'arrêter à Londres pour perfectionner son anglais. Avant et après ses longues journées de plonge au Carlton, on pouvait le voir assis à Hyde Park avec un livre et un crayon. Dans les livres, il n'apprenait pas seulement des mots mais aussi des idées, dont certaines pouvaient même être transposées dans la réalité. Un matin, par exemple, il décida de ne pas jeter les restes des assiettes des clients, mais de les rassembler puis de les disposer proprement sur une assiette et de les rapporter en cuisine. Lorsque le redouté chef français Auguste Escoffier lui demanda des explications, il répondit : « Ce n'est pas bien de jeter tout cela. On pourrait le donner aux pauvres. » Escoffier sourit : « Écoutez, mon jeune ami, oubliez vos idées révolutionnaires et je vous instruirai dans l'art de la cuisine. Vous pourrez ainsi gagner beaucoup d'argent. Voulez-vous ? » À dater de ce jour, Nguyen fut autorisé à venir travailler régulièrement à la pâtisserie, où il apprit à confectionner de superbes gâteaux.

Toujours à Londres, en ce 11 novembre, Thomas E. Lawrence dîne avec Charles Ffoulkes, directeur de l'Imperial War Museum, et leur vieil ami commun Edward Thurlow Leeds, qui travaille alors pour le renseignement militaire. Les trois hommes sont paisiblement assis au restaurant de l'Union Club. De leur table, ils peuvent voir Trafalgar Square, noir de gens en liesse. Les trois amis ont beaucoup de choses à se raconter après quatre années d'une guerre qui donne à leur vieille passion commune pour les armes et les armures médiévales l'aspect d'une excentricité risible.

Pourtant, le peintre britannique Briton Rivière n'avait-il pas imaginé la victoire du bien sous les traits de saint Georges gisant, épuisé, à côté de son cheval mort ? Sans doute le chevalier a-t-il terrassé le dragon, mais il a surestimé ses forces. Le tableau du héros fourbu dans son armure étincelante a beau avoir été réalisé avant la guerre, en 1909, il semble anticiper sublimement ce jour et cette heure. En effet, les vainqueurs et les vaincus de ce combat planétaire sont allés, les uns comme les autres, jusqu'au bout de leurs facultés de résistance et en 1918, pour demeurer dans la symbolique picturale, ils gisent côte à côte, entre la vie et la mort. En 1914, les rivalités nationales et impériales, l'insouciance des hommes d'État et, pour finir, la mécanique rigide des systèmes d'alliances avaient entraîné le monde dans la guerre. En 1918, de tous les ambitieux objectifs ne reste que l'espoir des vainqueurs de se dédommager des dépenses incommensurables engagées sur l'actif des vaincus. On peut également voir en saint Georges l'incarnation de l'état dans lequel se trouvent de nombreux soldats en ce 11 novembre à 11 heures. Ils sont tellement brisés par les combats, tellement accablés par l'inhumanité de la guerre et par l'omniprésence de la mort que les vainqueurs eux-mêmes n'ont plus la force de célébrer leur triomphe. Les stratégies de ceux qui ont mené la guerre, les diplomates et les hommes d'État pour qui ils se sont battus, ne leur inspirent plus d'intérêt : ils veulent rentrer chez eux, se mettre à l'abri, retrouver la sécurité, oublier ce qu'ils laissent derrière eux. Certains n'ont d'ailleurs pas le cœur à la fête.

Avant même l'armistice, Alvin C. York a quitté les forêts pilonnées de l'Argonne pour un environnement très différent. Après plusieurs semaines d'engagement militaire ininterrompu, il a obtenu une permission. En compagnie de plusieurs camarades, il a pris le train jusqu'à Aix-les-Bains, au pied des Alpes françaises. Cette station thermale dont les façades blanches dominent les rives du lac du Bourget offre le plus vif contraste avec les paysages désolés du nord de la France. York loge avec ses compagnons au très bourgeois Hôtel d'Albion tout pavoisé, il fait du canot à moteur sur le lac dont la surface lisse reflète les montagnes et est invité à manger par des habitants reconnaissants.

Depuis le jour où il a pris un nid de mitrailleuses allemand et fait plus de cent prisonniers presque à lui seul, cet habitant du Tennessee est plus convaincu que jamais que Dieu étend sur lui une main tutélaire. Ses camarades ont multiplié les hypothèses rationnelles pour expliquer l'événement invraisemblable qui a fait de lui un héros. Mais pour York, il ne peut y avoir qu'un motif : le 8 octobre 1918, Dieu lui a adressé un signe ! Depuis sa mobilisation, York avait été rongé de doutes sur le bien-fondé de sa décision. Comment justifier qu'un chrétien croyant comme lui ait fait la guerre et ait tué ? Mais Dieu avait fini par entendre ses prières et, en ce 8 octobre 1918, il avait fait de lui son instrument. Depuis, York est libéré des sentiments de culpabilité qui l'accablaient.

Pourtant, en ce 11 novembre 1918, Alvin York n'a pas envie de faire la fête. La guerre mondiale s'achève pour lui dans le cadre idyllique d'une station balnéaire où toutes les « morts et destructions » lui paraissent incroyablement lointaines, presque irréelles. La nouvelle de ce qui s'est passé dans le wagon de Compiègne atteint la bourgade vers midi. « Ce fut un tapage effroyable, tous les Français étaient soûls, ils criaient et braillaient. Les Américains buvaient avec eux, tous. Je n'ai pas vraiment participé à tout cela. Je suis allé à l'église, j'ai écrit à ma famille et j'ai lu un peu. Ce soir-là, je ne suis pas sorti. Je venais d'arriver et j'étais encore très fatigué. Bien sûr, j'étais heureux que l'armistice ait été signé, heureux que tout soit enfin terminé. Il y avait eu assez de combats et de morts. J'éprouvais la même chose que la plupart des jeunes Américains : c'était fini. Nous étions prêts à rentrer à la maison. Ils avaient fait ce qu'il fallait en signant l'armistice. » À Aix-les-Bains, les célébrations durent plusieurs jours. Mais York se tient à l'écart. Son besoin d'exorciser les expériences et les images des dernières semaines est si grand qu'il a du mal à se laisser aller.

Ce n'est qu'après un certain temps qu'en ce 11 novembre 1918, la curiosité finit par l'emporter et que Louise Weiss descend l'escalier pour observer la « frénésie » des Parisiens. Arrivée dans la rue, elle est entraînée par une foule qui « hurl[e] de joie et de haine ». Elle a sous les yeux une marée humaine au-dessus de laquelle flottent des milliers de drapeaux français et américains. Des poilus sont portés en triomphe à travers les rues. C'est un délire de fanfares, d'armes prises à l'ennemi, de baisers, de farandoles avec, juste à côté, des femmes en deuil. Tout cela lui paraît affreux et même pire : « imbécile ». Autant elle a espéré la victoire, autant cette fête de l'agressivité, cette apothéose du massacre lui paraît barbare.

Louise Weiss se réfugie dans l'arrière-salle d'un café. Un groupe de fêtards fait irruption, encadrant un soldat dont la mâchoire fracturée et l'œil abîmé ont été rafistolés tant bien que mal. Un farceur souffle dans un cor, les bouchons de champagne sautent. Le croissant de Louise Weiss lui reste en travers de la gorge. Se sentant très seule, elle se réfugie en pensée auprès de Milan.

Milan ! Ils ont fait connaissance au cours des premières années de guerre. Lors d'un dîner à Paris chez une amie commune, un petit homme aux épaules trapues et à la calvitie naissante s'était joint aux convives déjà attablés. Avec un léger accent, il s'était présenté sous le nom de Milan Štefánik. La première chose qui avait frappé Louise était la précision avec laquelle ses mains pâles, remarquablement soignées, maniaient ses couverts. Elle avait fini par lui demander : « Que faites-vous ici ? » La dévisageant de ses yeux clairs, il avait répondu : « Je fais le grand-duché indépendant de Bohême. » Louise était assez versée en histoire et en géographie pour comprendre qu'il se battait pour l'indépendance de la Tchécoslovaquie. Štefánik se montra très impressionné, et elle le fut tout autant quand elle comprit que ce Slovaque séjournait à Paris dans l'espoir de libérer sa patrie du joug des Habsbourg. La journaliste tomba immédiatement amoureuse de Milan et de son ambitieux projet. Ce fut le début d'une relation amoureuse insolite, que Louise caractérise rétrospectivement dans ses Mémoires comme « une communion spirituelle totale dans un climat d'ascétisme inhumain ». Louise sut d'emblée qu'elle suivrait cet homme et soutiendrait sa cause de toutes ses forces.

Le 11 novembre 1918, pendant qu'elle est assise dans un café parisien en proie à des sentiments ambivalents, Milan se trouve en Sibérie, égaré quelque part entre Irkoutsk et Vladivostok, alors qu'il cherche à s'emparer du chemin de fer transsibérien qui doit permettre le déplacement de quelque cinquante mille soldats tchèques. La légion tchécoslovaque, recrutée dans les rangs de Tchèques et de Slovaques exilés et de prisonniers de guerre, s'est d'abord battue dans le camp des Alliés, et plus particulièrement de la Russie. La révolution russe et le retrait de la Russie du conflit ont changé la donne.

Depuis, les troupes tchèques poursuivent l'objectif insensé de regagner l'Europe en traversant le continent asiatique jusqu'à la Chine, puis en franchissant le Pacifique et l'Amérique du Nord, pour rejoindre les forces alliées. Mais c'est compter sans le froid glacial et l'indicible confusion qui règnent en Sibérie. Les Tchèques, qui se considèrent de plus en plus comme les ennemis des bolcheviks, ne savent jamais à quel camp appartiennent les bandes de Russes qu'ils rencontrent. Les distances sont considérables, les dispositifs de signalisation détruits. De nombreuses unités tchèques qui, au terme de plusieurs semaines de voyage, sont arrivées sur la côte pacifique, où elles pensent avoir trouvé le salut, doivent immédiatement faire demi-tour pour se porter au secours de leurs camarades encore bloqués à l'intérieur des terres. Pendant des jours et des jours, ces hommes vivent dans des wagons, dont certains auraient été, dit-on, remplis jusqu'au toit d'or pillé par les bolcheviks. Les gares de chemin de fer sont ensanglantées par les massacres entre les adversaires du moment. Milan Štefánik est pris au milieu de cette tourmente. Louise le reverra-t-elle un jour ?

Quand Marina Yurlova rouvre les yeux, elle voit des murs gris. Les images du passé lui reviennent lentement à l'esprit : Kazan, l'hôpital, la mobilisation, les hurlements du soldat de l'Armée rouge. La bonne nouvelle est qu'elle est vivante. La mauvaise, qu'elle se trouve manifestement dans une cellule de prison. Une paillasse crasseuse, un poêle, une minuscule fenêtre à barreaux, une porte métallique : voilà tout ce qu'elle réussit à distinguer dans cette pièce étouffante et mal éclairée. Un nouvel évanouissement lui évite de prendre toute la mesure de ce cadre inhospitalier. Elle ne revient à elle que lorsqu'une clé grince dans la serrure et qu'un petit homme pâle entre, muni d'une lampe à pétrole. Il lui ordonne de se lever, pose deux bols sur la paillasse et referme la porte derrière lui sans ajouter un mot. Une des gamelles contient de la choucroute et des épluchures de pommes de terre bouillies, d'où émergent des germes ressemblant à des asticots gris. L'autre est remplie d'une eau malodorante. Le tout est accompagné d'un quignon de pain noir rassis. Marina ne sait pas depuis combien de temps elle n'a plus mangé, mais elle n'a pas le courage de toucher à ce repas.

Le temps s'écoule. Des heures ? Des jours ? Le bruit sec d'une salve d'armes à feu sort la jeune Cosaque de sa torpeur. Elle entend hurler des ordres, une nouvelle salve et le gémissement d'un mourant. La situation est claire : on exécute des hommes dans la cour de la prison. Est-ce non seulement la guerre mais aussi sa vie qui prendra fin ici, à Kazan ? Les gardiens sont muets et impassibles, leur visage ne laisse rien transparaître du sort qui l'attend. Marina se réconforte cependant en constatant qu'on dépose de temps en temps dans sa cellule de nouvelles gamelles de nourriture – et une tinette.

Au bout d'un moment, les exécutions semblent s'interrompre. Un profond silence tombe sur les bâtiments. Serait-elle la seule âme encore en vie ? L'a-t-on purement et simplement oubliée ? Les bruits reprennent en début d'après-midi, à en croire le minuscule fragment de ciel visible depuis sa fenêtre. De fortes explosions ébranlent le bâtiment. De la fumée se glisse sous sa porte et Marina aperçoit des flammes par sa lucarne. La violence des détonations donne à penser qu'il s'agit d'un bombardement. Celui-ci dure de longues heures et ce n'est qu'au matin que ces déflagrations sont remplacées par les échanges plus légers d'armes portatives.

Le sang de Marina se fige dans ses veines quand elle entend une clé tourner dans la serrure de sa cellule. « Qui es-tu, là, dans ton coin ? » crie une voix. Cet accent n'est pas russe, elle s'en rend compte immédiatement. Du reste, le soldat qui vient d'entrer dans sa geôle ne porte pas d'uniforme russe. « Je suis cosaque, répond-elle d'une toute petite voix, ma maison est dans le Caucase. » « Suis-nous ! » ordonne l'étranger. Elle se retrouve dans la cour ensoleillée de la prison, où d'autres soldats sont rassemblés et où se regroupent des hommes et des femmes déguenillés émergeant des ténèbres de leur cachot et clignant des yeux dans la clarté inhabituelle.

D'après les explications que leur donnent les soldats dans un mauvais russe, Maria parvient à reconstituer ce qui s'est passé :

ses libérateurs sont des Tchèques et des Slovaques, qui se sont initialement battus dans le camp russe contre l'Autriche et se sont maintenant ralliés aux troupes « blanches » fidèles au tsar. Sous le commandement de Vladimir Kappel, ils ont pris Kazan et libéré les prisonniers des bolcheviks locaux. Cette fois, être cosaque est un atout pour Marina. « Vous pouvez aller où vous voulez », leur annoncent les soldats. Les anciens détenus ne se le font pas dire deux fois. Ils courent jusqu'au portail et disparaissent au milieu de la foule qui s'y est rassemblée. Marina reste sur place, irrésolue. « Viendras-tu avec nous ? » lui demandent les Tchèques. Marina acquiesce et les suit. Où pourrait-elle aller ? Elle n'a plus de patrie et n'a pas sa place dans la nouvelle Russie bolchevique. Faute de meilleure solution, elle reprend du service et le commandant lui confie la charge de surveiller une fabrique de munitions. Les dômes et les minarets de Kazan se dessinent au loin sur le ciel éclairé par le soleil couchant et Marina dort sur le sol nu d'une baraque.

Des coups de feu la réveillent. La guerre l'a rejointe. Les bolcheviks lancent une contre-offensive. On lui colle un fusil entre les mains. On lui donne une mission. Elle obéit. Elle tire. On lui tire dessus. Une balle ennemie la touche à l'épaule. Elle doit retourner à l'hôpital de Kazan. Mais la résistance des Blancs est brisée et Marina est contrainte de quitter son lit plus vite encore qu'elle n'y est arrivée. Au milieu d'un flot de milliers de réfugiés à pied et en charrette, elle quitte la ville par une route qui traverse une plaine apparemment interminable. L'Armée rouge mitraille le convoi depuis les airs. Il paraît qu'il y a une gare à Tcheliabinsk. Mais Tcheliabinsk est à près de 1 000 kilomètres à l'est, le bras de Marina est complètement engourdi et ses provisions épuisées depuis longtemps. Finalement, un camion conduit la jeune femme et la petite troupe de soldats tchèques jusqu'au terminus occidental du Transsibérien. À coups de crosse, les Tchèques expulsent d'un fourgon les civils qui y étaient montés. Les heures s'écoulent, interminables. Enfin, le train démarre en direction de l'est, de la Sibérie. Sept mille kilomètres de rails s'étendent devant eux.

Le 11 novembre à 11 heures, au moment même où, sur le front occidental, les armes se taisent, Matthias Erzberger reprend le train en direction du nord avec la délégation allemande. On ne lui a remis le texte complet du traité d'armistice qu'une demi-heure plus tôt. Les fenêtres du compartiment sont masquées. La nouvelle de la fin des négociations s'est promptement répandue et les gares sont remplies de foules qui accueillent le train dans un mélange d'acclamations et d'insultes. À leur arrivée à Tergnier, ils attendent la nuit pour repartir dans les véhicules allemands qu'ils avaient laissés là. Ils prennent la route en direction du nord et atteignent à 2 heures du matin la ligne de front qu'ils peuvent désormais franchir sans risque puisque les armes se sont définitivement tues.

Erzberger parvient au quartier général allemand de Spa à 9 heures. Ici, rien n'est plus comme avant. Dans cette station thermale belge occupée par l'armée allemande, un conseil d'ouvriers et de soldats s'est constitué et a prétendu arrêter les représentants du commandement suprême de l'armée. On a arraché leurs épaulettes aux officiers et les soldats stationnés à Spa refusent désormais de saluer leurs supérieurs. Erzberger comprend rapidement que les informations incroyables qui circulaient à Compiègne sont véridiques : en ce 12 novembre, l'Allemagne n'est plus le pays qu'il a quitté le 7. L'empereur a pris la fuite, la révolution fait rage. Peu après l'arrivée d'Erzberger à Spa, une réunion se tient chez Wilhelm Groener, le chef d'état-major. Celui-ci félicite Erzberger pour l'issue des négociations de Compiègne. Le maréchal von Hindenburg profite également de l'occasion pour le remercier des « services extrêmement précieux » qu'il a rendus à la patrie.

Plus tard, Erzberger reçoit deux députés d'un conseil de travailleurs de Hanovre qui se rendent à Bruxelles « pour y proclamer la révolution générale ». Les révolutionnaires ont réquisitionné une locomotive à cette fin. Ils sont certains que Foch a été fusillé et que la guerre est finie. Erzberger leur annonce qu'il a vu le général en vie quelques heures plus tôt seulement, et qu'on se bat à Bruxelles. Les deux révolutionnaires sont très déçus mais remercient Erzberger de les avoir détrompés et s'entendent avec lui pour regagner ensemble la capitale du Reich le jour même, grâce à la locomotive confisquée. Si les émeutiers et le négociateur empruntent le même trajet, leurs objectifs sont diamétralement opposés : les deux ouvriers veulent se rendre à Berlin pour y nommer le communiste Karl Liebknecht au poste de chancelier du Reich, alors qu'Erzberger souhaite observer de plus près les changements survenus. L'armistice conclu au nom du peuple allemand vaut-il encore le prix du papier sur lequel il a été rédigé ?

Un jour, une heure. L'espace d'un instant, l'entrée en vigueur de l'armistice, que des négociateurs ont arbitrairement fixée par traité, semble synchroniser la vie de millions d'êtres humains. Ce moment incarne pourtant des expériences extrêmement différentes : alors que les uns s'étreignent dans l'allégresse et que d'autres envisagent l'avenir avec désespoir, la guerre se poursuit dans maintes régions du monde où souvent on ne sait même pas qu'un document historique vient d'être signé à Compiègne.

Un jour, une heure. Après ce moment capital du 11 novembre 1918, marqué tout à la fois par une simultanéité stupéfiante et par une multitude de perspectives, l'histoire se refragmente en d'innombrables récits individuels, asynchrones.

Les Harlem Hellfighters reçoivent l'ordre de lever leur camp vosgien le 17 novembre à 4 heures et de marcher vers l'est. Ils ont éprouvé un étrange sentiment en évacuant les tranchées en direction du front, racontera plus tard Arthur Little ; était-on vraiment sûr qu'aucun tir ennemi ne viendrait plus de là ? Little arrive très en avance au lieu de rendez-vous de la troupe. Il grelotte. Un officier de liaison doit lui rappeler que maintenant que la guerre est finie, on peut recommencer à faire du feu. Ils attendent donc le départ en silence, se réchauffant les mains au-dessus des braises. Ils franchissent le *no man's land,* puis passent devant les tranchées et les positions allemandes désertées. À Cernay, le régiment se met en formation derrière sa fanfare qui donne le signal « en avant ». La marche « de Harlem au Rhin » entre dans sa dernière phase.

L'unité traverse d'abord des petites villes abandonnées, où les destructions sont peu importantes et où logeaient encore il y a peu les troupes allemandes. Après une brève nuit dans des abris de fortune, ils poursuivent leur avancée vers l'est. Ensisheim, où ils arrivent le 18 novembre, est le premier lieu où les soldats rencontrent des signes de vie. Les habitants ont pavoisé leurs maisons en prévision de l'arrivée des Américains. Les fenêtres sont ornées de photos du président Wilson. Les jeunes filles, vêtues de costumes alsaciens brodés et coiffées de tresses élaborées, jettent des fleurs dans la rue, formant un véritable tapis fleuri que foulent les soldats du régiment américain dont certains se voient accorder leurs premiers baisers depuis des mois. Des banderoles déployées au-dessus des rues proclament « Vive la République ! » ou « Que Dieu bénisse le président Wilson ! ».

Après leur départ d'Ensisheim, Little fait cantonner ses hommes dans le petit village de Balgau. Quand il se réveille le lendemain matin, le 19 novembre, une longue file de civils s'est formée devant la porte de son cantonnement. « Que veulent-ils ? » demande-t-il à son ordonnance. « Des laissez-passer, mon commandant ! » Ayant fait installer un bureau de fortune pour traiter les requêtes des habitants, l'officier américain découvre avec stupéfaction la situation à laquelle les Alsaciens se sont manifestement accoutumés sous l'occupation allemande. Ils sont convaincus d'avoir toujours besoin d'une autorisation officielle pour mener leurs vaches au pré, pour aller au marché du village voisin et même pour se rendre au cimetière. Le 20 novembre, nommé entre-temps gouverneur de la place, Little demande au crieur municipal d'annoncer à la population qu'elle peut compter sur la « bienveillance » et la « protection » des Américains. Les files diminuent devant le bureau du gouverneur militaire, et les villageois ressortent leur argenterie et leurs provisions des cachettes où ils les avaient mises à l'abri des Allemands.

Le même jour, Little reçoit un ordre portant le cachet « urgent ». Son cœur s'emballe pendant qu'il prend connaissance de son contenu. Le général français Lebouc propose aux Américains noirs d'être la première unité alliée à s'avancer jusqu'au Rhin. L'ordre prévoit une « exécution immédiate ». Little réagit sur-le-champ. Il rassemble un détachement d'hommes de confiance et, sans prendre le temps de dîner, monte à cheval pour se rendre à Nambsheim, à proximité immédiate des rives du Rhin. La petite troupe de cavaliers traverse la forêt en direction du fleuve qui, bientôt, marquera à nouveau la frontière est de la France. Ils demandent à des bûcherons alsaciens le meilleur chemin pour rejoindre les bords du Rhin ; les hommes secouent la tête d'un air découragé. Les Allemands sont encore sur les berges, où leurs troupes embarquent sur un bac à voiles. Ne risque-t-on pas quelque escarmouche ? Little ne veut pas perdre son avance. « Exécution immédiate », exigeait l'ordre du général Lebouc. Il fait avancer son détachement. Quelques minutes plus tard, la forêt s'éclaircit et l'on distingue « l'eau du Rhin qui court avec une hâte merveilleuse ». Les hommes mettent pied à terre, ils se serrent la main, se félicitent mutuellement. Little, ému par ce moment historique, improvise un petit discours. Cette arrivée devant les flots du Rhin lui rappelle les grands explorateurs : en pareil instant, il se sentirait presque l'égal de Soto et de Drake, de Frobisher et même de Christophe Colomb. Il ordonne la construction d'un poste.

Alors seulement, les Américains remarquent que, sur la rive opposée, les derniers soldats allemands quittent tout juste le bac qui leur a fait franchir le Rhin pour rentrer chez eux. Mais quelques heures plus tard, ils apprennent qu'une autre unité américaine a atteint le Rhin en un autre point, un peu avant eux. C'est ainsi que le général Lebouc remercie le colonel Hayward et non le commandant Little de l'établissement de la « garde noire sur le Rhin ».

Trois semaines plus tard, le 13 décembre 1918, une grande parade a lieu dans la plaine de Munchhausen, à 16 kilomètres au nord-est de Mulhouse. La totalité de la division franco-américaine est réunie. Dix mille hommes se tiennent au garde-à-vous dans l'air lumineux de cette douce journée d'hiver. Le soleil bas darde ses rayons sur la plaine tandis que des sonneries de fanfare annoncent l'ouverture de la cérémonie. Vêtu d'un uniforme bleu, le général de division français Lebouc arrive au galop sur un cheval crème. Le menton relevé autant qu'il est possible, il passe en revue les unités soigneusement alignées, saluant les officiers américains d'un « mes chers amis ». Enfin, il met pied à terre et on lui remet les étendards de toutes les unités combattantes. Au nom du 369e régiment d'infanterie, Little se présente lui aussi devant le général. Celui-ci décore les drapeaux de la croix de guerre et embrasse solennellement les commandants présents sur les deux joues. Peu après, les régiments s'éloignent tour à tour, faisant trembler la plaine de Munchhausen sous leurs pas.

Les soldats regagnent leur camp au terme de plusieurs heures de marche, sans qu'aucun se plaigne de cette longue journée. Little sait pourquoi : « Nos hommes n'avaient pas épargné leur peine pour faire honneur à leur race ; et leurs efforts avaient été reconnus. » Sous le commandement français, les soldats de Harlem avaient pu prouver qu'ils étaient capables de faire mieux que décharger des bateaux ou creuser des tombes et des tranchées. À présent, après la longue marche de Harlem jusqu'au Rhin, c'est le retour du Rhin vers Harlem qui les attend. L'Amérique les accueillera-t-elle avec le respect qu'elle ne leur avait pas manifesté en les envoyant à la guerre ? Les sacrifices que les soldats noirs ont consentis pendant la guerre trouveront-ils leur récompense en temps de paix ?

Les troupes alliées sont à Strasbourg le 21 novembre 1918. Leur arrivée met fin à une période agitée durant laquelle la ville rhénane a été le théâtre de manifestations, de pillages et de troubles révolutionnaires. Le général Foch entre à cheval dans Strasbourg le 26 novembre 1918 et fait le salut militaire devant la statue du général Kléber. Dans sa main droite, il tient un sabre ayant appartenu au héros des guerres révolutionnaires. Pour les Français, ce jour marque la fin d'une humiliation qui les rongeait depuis que les Prussiens les avaient battus en 1870. En ce temps-là, l'Empire allemand avait annexé l'Alsace et la Lorraine dont il avait fait un « Reichsland », une terre d'empire. La victoire des Alliés rend à la France les départements situés à l'ouest du Rhin.

Louise Weiss arrive à Strasbourg quelques jours plus tard. Elle accomplit avec sa famille un voyage dans le passé, car son père et sa mère sont originaires d'Alsace ; la « désannexion » est donc une affaire qui leur tient à cœur. Ils ont apporté pour leurs proches restés dans la région de si gros colis de denrées alimentaires, de savon, de tissu et de bougies que c'est à peine s'ils ont encore la place de s'asseoir dans la voiture. Louise doit enfiler un costume d'Alsacienne : la robe à guimpe, le tablier, le châle et le nœud ayant appartenu à Grethel, l'ancienne nourrice de son père. Celle-ci avait porté cette tenue en 1871 au moment où les Allemands assiégeaient Strasbourg et où elle avait transporté dans une panière le père de Louise, encore bébé, à travers les lignes ennemies, le sauvant ainsi de la famine.

Lorsqu'ils atteignent l'ancienne frontière entre la France et l'Alsace, au milieu des Vosges, le père de Louise fait arrêter la voiture. Il descend et se baisse pour ramasser quelques cailloux qu'il distribue à chacun de ses enfants. Puis tous se mettent en cercle, dans un silence solennel, en tapant des pieds pour se réchauffer. Le père décide de faire un détour par le Hartmannswillerkopf, cette croupe montagneuse rudement disputée où trente mille soldats allemands et français ont perdu la vie. Lorsqu'ils y parviennent, la nuit tombe déjà sur les montagnes. Dans la brume du soir, on distingue à peine les squelettes des sapins mitraillés ainsi que les débris de tentes et de barbelés que le vent fait rouler sur la terre éventrée.

À Strasbourg, cousins et cousines accueillent la famille Weiss avec force embrassades. Ils partent en pèlerinage sur les lieux familiers : la maison natale du père, rue de la Nuée-Bleue, la cathédrale. Comme lorsqu'elle était enfant, Louise pose la joue contre les pierres froides de ses murs gothiques pour voir les lignes de la façade qui s'élancent vers le ciel, jusqu'au sommet de la flèche.

Dans l'après-midi, Louise Weiss, journaliste désormais réputée, est invitée à la cérémonie officielle de la libération de l'Alsace. Sur la tribune érigée place de la République, elle prend place quelques rangs derrière Raymond Poincaré et Georges Clemenceau, respectivement président de la République et président du Conseil. Commence alors un défilé qui n'en finit plus. Les troupes marchent « enivrées d'enthousiasme », sabre au clair, devant la tribune – « si proches qu'elles semblaient quêter des caresses ». Aux soldats succèdent les délégations des communes alsaciennes en costumes traditionnels avec drapeaux et fanfares – elles ne marchent pas, elles dansent, débordant de fierté et de joie. Les grands nœuds de soie noire ou rouge, les bonnets en dentelle dorée scintillent au soleil. Une larme coule sur la joue du président tandis que le « Tigre », terrassé par l'émotion, ferme les yeux à plusieurs reprises. Le défilé dure des heures, et à la différence des fêtes de la Victoire parisiennes, Louise trouve ce moment plein de force, il lui fait l'effet d'« un torrent », d'« une coulée de lave ». Mais ce triomphe, s'interroge-t-elle, valait-il la mort de deux millions de Français ?

La question se repose quelques mois plus tard, quand sa famille se rend à Arras, ville natale de Louise. Pour ses parents, c'est un nouveau pèlerinage sur un des lieux de l'histoire familiale, un retour aux souvenirs d'un bonheur passé. Mais cette jolie petite ville est en ruine. Le clocher, la gare et même la maison où est née Louise ne sont plus que gravats. La jeune femme extrait un fragment d'obus de l'amas de pierres et de planches qui fut jadis son foyer. L'éclat se trouve exactement à l'endroit où se trouvait jadis son berceau.

Une route refaite à la hâte conduit aux anciens champs de bataille, devant les portes de la ville. Ici, le regard erre sur un paysage meurtri par la guerre. Des armes tordues se dressent toujours vers le ciel, des lambeaux de capotes de soldats moisissent dans des fondrières, partout, ce ne sont que débris de ferraille, barbelés enchevêtrés, envahis de mauvaise herbe. Sur les collines voisines s'étend à perte de vue un champ de croix grises, uniformes, sommairement assemblées. À leurs pieds s'étendent « des nappes de coquelicots » : « Du sang ? Des étendards ? Un appel ? Des reproches ? » Louise sent que les images de la destruction de sa ville natale, les champs de la mort, le spectacle des coquelicots l'attachent plus étroitement que jamais à sa patrie. Louise Weiss, fondatrice de *L'Europe nouvelle*, cosmopolite et avocate de la liberté des peuples, se sent soudain française jusqu'au fond du cœur.

III

Révolutions

Au lieu d'un peuple aux formes abondantes
grandies dans le terroir, un nouveau nomade,
un parasite habitant la grande ville, homme
des réalités tout pur, sans tradition, noyé dans
la masse houleuse, irréligieux, intelligent,
stérile, haïssant profondément le paysannat
(et la noblesse terrienne qui en est la suprême
expression), un pas de géant donc vers
l'inorganique, vers la fin.

Oswald Spengler, *Le Déclin de l'Occident*, 1918.

La vieille terre a disparu,
C'est vrai pour toi, pour moi, pour chacun.
Il faut nous résigner
À reprendre la bêche
À piocher le gazon
À retourner la terre.
À ressemer et à retracer des chemins
À arracher encore les mauvaises herbes.
Ce n'est qu'ainsi que de toute notre sueur
Croîtra un nouveau paradis.

Ratatösker, Zukunft, in *Simplicissimus*,
24 novembre 1918.

George Grosz, *Explosion*, 1917

Au-dessus de Wilhelmshaven, dans la soirée du dimanche 10 novembre 1918, le ciel s'illumine d'éclairs et d'étoiles rouges, vertes et blanches, tandis que des centaines de fusées explosent à grand fracas. S'y ajoute le tonnerre des coups de canon tirés depuis les casernes du port. Les sirènes de la ville accompagnent la scène de leurs mugissements assourdissants. Le matelot Richard Stumpf est arraché en sursaut à son travail. Instinctivement, il cherche un abri. Que pourraient annoncer ces signaux sinon une alerte aérienne ou une attaque de la flotte anglaise ? C'est alors que circule une rumeur, dont on n'apprendra le caractère fallacieux que bien plus tard : ce feu d'artifice célèbre, dit-on, la fusion des partis communistes du monde entier au sein de la Troisième Internationale et, partant, le début de la révolution mondiale. L'incertitude et la crainte envahissent cette petite ville allemande située sur les rives de la mer du Nord, jusqu'à ce qu'enfin, un tract annonce la réalité aux équipages des navires et aux habitants de Wilhelmshaven. S'emparant d'un de ces feuillets, Stumpf le lit avec une horreur grandissante. Il s'agit des conditions de l'armistice, qui ont filtré dans la presse avant même la signature du texte. Fou de rage, il s'écrie : « Voilà donc la récompense de ces salopards ! » Puis, accablé, il se réfugie dans un coin tranquille.

Quand la dernière fusée a explosé et que, l'une après l'autre, les sirènes se sont tues, le calme revient sur Wilhelmshaven. Mais la tempête fait rage dans le cœur de Richard Stumpf. Il n'admet pas que l'on puisse asservir ainsi une nation méritante, invaincue, en lui imposant pareilles conditions. C'est comme si on lui avait craché au visage. Est-ce ainsi que l'on remercie les soldats de la marine et les ouvriers des chantiers navals de Wilhelmshaven d'avoir risqué leur vie ?

Stumpf est stationné depuis mars 1918 sur le *Wittelsbach*, à Wilhelmshaven. Cela fait un certain temps que ce navire est amarré au port, où il fait fonction de caserne flottante. Servir sur le *Wittelsbach* se résume à des exercices abrutissants, absurdes, trop de temps libre et une flopée de tâches manuelles, comme le tressage de galoches, qui fait passer les journées plus vite et permet de gagner quelques sous. À l'automne 1918, Stumpf ne croyait plus à la victoire depuis longtemps et avait adapté sa prière du matin aux circonstances : « Donnez-nous la paix, notre pain quotidien et de la chance ! » Depuis le début du mois d'octobre, les bruits de pertes effroyables dans la flotte se sont multipliés, en même temps que le soupçon que « la guerre sous-marine a perdu ses crocs ».

Stumpf avait constaté dès cet instant qu'au terme de quatre années de guerre marquées par une alternance de monotonie, d'exiguïté et de danger mortel, un grand nombre de ses compagnons se trouvaient dans un état d'excitation extrême. « Il se passe de mauvaises, mauvaises choses dans l'esprit de la plupart de mes camarades, les idées bolcheviques ont tourné la tête de bien des jeunes gens. » Leur moral serait-il assez solide pour les soutenir dans l'ultime bataille qu'évoquaient tous leurs supérieurs ? Cette « humeur sinistre » incitait Stumpf à ne plus y croire. Les perspectives d'un naufrage – non seulement de la flotte, mais de l'empire tout entier – le torturaient : « Les courtes années entre 1870 et 1914 auront-elles réellement été notre unique brève journée historique ? »

Stumpf se réclamait encore de l'ordre existant. « Sans que ces paroles [lui] soient inspirées par l'amour des Hohenzollern », il restait convaincu quelques semaines avant la fin de la guerre que « le prestige et la force [de l'Allemagne] sont ancrés dans l'Empire ». Son image de l'ennemi était toujours celle qu'avait diffusée la propagande de guerre : « Si nous cédons aux vœux des ploutocrates insensibles d'outre-Manche et d'outre-Atlantique, si nous envoyons notre empereur au diable, j'aurai éternellement honte d'avoir été allemand. »

Les signes révélant que le découragement des soldats de la marine tournait à la mutinerie n'avaient cependant pas tardé à se renforcer. Les derniers développements de la guerre en étaient responsables : des unités anglaises et américaines avaient en effet pris la mer pour attaquer l'archipel allemand d'Heligoland. Les Alliés avaient fait savoir par le truchement de la presse internationale que si l'Allemagne était vaincue, elle devrait leur livrer la totalité de sa flotte. Pour éviter un tel affront, le commandement de la marine impériale donna ordre le 24 octobre 1918 d'opposer à l'adversaire l'intégralité des forces navales dans un dernier effort colossal. On allait mener une bataille décisive. La supériorité de l'ennemi était cependant telle que cet ordre équivalait à sacrifier la flotte. Devait-on sauver les idées d'honneur dépassées d'une poignée d'officiers au prix de milliers de vies humaines ? Le 27 octobre, au moment où les unités stationnées dans les ports de la Baltique auraient dû appareiller, les premières manifestations de résistance avaient éclaté à Kiel et à Wilhelmshaven. Les chauffeurs de quelques navires avaient quitté leurs postes ou éteint le feu sous les immenses chaudières des géants océaniques lourdement armés. Les équipages d'autres bâtiments étaient également restés à terre au lieu de rejoindre leurs postes conformément aux ordres, alors que le combat était censé être imminent. De surcroît, un épais brouillard était tombé sur la Baltique, ajoutant à l'absurdité d'une éventuelle sortie.

Richard Stumpf était « très triste qu'on ait pu en arriver là ». Mais une pointe de satisfaction mauvaise se mêlait à ce chagrin : « Où est passée la toute-puissance des fiers capitaines et ingénieurs de l'état-major ? Les chauffeurs et matelots traités comme des chiens pendant des années savent enfin que rien ne peut se faire sans eux, absolument rien. » Sur le *Thüringen*, l'équipage était allé jusqu'à enfermer ses officiers. Personne n'acceptait plus de risquer sa vie pour rien. Les commandants de la flotte avaient fait encercler le navire mutin et fait braquer des canons sur lui. Trois cents hommes d'équipage avaient été incarcérés – le *Thüringen* se trouvant ainsi dans l'incapacité de livrer l'ultime bataille navale.

Le 7 novembre, alors qu'on déplorait déjà des morts à Kiel, les actes de mutinerie isolés de Wilhelmshaven se transformèrent en soulèvement ouvert. Des matelots quittèrent leurs bâtiments en masse pour aller manifester à terre. Richard Stumpf enfila lui aussi son uniforme du dimanche et descendit la passerelle en courant derrière ses camarades insurgés pour rejoindre le port. Un grand rassemblement occupait déjà le terrain de manœuvre de la caserne. On avait dressé une tribune improvisée sur laquelle les orateurs se bousculaient pour présenter des revendications, encouragés par les applaudissements d'une foule toujours plus nombreuse. Aujourd'hui, songea Stumpf, ces gens iraient jusqu'à crier « Hourra ! » si quelqu'un appelait à pendre l'empereur.

Les hommes se mirent en route de conserve. Pour donner un semblant d'ordre au cortège, la fanfare de la division du chantier naval entonna des chansons et des marches. La musique attira de plus en plus de soldats, qui débarquaient d'autres navires. Ces marins ne répondaient plus à aucun commandement organisé, ils se laissaient conduire par « des instincts de moutons ». Devant le portail de la caserne du bataillon de marine, un vieux capitaine se dressa, revolver au poing. Il se dirigea, menaçant, vers le premier matelot qui faisait mine de franchir la porte. Mais il fut immédiatement maîtrisé et désarmé, on lui arracha ses épaulettes sous les acclamations. Stumpf n'en éprouva pas moins une admiration muette pour le sens du devoir de cet officier.

Une certaine discipline règnait encore parmi les manifestants, mais plus le cortège s'éloignait, plus les esprits s'échauffaient. Les hommes sifflaient entre leurs doigts, ils interpellaient grossièrement les femmes et, bientôt, les premiers drapeaux rouges surgirent. Stumpf jugea déshonorant de défiler « derrière ces serpillières ».

Il était presque midi ; la foule commençait à avoir faim. Soudain, un silence tendu se fit pendant qu'un orateur lisait un message de l'amiral Krosigk. Les avancées arrachées par le conseil des soldats de Kiel s'appliqueraient désormais aussi à Wilhelmshaven : suppression de la censure de la correspondance des matelots, liberté d'expression et assurance qu'en dehors de leur service, les équipages ne seraient plus sous le commandement de leurs supérieurs. La foule répondit à cette proclamation par des acclamations frénétiques. Un ouvrier du chantier naval prit ensuite la parole et exigea d'une voix stridente l'instauration immédiate de la république des soviets. Suivirent de nouveaux applaudissements, moins bruyants et moins prolongés cependant. Mais voilà que quelqu'un suggéra que les matelots regagnent leurs postes, puisque toutes leurs revendications avaient été satisfaites. Alors, tout le monde s'esclaffa !

Les soldats et les ouvriers se dispersèrent cependant. Ils ne retournèrent pas au travail pour autant ; ils allèrent déjeuner. « La révolution avait vaincu sans faire couler le sang. » Stumpf emploie le mot qui provoque peur et effroi en Allemagne depuis des décennies : « révolution ». Certes, la révolution de Wilhelmshaven n'aura pas été la glorieuse marche triomphale annoncée par Kautsky et Bebel, et le port de la mer du Nord ne peut guère rivaliser avec la Petrograd révolutionnaire. Au lieu de la victoire du prolétariat, songe Stumpf, on a assisté à celle de la mesquinerie, de la bêtise, de l'incertitude et de l'inquiétude. Les actes de subversion dont il a été témoin ne lui disent rien qui vaille, mais il ne peut nier qu'il s'est lui aussi laissé emporter par les événements et qu'il n'est plus le même. Il a l'impression d'être en quelque sorte un révolutionnaire contre son gré, contre sa conviction intime, une victime des circonstances, balayée par le flot du temps : « Je suis plus vieux de deux jours, et durant ce temps, j'ai subi au fond de moi-même une transformation que j'aurais cru impossible. De monarchiste, je suis devenu un républicain convaincu – non, mon cœur, je ne te reconnais plus. » La révolution allemande aura besoin de défenseurs plus déterminés pour chasser les Hohenzollern de leur trône, bien sûr, mais surtout pour instaurer un ordre nouveau avec énergie et assurance.

À chaque cahot provoqué par un défaut des rails, l'épaule blessée de Marina Yurlova lui inflige une douleur lancinante. Épuisée, elle est allongée avec d'autres invalides dans un train de passagers qui se dirige de Tcheliabinsk, au pied de l'Oural, vers la plaine de Sibérie occidentale. Les forêts de conifères qui s'étendent à perte de vue de part et d'autre des fenêtres de son compartiment sont si vastes et si uniformes qu'on pourrait presque croire que le convoi est immobile. Les heures les plus pénibles sont celles de la nuit dans cet espace étouffant, au milieu des ronflements et des gémissements des blessés, du cliquetis et des grincements du train, des odeurs de crasse et de plaies suppurantes. Les nouveaux camarades tchécoslovaques qui ont libéré Marina de sa prison bolchevique de Kazan ont pris le commandement des seize wagons des chemins de fer transsibériens que tire une puissante locomotive. Les voyageurs sont pour la plupart des civils ; les soldats tchèques, eux, sont armés de fusils, ce qui leur permet de décider qui montera à bord, qui descendra de force et qui se verra confisquer ses provisions de voyage.

Même en Sibérie, dans cette région déserte à des milliers de kilomètres de Petrograd et de Moscou, la guerre civile entre bolcheviks et Blancs fait rage. Quand le train s'arrête dans une minuscule gare qui se résume à une simple cabane de bois, Marina aperçoit un rassemblement de gens furieux. Des hommes et des femmes armés de fusils et de pioches, de pelles et de couteaux tiennent en échec deux agitateurs bolcheviques en route vers l'est. « Mort aux bolcheviks ! » hurle la foule. Un des prisonniers, un marin blond, grand et costaud, ne paraît pas très impressionné par cette manifestation générale de colère. Les mains dans les poches, il suit des yeux l'érection du gibet qui lui est destiné. Quand la corde à laquelle il doit être pendu est prête, il s'approche d'un pas tranquille, inspecte le nœud, sort les mains de ses poches et se passe lui-même la corde au cou. La foule se tait soudain. « Alors, pourquoi est-ce que vous ne tirez pas ? » crie-t-il aux hommes déconcertés qui s'étaient portés volontaires pour jouer les bourreaux. Enfin, plusieurs d'entre eux sortent de leur hébétude et hissent la corde d'un coup sec.

L'homme est lourd, il reste suspendu en l'air, et ses pieds, qui ne sont qu'à quelques centimètres du sol, gigotent, semblant chercher un appui. Ses mains agrippent la corde qui lui serre le cou, jusqu'à ce que sa prise mollisse. Le deuxième homme, quant à lui, se conduit « en Juif bolchevique », en vertu des théories raciales très personnelles de Marina : il se jette aux pieds de ses bourreaux, implorant leur clémence. Cette attitude renforce les préjugés que Marina partage avec beaucoup d'adversaires de la révolution et avec nombre d'antisémites de son temps : la révolution serait un complot des Juifs ; après la Russie, elle se répandra dans le monde entier et, en dernière analyse, la révolution est mauvaise parce que les Juifs eux-mêmes le sont. Aussi Marina n'éprouve-t-elle aucune pitié (peut-être ressent-elle même une certaine satisfaction) en voyant bientôt le deuxième larron au bout d'une corde. Le train reste arrêté toute la journée dans cette petite gare où les deux cadavres se balancent dans le vent, devant la fenêtre du compartiment de Marina – symboles de la guerre civile et de la contre-révolution violente qui ont succédé à la révolution en Russie.

En ces matinées de novembre, le prince héritier Guillaume de Prusse se réveille après un sommeil agité. Il s'inquiète pour son avenir, pour celui de la dynastie des Hohenzollern et de l'Empire allemand. Il a pris l'habitude depuis son enfance que d'autres définissent ses priorités à sa place, et il devrait à présent prendre une décision tout seul ? L'instant de l'exercice personnel du pouvoir – auquel était censée le préparer l'éducation reçue depuis son plus jeune âge, mais qui lui paraissait jusqu'alors si lointain – serait-il arrivé ?

Dès le 7 novembre, Guillaume a pu observer de ses propres yeux les signes avant-coureurs de temps nouveaux. Sur la route de Givet, dans les Ardennes, où il rend visite aux troupes, il passe devant un train occupé par des soldats. Là, il voit pour la première fois le symbole de la révolution : le drapeau rouge. Par les fenêtres brisées du wagon résonne le mot d'ordre du soulèvement : « *Licht aus ! Messer raus !* » (« Éteignez la lumière ! Sortez les couteaux ! »).

Guillaume demande à son chauffeur de s'arrêter. D'une voix forte, il ordonne aux soldats de descendre du train. Plusieurs centaines d'hommes en uniformes déguenillés obtempèrent. Un « grand sous-officier bavarois à l'allure décontractée, les mains profondément enfoncées dans les poches de son pantalon, l'image même de l'insubordination », se plante devant lui. Bombant le torse, Guillaume l'apostrophe du ton de commandement qu'il a répété depuis sa jeunesse. « En position ! rugit-il. Comme il se doit pour un soldat allemand ! » Les anciens réflexes n'ont pas encore disparu, le Bavarois braque les yeux droit devant lui, les doigts sur la couture du pantalon. Immédiatement, l'ordre est rétabli et un jeune gaillard décoré de la croix de fer vient même présenter ses excuses au nom de ses camarades. Cela fait trois jours qu'ils sont en route et n'ont rien à manger. « Nous vous apprécions tous beaucoup... Ne nous en veuillez pas. » Ému, le prince héritier offre des cigarettes aux révolutionnaires en herbe.

Le lendemain, Guillaume reçoit de Sa Majesté son père l'ordre de le rejoindre à Spa. Il traverse par un épais brouillard une campagne ravagée par la guerre. Le 9 novembre, peu avant midi, il atteint la villa « La Fraineuse » aux portes de la ville. Un industriel s'était fait construire cette demeure peu avant la guerre sur le modèle du Petit Trianon de Versailles. À son arrivée, Guillaume est accueilli par son « chef », le comte von Schulenburg, « pâle, visiblement très ému ». En quelques mots, il expose la situation au Kronprinz : des entretiens ont lieu avec Guillaume II à « La Fraineuse » depuis le matin, les débats sont principalement dirigés par Wilhelm Groener, qui assiste désormais Hindenburg à la tête de l'armée. N'appartenant pas au cercle des anciens fidèles de l'empereur, il s'est adressé au monarque sur un ton que ne se serait jamais autorisé son prédécesseur, Erich von Ludendorff, lequel, à la suite de l'armistice, quittera précipitamment l'Allemagne pour la Suède, affublé d'une fausse barbe. Groener a tracé une image implacable de la situation militaire et intérieure du pays. Les tensions sont au plus vif à Berlin, tout « peut exploser à tout instant et faire couler des flots de sang sur la ville ». On ne peut envisager d'envoyer l'armée vaincue défendre la capitale contre la révolution. Groener ne l'a pas dit clairement, mais sa description ne permet qu'une conclusion : l'empereur doit céder à la pression de l'étranger et de la rue pour étouffer le mouvement révolutionnaire dans l'œuf.

Guillaume II, affirme Schulenburg, a été ébranlé, mais a écouté sans mot dire l'exposé du général. Schulenburg lui-même a ensuite pris la parole pour peindre un tableau plus optimiste. Il a suggéré qu'on cherche à gagner du temps sur le front pour permettre aux troupes de reprendre des forces. Un recours mesuré aux armes pourrait sans doute éteindre les foyers révolutionnaires. Mais Groener n'a rien voulu entendre. Il a présenté un dernier argument, atterrant : même si Guillaume II ordonnait aux troupes de marcher sur Berlin, elles ne lui obéiraient plus. L'armée, corps des officiers compris, n'est plus derrière l'empereur. Guillaume II a exigé des preuves. Il ne s'avouerait battu que si les officiers lui faisaient savoir par écrit qu'ils refusaient de le suivre. Or les dernières nouvelles en provenance de Berlin ont confirmé les propos de Groener : des combats de rue sanglants, des troupes débordées, aucun moyen de réprimer la révolution, qui fait tache d'huile.

Après avoir écouté ce rapport, le prince héritier Guillaume pénètre dans le jardin automnal de la villa où les vieux arbres ont déjà perdu leurs feuilles et où les massifs ont depuis longtemps été bêchés. L'empereur en uniforme se tient au milieu d'un groupe d'hommes. Ceux-ci sont « voûtés, abattus, comme convaincus de l'absence d'issue [...], figés dans un silence hébété ». Désormais, le seul à parler est l'empereur. Apercevant son fils, il lui fait signe d'approcher. De près, le prince héritier remarque que son père semble hagard, et que « les traits de son visage, maigre et jaune, tressaillent et tremblotent ». Comme un torrent, les mots jaillissent de la bouche du monarque pour culminer dans la constatation résignée qu'on lui interdit, à lui, l'empereur, de se rendre une fois encore sur le front pour se battre et mourir à la tête de ses troupes. On craint en effet qu'une telle initiative ne compromette les négociations de l'armistice.

En cet instant, le prince héritier est bien obligé de constater que l'empereur n'est plus maître de la situation. Il l'adjure : les Hohenzollern ne peuvent en aucun cas renoncer à la Couronne royale prussienne. D'une voix frémissante, il invite son père à l'accompagner jusqu'au groupe d'armées Deutscher Kronprinz. À sa tête, le monarque et l'héritier du trône pourront, côte à côte, retourner dans leur patrie ! Schulenburg approuve le prince héritier. Le gros de la troupe respectera son serment de fidélité au drapeau, à l'empereur et à la patrie et suivra son commandant jusqu'à la mort s'il le faut. Mais Groener hausse les épaules : « Serment au drapeau ? Commandant ? Ce ne sont que des mots – qu'une idée, en somme. » Deux univers se heurtent de plein fouet, celui de l'ancien Empire, reposant sur les vertus de fidélité et d'obéissance, et le monde moderne, plus flexible, plus pragmatique.

Guillaume II est devenu pâle comme un linge. En quête d'appui, son regard se pose sur Hindenburg, mais celui-ci, immobile, garde les yeux rivés au sol. Ici, dans ce parc de Belgique, se dresse l'empereur allemand, l'incarnation de la loi, le commandant suprême de l'armée, le fondateur de la marine de guerre allemande, le souverain qui a voulu donner à l'Allemagne sa place au soleil, lui accorder toutes les prérogatives, tous les pouvoirs... et voilà que cet homme baisse les bras. Cela fait trop longtemps qu'il se laisse dicter tous ses faits et gestes par ses généraux et par ses conseillers pour qu'en cette heure décisive il soit en mesure de reprendre l'initiative. La dissolution de l'Empire allemand, pourtant forgé pour l'éternité, et celle de son orgueilleuse armée paraissent trop avancées pour qu'il puisse assumer de force la direction des affaires. Le monarque est trop faible, trop fatigué, trop perturbé par une situation qui ne ressemble en rien aux visions de grandeur et de pompe que le pouvoir impérial a incarnées pour lui pendant toute sa vie. D'une voix rauque, Guillaume II donne ordre de téléphoner à Berlin pour faire savoir au chancelier du Reich, Max de Bade, qu'il est prêt à renoncer à la Couronne. Mais uniquement à la Couronne impériale, cela va sans dire. Il reste roi de Prusse et, en tant que tel, il a bien l'intention de reconduire son armée dans sa patrie.

L'assemblée entre dans la maison pour prendre un petit déjeuner qui a tout d'un repas d'enterrement. Après cette collation, une nouvelle plus scandaleuse encore arrive de Berlin : sans consulter Spa, le chancelier Max de Bade a proclamé l'abdication de l'empereur allemand *et* roi de Prusse, en même temps que le renoncement du prince héritier au trône. Le communiqué a déjà été diffusé par le bureau télégraphique Wolff. Par ailleurs, un nouveau gouvernement s'est constitué dans la capitale. La révolution d'en bas vient d'être couronnée par une révolution d'en haut. L'empereur Guillaume est hors de lui, mais totalement impuissant.

Ainsi prend fin la monarchie allemande. Sans combat héroïque, sans mots ni gestes grandiloquents, l'empereur, dont la famille exerce le pouvoir depuis un siècle, se soumet avec fatalisme à son destin. Il n'a pas fallu grand-chose, puisque quatre années de guerre ont suffi à affaiblir l'Empire et à le conduire au bord de l'effondrement. Cet échec a mis en lumière l'incompétence de sa direction. La défaite a démoralisé l'empereur et retiré à son régime son prestige et son ultime vestige de légitimité. Soudain, « l'homme du juste milieu » n'est plus qu'un vieillard fatigué qui ne fait plus trembler personne.

Le 9 novembre 1918, le centre de Berlin est pris sous une avalanche de tracts. Au Tiergarten, le *Vorwärts*, le journal social-démocrate, tombe entre les mains de l'artiste Käthe Kollwitz : « L'empereur a abdiqué ! » titre-t-il en grosses lettres.

Tout en lisant, Kollwitz longe l'allée de la Victoire jusqu'à la porte de Brandebourg. Des milliers de personnes s'y sont déjà massées et se dirigent ensemble vers le Reichstag. La foule est si dense que Kollwitz ne peut que suivre le courant. Devant la grande porte du Parlement surmonté de l'inscription « Au peuple allemand », les gens s'agglutinent. Un groupe d'hommes apparaît au balcon de la puissante façade ouest. « Scheidemann », chuchotent les plus proches à ceux qui se bousculent derrière eux. Un silence de plomb se fait quand le secrétaire d'État sans portefeuille, membre du SPD, prend la parole : « Le vieux monde vermoulu s'est écroulé ; c'est la fin du militarisme ! » Suit la déclaration historique : « Veillez à ce que rien ne mette en péril la nouvelle République que nous allons bâtir. Vive la République allemande ! » Les acclamations n'en finissent plus. Quand la foule se calme enfin, un soldat, un marin et un jeune officier prennent la parole depuis la rampe d'accès au Reichstag. Ce dernier crie à l'assistance que

« les quatre ans de guerre n'ont pas été aussi difficiles que la lutte contre les préjugés ». L'officier agite sa casquette et crie encore : « Vive l'Allemagne libre ! »

Käthe Kollwitz se laisse entraîner par le flot humain sur l'allée Unter den Linden. Là, des drapeaux rouges flottent au-dessus des manifestants. Des soldats arrachent leurs épaulettes et les jettent par terre en riant. « C'est donc vrai. On le vit, et on a du mal à y croire », s'étonne l'artiste.

L'image de Peter s'impose alors à son esprit. Son fils avait 18 ans en 1914 quand il est parti, fringant, pour la guerre. Il leur a écrit depuis le front, se gargarisant de formules héroïques qui semblaient calquées sur des déclarations officielles. Quelques semaines plus tard, une enveloppe bordée de noir a été déposée dans leur boîte à lettres. Käthe a eu l'impression que le sol se dérobait sous elle et qu'un abîme l'engloutissait. Aujourd'hui, en ce jour de fondation de la République, Peter est à ses côtés : « Je crois que s'il vivait, il participerait. Lui aussi arracherait sa cocarde. Mais il ne vit plus et, lorsque je l'ai vu pour la dernière fois et qu'il m'a paru beau, il portait sa casquette avec la cocarde révolutionnaire et son visage resplendissait. »

La situation à Berlin demeure incertaine. Dans l'après-midi, la République est à nouveau proclamée au château des Hohenzollern, par Karl Liebknecht cette fois, « depuis la fenêtre du château d'où jadis parlait l'empereur ». La concurrence entre ces deux actes fondateurs trahit les dangereuses tensions de la révolution, le conflit entre le SPD et son petit frère de gauche, l'USPD. Le climat dans la ville est tendu. Des coups de feu retentissent sans cesse dans les rues, des salves de mitrailleuses crépitent sur les places, on entend même des coups de canon. Par moments, la foule se disperse, paniquée, avant de se rassembler, comme attirée par un aimant. Pour lutter contre les pillages, le conseil d'ouvriers formé par la révolution a, dit-on, l'intention de procéder à des exécutions.

Le prince héritier Guillaume – mais l'est-il encore ? les appellations d'empereur ou de chancelier ont-elles toujours cours ? – quitte Spa peu après le déjeuner. Il est décidé à rejoindre ses hommes. Après son départ, son père s'obstine à affirmer que la déclaration de Berlin est illégale, qu'il reste roi de Prusse et qu'il a bien l'intention, en tant que tel, de prendre la tête de l'armée. Mais s'agit-il d'autre chose que de « mots », que d'une « idée » ? se demande le Kronprinz. Pourquoi son père et les autres responsables n'ont-ils pas envisagé un instant qu'en cette heure fatidique le premier-né de la dynastie pourrait reprendre les rênes de l'État ? Sa vocation n'est-elle pas d'être à la disposition du trône comme réserve dynastique, dans l'éventualité où celui-ci vacillerait ? On pourrait croire alors que pour la première fois de son existence le fils a décidé de suivre sa propre voie. Il rejoint ses soldats.

Un peu plus tard, Guillaume II traverse la Hollande dans son train officiel blanc et or pour aller demander l'asile à la reine des Pays-Bas, Wilhelmina, une proche parente. Ayant le sort tragique de la famille du tsar toujours présent à l'esprit, elle n'a pas le cœur de le renvoyer de l'autre côté de la frontière. Mais ses sujets n'apprécient pas la magnanimité de leur souveraine. Le voyage de « Guillaume dernier » le conduit jusqu'à Amerongen via Maastricht, Nimègue et Arnhem. Dans les gares le long du parcours, il est hué par des foules furieuses, qui insultent celui qu'elles tiennent pour responsable de quatre années de guerre, de la destruction de leurs villes, de la faim, de la pauvreté, des maladies et de tous ces morts.

Quant au fils, il rejoint l'état-major de son groupe d'armées à Vielsalm, en Belgique. Il ne cesse de remâcher les mêmes questions : doit-il résister, alors que son père a renoncé ? Il reste le commandant de sa troupe et pourrait la conduire à Berlin. Pendant qu'il discutait à Spa avec Schulenburg, on a appris que le maréchal von Hindenburg s'est mis à la disposition du nouveau gouvernement. L'idole du prince héritier et de nombreux Allemands a fait le choix de la république, de l'armistice, contre de nouvelles effusions de sang, contre une lutte qui ne pouvait que conduire des Allemands à se battre contre des Allemands. Pour l'héritier du trône, l'affaire est entendue : il doit soutenir Hindenburg, et il le fera.

Pour éviter les actes de violence, Guillaume se rapproche du front où il est encore possible de préserver plus ou moins l'ordre au sein des troupes. Dans un dépôt de recrues, des acclamations s'élèvent sur son passage. « Tous les jeunes ne croient pas à la révolution et ils me prient de marcher avec eux jusque dans notre patrie. En un mot, ils veulent se battre ! » Il poursuit sa route vers le front par des chemins creusés d'ornières. Mais on lui a donné de mauvaises indications ; dans une « forêt immense, où règne une obscurité totale », l'automobile progresse à grand-peine. Dans un château abritant une école d'aspirants, il obtient enfin des informations fiables sur l'itinéraire à suivre pour rejoindre le 3e haut commandement de l'armée. En chemin, au nœud ferroviaire de La Roche-en-Ardenne, son groupe croise « des permissionnaires braillards, indisciplinés » venus du front, qui sèment le désordre. Le convoi s'arrête dans un tunnel qui passe sous la voie ferrée, parce que deux colonnes d'artillerie s'y sont coincées. On ne peut plus ni avancer ni reculer. La voiture s'embourbe de plus en plus profondément dans la route de terre amollie par la pluie qui se met à tomber. Elle ne rejoint le haut commandement qu'après minuit. Le prince héritier va rapidement se coucher, mais il ne trouve pas le sommeil.

Le lendemain, le 11 novembre 1918, il réussit à obtenir une liaison téléphonique avec l'état-major à Vielsalm. Le contact avec Berlin a été rétabli. Mais on ne peut rien lui apprendre de neuf sur le sujet qui le préoccupe désormais le plus : restera-t-il à la tête de son groupe d'armées sous le nouveau régime ? Il se doute que le silence de Berlin équivaut à un « non ». Il fait nuit de bonne heure en cette saison. Au crépuscule, Guillaume se tient à la fenêtre du petit château rural où est cantonné le haut commandement et contemple les arbres dénudés, sur lesquels tombe de la neige mouillée. Une compagnie passe au-dehors, dans la rue. Les hommes chantent : « Je voudrais tant revoir mon pays... » Jusque-là, le Kronprinz a tenu bon, mais à présent, dans la solitude et l'obscurité, il laisse couler ses larmes.

Tard dans la soirée, on apprend que le nouveau gouvernement a effectivement retiré son commandement au prince héritier. Après une nouvelle nuit d'insomnie, son agitation intérieure fait place à la résignation : Guillaume a envie de tout laisser derrière lui, d'éviter que le sang ne coule encore, de se reposer. En compagnie de son cercle rapproché, il part en voiture vers la frontière hollandaise. Pour la dernière fois, le prince héritier conclut un message à ses hommes en signant « commandant en chef Guillaume, prince héritier de l'Empire allemand et de la Prusse ». Après tout, ce ne sont plus que des « mots », une « idée ». Son accompagnateur lui tend un bonnet de fantassin pour qu'on le reconnaisse moins facilement. Mais Guillaume exige de porter le haut képi de hussard noir à tête de mort, d'affirmer une ultime fois son rang d'officier prussien.

Empruntant de mauvaises routes, ils se rendent juste derrière le front où l'armée est déjà en train de se dissoudre. Ils s'arrêtent à Vroenhoven, à la frontière hollandaise. Guillaume doit faire appel à toute sa volonté pour franchir les quelques pas qui le séparent des Pays-Bas. Le jeune officier hollandais qui se trouve de l'autre côté de la barrière tombe des nues. Que faire de cet éminent visiteur inattendu ? Il lui demande de remettre ses armes, puis plusieurs heures s'écoulent avant que n'arrive l'autorisation de poursuivre jusqu'à Maastricht. Le long du trajet, Guillaume essuie regards hostiles et insultes. Le gouvernement hollandais ne se sent pas tenu de lui accorder la protection des Pays-Bas.

Pour George Grosz – né Georg Gross mais qui, pour prendre ses distances avec sa belliqueuse patrie allemande, a choisi en 1916 le nom d'artiste de George Grosz –, novembre 1918 est également marqué par un grand déménagement. Au début du mois, il vivait encore dans son atelier sous les toits d'un immeuble locatif au sud de Berlin. Ce lieu avait été pendant plusieurs années, jusqu'à son installation rue de Nassau à Wilmersdorf, le cœur de son univers. L'artiste travaillait au milieu de meubles qu'il avait construits avec des caisses peintes. Des bouteilles vides s'alignaient le long des murs, décorés d'une mosaïque d'étiquettes décollées. Une grande araignée noire en fil de fer était suspendue au plafonnier. Des tessons de miroir brisé, dispersés dans tout l'atelier, projetaient des reflets fragmentés des nombreuses photographies qui ornaient les murs, dont l'une représentait le magnat de l'automobile Henry Ford, avec une dédicace écrite par Grosz lui-même. Il se passionnait en effet pour Ford et pour tout ce qui venait d'Amérique : ragtime, chercheurs d'or, gratte-ciel, boxe, néons, bourbon, tomawaks. Son logis ressemblait alors à un « chapiteau de foire », chauffé par un réchaud à gaz qui fonctionnait avec des pièces de 10 pfennigs.

Quand Berlin, la capitale du Reich, apprend que les combats ont pris fin sur le front de l'Ouest, Grosz a peine à croire que la guerre puisse s'achever. « Peut-être n'était-elle pas vraiment finie ? La paix avait été déclarée chez nous, mais tout le monde n'était pas grisé ni content. Les gens étaient restés fondamentalement les mêmes, à quelques différences près : le fier soldat allemand d'autrefois s'était transformé en soldat vaincu et éreinté, et l'armée du peuple s'était effilochée exactement comme les uniformes dont le tissu contenait de la pâte à bois et comme les cartouchières en cuir synthétique. Je n'étais pas déçu que nous ayons perdu la guerre. Ma seule déception était que les gens l'aient supportée et endurée pendant des années sans que personne écoute les rares voix qui s'élevaient pour condamner les massacres. »

Grosz lui-même n'avait ni supporté ni enduré la guerre. Il l'avait passée essentiellement à l'horizontale, au sens propre. Lors de sa première mobilisation, une sinusite l'avait empêché d'être envoyé au combat. À la deuxième, une dépression – authentique ou simulée – lui avait évité de partir au front. On l'avait retrouvé à demi inconscient, la tête dans les latrines. Gross – puisque tel était encore son nom – avait été envoyé dans un hôpital militaire, puis dans une maison de santé où on l'avait retapé avec des « légumes secs », du « café de rutabaga », des « petits pains de guerre gris » et du « miel artificiel gris-vert ». Quant au front, celui à qui la fièvre guerrière de ses compatriotes, en août 1914, avait fait l'effet d'un « pandémonium » ne l'avait vu de ses propres yeux ni lors de sa première incorporation, ni lors de la seconde. Ce qui ne l'empêchait pas de relever, à l'arrière, les traces des dévastations, des destructions, et bien sûr le grand nombre d'invalides et de morts que faisait le conflit.

Grosz dessina dans un carnet tout ce qui s'imposait à ses yeux épouvantés. « Pour moi, écrit-il dans son autobiographie, l'"art" était alors une forme de soupape – une soupape qui laissait s'échapper la vapeur brûlante accumulée. Quand j'avais le temps, je donnais libre cours à ma rancœur dans des dessins. Je croquais dans des carnets et sur des enveloppes ce qui me mécontentait dans mon environnement : les visages bestiaux de mes camarades, les invalides de guerre mal embouchés, les officiers arrogants, les infirmières lubriques, etc. » Par ses dessins et ses peintures, il cherchait simplement à « immortaliser les aspects ridicules et grotesques des fourmis affairées et sanguinaires du monde qui [l']entourait ».

Il représentait inlassablement les effets de la violence guerrière sur les bâtiments, la nature, les corps et les âmes des hommes. Dans un mélange de répulsion et de fascination, il reproduisait encore et encore sur des feuillets intitulés par exemple *Attentat* ou *Bombardement aérien* les détonations et leurs conséquences destructrices. Après avoir été définitivement réformé en mai 1917, il peignit une toile intitulée *Explosion*.

Ce tableau représente en contrastes accusés de rouge feu et de noir de poix une ville déchiquetée par une puissante déflagration. Celle-ci prend sa source au niveau des étages supérieurs des immeubles, comme ce serait le cas si un avion avait largué une bombe. La ville s'effondre sous la violence de l'explosion. Les lignes se disloquent, les façades vacillent, des lueurs rougeâtres d'incendie jaillissent des fenêtres pendant qu'un nuage de fumée noire et grasse assombrit le ciel. Sur la partie inférieure du tableau, peinte en noir, vert et bleu, et esquissant une profondeur menaçante, on devine des formes humaines cherchant à fuir la catastrophe ainsi que les restes de ceux qui n'y sont pas parvenus et qui s'abîment dans la noirceur. Mais tous les personnages n'apparaissent qu'en silhouettes élimées, transparentes, insignifiantes.

Grosz explore ainsi dans ce tableau, comme dans tous les autres au demeurant, l'élément violent et destructeur de l'existence humaine. Derrière les façades de l'ordre monarchique et bourgeois vivote, selon lui, une société vermoulue, brutale et perverse. Ses expériences de la guerre ne pouvaient que confirmer ses pires préjugés. Il se rappelle ainsi le moment de février 1917 où, au terme d'un séjour de plusieurs mois à l'hôpital militaire, un médecin l'a prétendu guéri. Grosz a refusé de se lever et, furieux de ce diagnostic qu'il jugeait erroné, il a agressé un adjudant rattaché aux services hospitaliers. Il n'oublierait jamais, écrivit-il plus tard, « avec quelle joie, quelle volupté même, environ sept autres “camarades”, malades mais qui avaient le droit de se lever, se sont volontairement jetés sur [lui]. L'un, boulanger dans le civil, n'arrêtait pas de sauter de tout son poids sur [s]es jambes convulsées en criant joyeusement : “Faut lui marcher sur les jambes, toujours sur les jambes, il finira bien par se calmer” ». La guerre apparaît à Grosz comme l'intensification suprême de la laideur humaine. Dans *Explosion*, il saisit l'instant précis où la civilisation est déchirée par la force fulminante de sa propre vilenie. Elle est précipitée dans l'abîme qu'elle a elle-même creusé.

Sa description de Berlin dans les journées de novembre 1918 évoque l'image d'une ville dont il ne reste que des ruines à la suite de la catastrophe représentée dans *Explosion*. L'ancienne capitale de l'Empire allemand ressemblait désormais à « un cadavre gris, pétrifié. Les maisons se lézardaient. Le stuc et la peinture s'écaillaient, et dans les yeux morts, crasseux des fenêtres béantes, on voyait, là où l'on avait cherché ceux qui ne reviendront jamais, les traces des larmes qui avaient coulé ».

Dès les derniers mois de guerre, Grosz a éprouvé le besoin d'influer sur la société autrement que par son art. Aussi la révolution qui touche la capitale quelques jours avant la fin des combats exerce-t-elle sur lui une attraction magique. Comme s'il était désormais possible de traduire par des actes toute la rage et le mépris que lui inspire l'Allemagne d'autrefois, comme s'il pouvait désormais prendre part à l'explosion, être lui-même l'explosion. Grosz devient un orateur apprécié des rassemblements spartakistes. Peut-être a-t-il conscience au fond de lui-même de mépriser les protagonistes et les gestes de la révolution autant qu'il a haï la société de l'Empire et de la guerre. Cela ne l'empêche pas de s'affirmer comme l'avocat d'une époque nouvelle dont l'activisme et la théâtralité répondent à sa nature. Il disserte avec une éloquence toute particulière sur la nécessité de créer un nouveau système d'enseignement. L'enseignement supérieur ne doit plus être le privilège des riches ! Les académies et les universités doivent être ouvertes à tous ! Dans la nuit du 31 décembre 1918, le peintre, en même temps que plusieurs de ses amis artistes, devient membre du parti communiste d'Allemagne fondé depuis peu. Rosa Luxemburg lui remet personnellement sa carte de membre.

Walter Gropius a quitté Berlin le 4 novembre 1918 pour se rendre à Vienne en espérant obtenir de son épouse, Alma Mahler-Gropius, la garde de leur fille, Manon. Il lui a expliqué dans une lettre pourquoi il tient à s'occuper de la petite : Alma n'est de toute évidence pas prête à rompre avec son amant, Franz Werfel. De plus, si Manon vivait avec son père, il resterait à Alma sa fille d'un premier mariage et son nouveau-né, le petit Martin. En lisant cette lettre, Alma fond en larmes, incapable de se calmer.

Dans l'après-midi, elle convie les deux hommes – son mari Gropius et son amant Werfel – pour leur annoncer théâtralement qu'elle a décidé de se séparer de l'un comme de l'autre. Elle a désormais l'intention de vivre seule. Elle ne demande qu'une chose : qu'on lui laisse ses trois enfants. Face au désespoir d'Alma et impuissant à trouver des arguments à opposer à sa véhémence, Gropius regrette sa cruauté et lui demande pardon.

Leur couple n'aura tenu qu'à peine plus de trois ans. Ils avaient fait connaissance dès 1910, alors que le premier époux d'Alma, le compositeur Gustav Mahler, était encore en vie. Ils s'étaient rencontrés à l'occasion d'une cure à Tobelbad, une station thermale à la mode. Se sentant négligée par son célèbre mari, Alma s'était prise d'une passion torride pour Gropius. Mais ce premier épisode avait eu pour unique conséquence une crise conjugale chez les Mahler, suivie d'efforts du compositeur pour satisfaire son épouse bien plus jeune que lui. À la mort de ce dernier, en 1911, Gropius et Alma s'étaient d'abord tenus à l'écart l'un de l'autre. La jeune veuve s'était consolée en ayant une liaison avec le jeune peintre Oskar Kokoschka, très ardent mais d'une jalousie maladive.

Puis la guerre avait éclaté et Walter Gropius avait été enrôlé. Ce fut le début de quatre années d'engagement presque ininterrompu sur le front occidental et en Italie. Une brève permission en février 1915 fut l'occasion de premières retrouvailles entre Walter et Alma. La veuve de 35 ans avait repris contact avec lui peu de temps auparavant. Et leur amour s'embrasa dès qu'ils furent à nouveau face à face. Dès cet instant, ils s'écrivirent presque quotidiennement. Lui depuis le front, elle de Vienne. Alma pimentait ses lettres de mots tendres et d'allusions érotiques fougueuses. En août 1915, les amants profitèrent d'une autre permission pour se marier en cachette. Après la cérémonie, les lettres d'Alma changèrent cependant de ton. Les déclarations d'amour et les manifestations de désir cédèrent la place à des récriminations. Elle ne supportait plus cette interminable séparation, elle reprochait à Gropius de faire des « cachotteries » et de la « négliger ». Dévorée de jalousie, elle le soupçonnait de lui être infidèle et de fréquenter le bordel quand il était au front. Leurs lettres ne faisaient en revanche aucune allusion à la mort que le jeune architecte risquait chaque jour, pas plus qu'à la lassitude croissante que lui inspiraient des « opérations guerrières qui ne font que détruire sans rien construire ». Il ne voulait pas l'accabler de telles vérités ; quant à elle, la guerre ne l'intéressait pas le moins du monde.

En octobre 1916, Alma Mahler-Gropius mit au monde une petite fille baptisée Manon, du nom de sa grand-mère paternelle. Alma était enceinte d'un deuxième enfant lors de la dernière année de guerre, quand Gropius dut être admis dans un hôpital militaire. Si ses blessures physiques étaient légères, il était profondément traumatisé. Unique survivant d'une attaque d'artillerie à proximité de Soissons, il avait été extrait des décombres d'une maison bombardée. Dès qu'il fut autorisé à quitter le lit, il alla rendre visite à Alma. C'était le 25 août 1918. Tout en attendant sa femme, il surprit une conversation téléphonique qui lui parut suspecte. Furieux, Gropius demanda des explications à Alma, qui finit par avouer qu'au cours de l'hiver précédent, n'en pouvant plus d'attendre son mari, elle avait noué une liaison avec le poète viennois Franz Werfel. Elle reconnut également que ce dernier était probablement le père de l'enfant qu'elle portait. Cette nouvelle terrassa Gropius, déjà affaibli par les séquelles psychiques et physiques de son ensevelissement. Il « tomba au sol, comme frappé par l'éclair ».

Gropius retrouva son calme et son assurance dès le lendemain. Il sortit et alla frapper à la porte de l'amant de sa femme. En bon poète, Werfel était encore au lit et n'entendit rien. Gropius lui laissa une carte portant ce message chevaleresque : « Épargnez Alma. Un malheur pourrait arriver. L'émotion – si l'enfant nous était enlevé. » Gropius passa les jours suivants à ruminer dans son lit d'hôpital jusqu'à ce qu'il soit rappelé – bien trop tôt – sur le front, dans les paysages de guerre de l'Argonne. À peine rétabli, il lui fallut s'éloigner des flammes de la jalousie et des reproches pour retrouver celles du combat.

En octobre 1918, les médecins militaires examinèrent enfin le lieutenant Gropius, littéralement consumé par quatre années de mobilisation continue, et lui accordèrent une nouvelle permission, de plus longue durée. À cet instant seulement, regagnant sa ville natale de Berlin et relevant les signes croissants de la fin imminente de la guerre, Gropius prit conscience de la précarité de sa situation. Quatre ans durant, il avait consacré toutes ses forces, tout son talent, à la lutte contre les ennemis de l'Allemagne. Il avait été blessé trois fois et avait été décoré de la croix de fer. Maintenant qu'il était au bout du rouleau et aurait eu grand besoin d'amour et de sollicitude, son couple était en miettes. Quant à son activité professionnelle, l'architecture, il ne l'avait plus exercée depuis quatre ans et ses contacts, jadis excellents, étaient en veilleuse. Face à la situation économique désastreuse, particulièrement à Berlin, il était en proie à une angoisse existentielle : « Si je rentre chez moi – sans ma solde de lieutenant – je n'ai rien – et partout, les prix augmentent. »

Malgré cette humeur sombre, Gropius comprit qu'il allait devoir se tourner vers quelque chose de nouveau, de fondamentalement différent. C'était, écrit-il, comme s'il avait « été touché par un rayon de lumière ». Avant la guerre, ses premiers projets étaient à la pointe de l'avant-garde architecturale ; politiquement, en revanche, il était resté conservateur. Mais en novembre 1918, il éprouve le besoin impérieux de s'engager sur des voies entièrement nouvelles : « Après la guerre, j'ai commencé à prendre conscience [...] que c'en était fini de tout le vieux fatras. » Le voyage à Vienne et la confrontation avec Alma au sujet de Manon sont les premières étapes d'une remise en ordre de sa vie privée. En même temps, il fait du porte-à-porte à Berlin pour essayer de trouver un emploi ou des premières commandes pour un cabinet d'architecte qu'il a l'intention d'ouvrir.

Gropius a cependant conscience que le changement ne peut pas se limiter à sa propre existence. Il veut participer au grand chambardement qui a commencé à faire bouger tout ce qui l'entoure. En compagnie d'autres artistes et architectes, il fonde l'Arbeitsrat für Kunst, le soviet des arts. Il rédige avec son collègue Bruno Taut un manifeste de l'architecture nouvelle : « La construction est le vecteur immédiat des forces spirituelles, le créateur des sensations. Seule la révolution complète du domaine spirituel créera cette construction. » Ils rêvent de grands « bâtiments du peuple » en pleine nature, loin des centres densément peuplés. Pas dans la grande ville, « parce que celle-ci, vermoulue en soi, disparaîtra au même titre que le pouvoir ancien. L'avenir réside dans une terre nouvellement défrichée, qui se nourrira elle-même ». Ces colonies modèles doivent disposer de toutes les infrastructures de vraies villes : rues, places, parcs, commerces, hôtels, restaurants, établissements culturels et éducatifs. Les nouveaux faubourgs, ambitionnent Gropius et ses compagnons de lutte, seront les incubateurs d'une société nouvelle. Ancrés dans les activités agricoles, empreints d'ordre, de propreté, de justice et de salubrité, ils doivent permettre la reconstruction après des années de dévastation et servir de décor architectural à une nouvelle ère dont les promesses s'étendent jusqu'aux logements sociaux du présent. Gropius et Taut élaborent le monde qui suit l'explosion représentée par Grosz, ils font jaillir la vie des paysages de guerre stériles, des décombres de l'ancien Empire et de la société d'autrefois.

Gropius, qui n'a pas seulement l'esprit fertile mais a également appris les règles de l'organisation lorsqu'il était officier, prend rapidement la présidence de l'Arbeitsrat. Il apprécie énormément les réunions de tous ces cerveaux créatifs et se conforte dans la conviction que la guerre était nécessaire pour provoquer en lui une « purification intérieure » et pour abattre les barrières paralysantes du passé dans toute l'Allemagne. Gropius est impatient de construire les villes de l'avenir dont il rêve.

Pendant que, dans sa petite salle de rédaction parisienne au papier peint bleu, Louise Weiss essaie de suivre le rythme trépidant des événements mondiaux, Hyacinthe Philouze, éditeur officiel du journal, siège dans le salon d'apparat de l'étage de la rédaction. Il reçoit, il discourt, il débouche des bouteilles, fume et accueille un défilé ininterrompu d'invités. Philouze a également fait repeindre la cuisine de la rédaction par une artiste sans talent pour pouvoir y donner des banquets en soirée. Le vin et le champagne y coulent à flots et l'on convie des jeunes femmes de réputation douteuse, de celles qui ne se formalisent pas de se faire pincer les fesses. Quand l'ambiance devient trop bruyante et que les voisins se plaignent, on achète le concierge en lui glissant un pourboire.

Louise Weiss n'a rien à faire de ces divertissements. Des révolutions éclatent partout où elle porte les yeux. Une vague semble déferler sur le monde depuis la Russie. Ces transformations radicales ne touchent pas seulement l'Europe et les pays de l'Empire ottoman ; les ondes de choc se propagent jusqu'en Amérique, au Japon et en Chine. Un monde nouveau se dresse sur les décombres de l'ancien. Louise Weiss veut tout savoir à ce sujet, tout écrire. Contre la volonté de Philouze qui préfère gagner beaucoup d'argent avec sa revue et veille soigneusement à ne pas s'aliéner les puissants, le ton de *L'Europe nouvelle* devient de plus en plus provocateur.

Louise Weiss et ses camarades sont persuadés qu'il ne faudra pas seulement une révolution russe mais de nombreuses révolutions à travers toute l'Europe et au-delà pour mettre le monde sur les rails du progrès après cette immense déflagration.

Des troubles éclatent en Allemagne, en Autriche-Hongrie, dans les Balkans, dans les États baltes et en Ukraine, et même au Japon et en Chine. Et la France, patrie de la révolution ? La vague des révolutions se brise-t-elle sur les frontières des pays vainqueurs ? Même si la France est sortie victorieuse de la guerre, Louise est convaincue que son pays est mûr pour des transformations fondamentales : elle réclame des élections pour constituer un nouveau gouvernement, l'élargissement des droits des travailleurs, une attitude différente à l'égard des colonies. Mais surtout, il est indispensable d'accorder enfin aux Françaises l'intégralité de leurs droits politiques – avec, avant tout et surtout : le droit de vote.

On peut indéniablement parler de révolution pour désigner ce qui s'est passé entre-temps en Tchécoslovaquie, la patrie de Milan. Louise a porté sur ces événements un regard attentif. Cela fait longtemps que la population de Bohême s'est mise à protester ouvertement contre la domination des Habsbourg : manifestations, rassemblements et grèves sont à l'ordre du jour. Pendant qu'en Sibérie, l'amant platonique de Louise, Milan Štefánik, cherche à sauver les vestiges d'une armée censée devenir le pilier du nouvel État tchécoslovaque, son compagnon de lutte Edvard Beneš a rédigé à Paris les principes constitutionnels de cet État indépendant – qui n'existe encore que sur le papier. Beneš passe souvent de longues heures dans les locaux de *L'Europe nouvelle* et ses opinions influent sur la ligne éditoriale de la revue. Le jour où, écœurée par les frasques de Philouze, Louise envisage de démissionner, c'est Beneš qui l'en dissuade. Il sait ce qu'il lui doit. Grâce à elle, l'opinion publique et de nombreux hommes politiques en vue continuent à s'intéresser à la question tchèque. Ce sont ses articles qui ont fait savoir au monde qu'en septembre 1918, Beneš a constitué à Paris un gouvernement tchèque en exil, qui a proclamé l'indépendance de son pays le 18 octobre de la même année. En novembre, alors que la révolution a déjà éclaté à Vienne, Louise Weiss explique à ses lecteurs que l'abdication de l'empereur d'Autriche, Charles Ier, a définitivement ouvert la voie à la création d'un nouvel État tchécoslovaque.

Les activités révolutionnaires de Walter Gropius offrent un répit au moins temporaire à Alma Mahler-Gropius, compositrice, mondaine et muse viennoise. Jusque-là, son mari n'a cessé de harceler Werfel, oralement et par écrit. Il a supplié sa femme de renoncer à cette liaison et de le rejoindre à Berlin. Il l'a menacée. Mais avec une assurance de somnambule, elle a suivi sa boussole intérieure dont l'aiguille est immuablement fixée sur le jeune poète exceptionnellement doué, dont le succès va croissant. La scène du 4 novembre et l'effondrement de Gropius ont eu raison de la résistance de celui-ci à cette aventure adultère ; et, quelques jours plus tard, la révolution berlinoise a fait provisoirement passer ses soucis conjugaux à l'arrière-plan. Alma et Franz Werfel voient ainsi s'ouvrir les perspectives d'un avenir commun où ils pourraient vivre ensemble sans avoir à se cacher. Quelques semaines plus tard, elle note dans son journal : « Glorieuse nuit ! Werfel était auprès de moi. Serrés l'un contre l'autre et nous éprouvions l'accord parfait de nos âmes. C'est le but de mon existence. »

En même temps, elle sent comme une « vérité » que son amour pour Werfel ne lui impose pas de dénouer tous ses anciens attachements : « Tout est simultané. Je ne saurais renier aucun de ceux qui composèrent ma vie. Gustav Mahler, Oskar Kokoschka, Gropius [...] tout était et est vrai ! » Elle a même consacré quelques lignes à son amour de jeunesse, Gustav Klimt, à l'occasion de sa mort : « Comme je l'ai compris autrefois ! Et je n'ai jamais cessé de l'aimer. » Chaque homme qu'elle a aimé a laissé en elle des traces et des souvenirs. Elle ne veut, elle ne peut en oublier aucun, elle ne veut, elle ne peut renoncer à aucun. Depuis la fin de la guerre, à la différence de la Vienne d'autrefois, capitale de la monarchie austro-hongroise, où il était indispensable de respecter la façade de la bienséance féminine, cet état de bascule amoureuse n'entraîne plus le bannissement social. « Le mariage, cette tyrannie sanctionnée par l'État, m'est suspect et je lui préfère l'union libre », écrit Alma. C'est une petite révolution sexuelle.

Alma Mahler-Gropius assiste à la révolution viennoise qui éclate le 12 novembre 1918, peu de temps après les troubles berlinois, depuis son salon de musique rouge. La « prétendue "révolution" » lui paraît « tout à la fois grotesque et terrifiante ». « Nous avions regardé [...] le défilé des prolétaires se rendant au Parlement. Mauvaises mines... des drapeaux rouges... mauvais temps... rafales de pluie, tout gris dans du gris. Puis les coups de feu qui furent, dit-on, tirés du Parlement. Tempête ! Le même cortège humain précédemment bien ordonné et moutonnier reflue en débâcle indigne et hurlante. Quelques personnes se trouvaient chez moi. Mes pistolets furent sortis de leur tiroir. » La veille déjà, l'empereur d'Autriche Charles Ier, renonçant à administrer les affaires de l'État, avait quitté Vienne dans la nuit. Après l'Empire allemand, c'est celui des Habsbourg qui s'effondre.

Le 13 novembre, Franz Werfel se présente à la porte de l'appartement d'Alma. Il a enfilé un vieil uniforme et lui demande sa bénédiction pour aller rejoindre les manifestants. Pour elle, cependant, c'est une « fausse révolution », à laquelle elle est « opposée du fond du cœur ». Werfel la supplie si longuement qu'elle finit par prendre sa tête entre ses mains, l'embrasser sur le front et le laisser partir comme un jeune garçon incorrigible. Le poète revient à une heure avancée de la nuit, dans un état épouvantable : « Ses yeux injectés de sang, son visage bouffi et sale, ses mains, son uniforme... tout était méconnaissable. Il puait l'eau-de-vie et le tabac. » Il lui raconte fièrement que, debout sur un banc du Ring, il a exhorté le peuple à donner l'assaut aux banques et a fondé la « Garde rouge » avec des amis artistes. Alma lui fait de sévères remontrances : « Si tu avais créé quelque chose de beau, tu serais toi-même beau à présent. » Elle envoie ensuite le révolutionnaire crasseux et malodorant dormir chez un ami. Pas question de l'accueillir chez elle dans cet état.

L'attention de la police a été attirée sur les menées de Werfel. Finalement, c'est Walter Gropius lui-même qui va l'avertir qu'il a été dénoncé, permettant ainsi au poète de se mettre à l'abri en attendant que l'agitation retombe. Gropius n'envisage pas un instant de profiter de la situation pour se débarrasser de son rival. Il agit certainement non seulement par décence mais aussi par sollicitude pour Alma, qui est aux quatre cents coups en songeant que son amant et sa renommée sont en danger.

À la différence de ses hommes, Alma Mahler-Gropius a détesté d'emblée la révolution et ne se fera jamais à cette « Vienne rouge ». Autant elle profite dans sa vie privée des libertés d'une ère nouvelle, autant elle regrette la disparition de la Belle Époque. Quelques mois plus tard encore, elle écrit qu'elle souhaite le retour de l'empereur et même celui « des archiducs les plus coûteux, que le pays serait obligé d'entretenir ». Tout ce qu'elle veut, c'est retrouver « la magnificence d'en haut pour abaisser enfin toute la horde d'esclaves qui forme le soubassement de la nation. Le hurlement des masses est une musique infernale ».

La chambre parisienne de Nguyen Tat Thanh est si petite qu'un étroit lit de fer, une table et une chaise y tiennent à peine.

Le plongeur, qui a quitté Londres pour la capitale française, loge dans un hôtel bon marché d'un quartier ouvrier de l'est de la ville. Tous les matins de bonne heure, il se prépare un bol de riz avec du poisson, dont il mange la moitié et garde l'autre pour le soir. L'hiver venu, à son arrivée au travail, il prend la précaution de glisser une brique dans l'âtre des cuisines. Quand il rentre chez lui le soir, il sort la brique des braises, l'enveloppe de papier journal et la fourre entre ses draps pour éviter de geler pendant la nuit. Nguyen vit de petits boulots. Après le travail, il se rend à la bibliothèque municipale pour lire et améliorer son français ; il apprécie particulièrement Émile Zola et Anatole France. Le soir, quand il n'est pas trop fatigué, il assiste à des conférences politiques.

Depuis qu'il est à Paris, Nguyen a découvert les Français sous un jour nouveau. Dans son Indochine natale, c'était un peuple de seigneurs qui opprimaient brutalement les indigènes et les exploitaient sous prétexte de leur apporter la civilisation occidentale. Ses pérégrinations en bateau aux quatre coins du monde lui ont fait découvrir que ce sort n'était pas réservé à ses compatriotes. Il se souvient avec effroi d'une scène à laquelle il a assisté dans le port de Dakar, au Sénégal. Une tempête avait empêché le navire sur lequel il travaillait de s'engager dans l'entrée du port. Les vagues étaient si hautes qu'il n'était même pas possible de mettre un canot à l'eau. Les autorités portuaires avaient alors ordonné à un Africain de nager jusqu'au bateau pour prendre contact avec l'équipage. Ne pouvant pas refuser, le malheureux avait plongé dans le bassin depuis le quai et avait réussi à faire quelques brasses sans couler. Mais dès qu'il eut quitté la protection du port, les vagues s'étaient abattues sur lui avec une telle violence qu'il s'était noyé. On avait alors envoyé un deuxième, un troisième puis un quatrième nageur. Aucun n'avait atteint le bateau, aucun n'avait survécu. Cette scène, qui rappelait à Nguyen des expériences de jeunesse, s'était profondément gravée dans son esprit.

En métropole, il avait constaté que tous les Français n'étaient pas riches et puissants. Dès son débarquement à Marseille, il avait vu des prostituées monter à bord pour racoler les marins. « Pourquoi, avait-il demandé, déconcerté, à ses camarades, les Français ne commencent-ils pas par civiliser leurs compatriotes, avant de prétendre le faire avec nous ? » Plus tard, à Paris, Nguyen observa que des quartiers entiers de cette superbe ville étaient délabrés et que leurs habitants vivaient dans la misère. En même temps, il constata avec un vif intérêt qu'en France, l'inégalité entre riches et pauvres n'était pas une simple réalité mais un sujet de débat politique. On le vit de plus en plus fréquemment aux réunions des socialistes. Après n'avoir été qu'auditeur, il monta lui-même à la tribune, s'exprimant en phrases calmes, posées. Il avait l'art de s'emparer du thème de discussion du jour pour l'appliquer à la situation qui régnait dans les colonies, en Indochine. Comme il était généralement le seul orateur à n'être pas français, on l'écoutait.

Dans l'ensemble, estime-t-il, les Français se montrent plus amicaux dans leur patrie que dans leur colonie d'Indochine. Peut-être cela tient-il aussi à l'intégration croissante de Nguyen, qui fait toujours preuve de courtoisie et de retenue. Il est un invité, un étranger dans ce pays, et souhaite être pris au sérieux, ne pas passer pour un révolutionnaire. C'est le seul moyen de faire avancer son projet d'indépendance du Vietnam.

D'un autre côté, il est douloureusement conscient des limites de l'intérêt des socialistes français pour ce qui se passe dans les colonies. Un des rares journaux de gauche à parler de l'Indochine est *Le Peuple*. Son siège se trouve à Bruxelles, mais depuis la fin de la Première Guerre mondiale, le journal a des annexes en France. Le bureau parisien est dirigé par le socialiste Jean

Longuet, un petit-fils de Karl Marx qui est également député à l'Assemblée nationale.

Se décidant enfin à aller le voir, Nguyen est surpris par l'amabilité de son accueil. L'homme politique l'appelle « cher camarade » et l'invite même à publier des articles sur l'Indochine dans *Le Peuple*. Nguyen est ravi, tout en sachant que son français n'est pas encore assez bon pour lui permettre de rédiger un texte, même court. Mais il ne veut surtout pas laisser passer cette chance. Il demande donc à un compatriote qui s'exprime mieux que lui en français d'écrire de petits articles exposant ses idées. Son ami accepte mais refuse de signer les textes. Nguyen utilise alors le pseudonyme de « Nguyen Ai Quoc », c'est-à-dire « Nguyen le patriote ». Au bout d'un certain temps, n'étant pas toujours satisfait des contributions de son « nègre », il prend son courage à deux mains et se met à rédiger lui-même des articles. Ce ne sont tout d'abord que quelques lignes qui nécessitent de nombreuses corrections. Mais Nguyen compare les textes qu'il a rendus à ceux que le journal a publiés et tire les leçons de ses erreurs, si bien que ses articles s'améliorent progressivement et gagnent en longueur.

Le Transsibérien et Marina Yurlova poursuivent leur course vers l'est. Le paysage est désormais enseveli sous une épaisse couche de neige. Depuis la fenêtre du compartiment, on ne voit que du blanc à perte de vue, au point qu'il semble écraser le train. Au milieu de cette étendue apparemment infinie, les freins grincent soudain, la locomotive ralentit et finit par s'immobiliser au milieu de nulle part. Quand les officiers demandent aux conducteurs la raison de cet arrêt imprévu, on leur fait une réponse inquiétante. La ville d'Irkoutsk, la prochaine grande gare, est tombée aux mains des bolcheviks. Les conducteurs refusent d'aller plus loin. Il n'est pas possible de rebrousser chemin parce que Tomsk, qu'ils ont déjà dépassée, n'est plus sûre non plus. Le train reste donc sur place, ver noir perdu dans la blanche immensité.

Les soldats tchécoslovaques établissent un bivouac à côté de la locomotive qui refroidit : quelques tentes au milieu de la neige et un grand feu où viennent également se réchauffer les passagers, parmi lesquels quelques demoiselles de la noblesse russe. Que faire ? Attendre que les bolcheviks les rejoignent par un des convois suivants et les massacrent tous ? À la fin de la journée, la patience d'un des officiers est à bout : il se déguisera en paysan et traversera ainsi sans risque Irkoutsk occupée. La Mandchourie, située à l'est de la ville, est, paraît-il, encore libre. Son plan fait de nombreux adeptes. Reste à savoir comment rejoindre Irkoutsk, distante de plusieurs centaines de kilomètres, en plein hiver sibérien.

Il se trouve cependant que des soldats envoyés en reconnaissance sont tombés sur un village mongol. Engageant d'âpres négociations avec les habitants, ils leur ont exposé leur projet et se sont entendus avec eux sur un prix. En échange, les Mongols leur donneront des vêtements d'hiver et les conduiront par une piste cavalière jusqu'à Irkoutsk. Une centaine de passagers se portent volontaires pour participer à cette expédition. Ils mettent tous la main à la poche pour payer les guides mongols. Peu après, soldats tchèques et voyageurs russes forment une longue colonne qui parcourt la plaine enneigée. Les Mongols sont en tête, sur des chevaux si petits que les pieds des cavaliers touchent presque le sol. Leurs visages ridés ne trahissent rien de leurs intentions ni de ce qu'ils pensent des intrus égarés sur leurs terres. Ils connaissent si bien la région qu'ils pourraient faire ce trajet en dormant, bien qu'en maints endroits, le chemin disparaisse sous la neige. Ils savent aussi où trouver de petits villages où il est possible de se reposer.

Marina a l'impression que cette expédition à travers un paysage glacé et uniforme n'en finira jamais. Au bout de quelques jours, le groupe atteint un village russe dépeuplé. Deux cents cadavres gisent dans la neige, noircis par le gel. Cette image poursuit Marina jusque dans ses rêves.

Mais voici qu'un beau jour, le sifflet d'une locomotive déchire le silence. Les guides mongols disparaissent instantanément, comme engloutis par le sol. On envoie des éclaireurs qui reviennent quelques heures plus tard avec des nouvelles rassurantes : Irkoutsk n'est plus qu'à une cinquantaine de kilomètres et il est possible de rejoindre un village russe en quelques heures de marche. Ils annoncent aussi, ce qui est plus réconfortant encore, que des unités tchécoslovaques ont repris Irkoutsk. Bientôt, Marina distingue au loin les clochers de la ville. Lorsqu'elle entre dans Irkoutsk, elle a l'impression d'être sauvée, bien qu'il ne s'agisse que d'une étape et que ses membres la fassent horriblement souffrir lorsque, après toutes ces journées de froid implacable, la chaleur recommence à les envahir.

Dans sa petite maison de Richmond où brûle une agréable flambée, Virginia Woolf travaille avec une grande concentration sur le manuscrit de son roman *Nuit et jour*. Leonard ayant réglé ses horaires de travail comme du papier à musique, elle a également le temps de lire les journaux qui apportent les nouvelles du monde. Le 9 novembre, apprenant que des troubles éclatent dans les villes portuaires allemandes mais ignorant encore l'effondrement de l'Empire allemand, Virginia Woolf note dans son journal que « le Kaiser continue à porter son semblant de couronne. Par ailleurs, il y a la révolution et, on l'imagine, un certain éveil de la population à la futilité de toute cette affaire. Et si nous nous réveillions, nous aussi ? ». L'idée que des temps troublés puissent attendre l'Angleterre malgré sa victoire n'a rien de saugrenu pour l'écrivaine.

Avec une précision de sismographe, elle enregistre les moindres changements que cet instant de transition entre la guerre et la paix occasionne pour Richmond et pour son environnement immédiat. Elle décrit ainsi un incident dont elle a été témoin dans Shaftsbury Avenue. En pleine rue, un simple soldat a menacé un officier de lui tirer une balle dans la tête. De telles scènes, Virginia Woolf en est convaincue, annoncent certainement un changement. Les soldats ivres et les foules qui envahissent les rues révèlent eux aussi que quelque chose est en marche. Mais quelle direction tout cela va-t-il prendre ? « La paix disparaît rapidement à la lumière du train-train journalier. » Et les priorités des habitants de Richmond évoluent bien plus rapidement que prévu. « Au lieu de sentir tout le long du jour et pendant le retour chez soi à travers les rues sombres que toute la population fixe son attention sur un point précis, on sent maintenant que toute la bande s'est égaillée et envolée au plus vite dans des directions différentes. Nous revoilà devenus une nation d'individus. Certains s'intéressent au football, d'autres aux courses, d'autres à la danse – bref, chacun court gaiement de droite et de gauche, se dépouille de son uniforme et se remet à s'occuper de ses affaires personnelles. » La disparition de la guerre et de l'ennemi commun renforcera-t-elle les tensions internes de la société anglaise ? L'écrivaine a du mal à formuler des réponses claires à ces questions. La paix, remarque-t-elle, était « tombée comme une grosse pierre dans [sa] mare personnelle, et les remous n'ont pas fini de s'étendre jusqu'à la rive opposée ».

Nuit et jour, publié au début de l'année 1919, témoigne des interrogations que la guerre a inspirées à Virginia Woolf. À travers cinq personnages qui se côtoient en formant des configurations complexes, le roman décrit le caractère étriqué de la société anglaise d'avant-guerre et le carcan de conventions, de règles et de soumission conjugale qui emprisonne tout particulièrement les femmes. Cette intolérable étroitesse sociale a-t-elle été une des causes du conflit ? Quelle « liberté » la Grande-Bretagne a-t-elle réellement défendue pendant cette guerre ? Cette société méritait-elle vraiment qu'autant de gens meurent pour elle ?

Dans des conversations avec ses amis, Virginia Woolf entend s'exprimer les opinions les plus diverses sur les conséquences de la fin de la guerre pour la politique britannique. Certains, comme le peintre Roger Fry, sont convaincus que l'Angleterre est « au bord de la révolution. [...] Les masses ouvrières sont amères, impatientes, puissantes et bien entendu déraisonnables. [...] Le mur impénétrable de la bourgeoisie conservatrice n'a jamais été aussi consistant. La dynamite le réduira peut-être en poussière ».

Au cours de ces journées de novembre 1918, Terence MacSwiney est incarcéré avec d'autres combattants du Sinn Féin, le parti qui se bat pour l'indépendance irlandaise, dans la cale crasseuse d'un bateau, qui a quitté Dublin pour rejoindre les côtes anglaises. Dès que le navire sort du port, la houle se fait désagréablement sentir. La plupart des hommes souffrent du mal de mer et restent prostrés à leur place. Terence MacSwiney trouve le moyen d'ouvrir un petit hublot, devant lequel il s'installe pour pouvoir inhaler la fraîche brise marine et se faire asperger le visage par les embruns. Peu lui importe d'être mouillé. Qui sait quand il retrouvera l'occasion de respirer un peu d'air pur ?

Y ayant déjà fait plusieurs séjours, MacSwiney connaît la destination de son voyage, l'imposant bâtiment en brique de la Lincoln Prison, dans l'est de l'Angleterre, qui ressemble à un château fort médiéval. C'est qu'il est devenu un habitué de nombreux établissements pénitentiaires d'Irlande et d'Angleterre. Peu avant le début de la guerre, il s'était enrôlé dans l'armée secrète de volontaires de sa ville natale de Cork, en Irlande du Sud, un mouvement qui cherchait à obtenir l'indépendance de l'Irlande. Il était alors convaincu qu'une petite avant-garde de combattants prêts à sacrifier leur vie pourrait entraîner tout le peuple irlandais à se soulever. Après avoir défendu l'indépendance dans des articles de presse, des poèmes et des livres, il s'était réfugié dans la clandestinité, s'efforçant de rassembler des hommes, des uniformes, des armes et de l'argent pour le jour de la grande insurrection.

La police britannique était sur ses talons depuis un certain temps. Même si personne jusqu'à présent n'a pu prouver sa participation à des délits graves, il s'est retrouvé maintes fois devant la justice et derrière les barreaux. Le calme qui a régné à Cork, la ville natale de MacSwiney, lors du soulèvement de Pâques d'avril 1916 – ce que MacSwiney se reprocherait jusqu'à la fin de ses jours – n'a pas changé grand-chose à la situation. Muriel, sa femme, issue d'une riche famille de Cork, ne le voyait que rarement. Il ne pouvait s'attarder où que ce fût en raison des risques. Quand il était en prison, Muriel savait au moins où il était, et ils échangeaient de tendres lettres d'amour. En juin 1918, après la naissance de leur première fille, Máire, Muriel dut emmener le bébé au parloir pour que son mari puisse le serrer dans ses bras. Dans leurs lettres, les conjoints s'affirmaient réciproquement que le bien de l'Irlande devait toujours passer avant leur bonheur personnel. MacSwiney écrivait ainsi : « Aucun homme ne doit craindre que ceux qu'il aime subissent l'épreuve du feu, mais il doit leur montrer, en fonction de la force de chacun, comment on surmonte l'épreuve et comment on garde confiance dans la grandeur de la vérité. »

Arrivé à la Lincoln Prison, MacSwiney retrouve la routine monotone de la vie de détenu qu'il ne connaît que trop bien. Seules les rares nouvelles qu'il reçoit de sa patrie apportent dans sa cellule un peu de la fièvre de la révolution irlandaise. C'est ainsi qu'avant Noël, MacSwiney apprend que – malgré ou à cause de son internement – ses compatriotes l'ont élu représentant de l'Irlande au Parlement britannique. Aux élections à la Chambre des communes du 14 décembre 1918, le Sinn Féin, qui présentait MacSwiney parmi ses candidats, remporte en effet une victoire écrasante contre l'Irish Parliamentary Party, une formation modérée, ainsi que contre ses ennemis, les unionistes. Mais au lieu de siéger au Parlement britannique de Westminster, les représentants du Sinn Féin s'engagent dans une voie plus radicale : sans autres consultations, ils proclament l'indépendance de l'Irlande et fondent leur propre Assemblée, le Dáil Éireann. Lorsque, le 21 janvier 1919, le Dáil tient sa première séance et adopte une Constitution irlandaise, MacSwiney n'en est informé que par le bouche à oreille. Que ne donnerait-il pas pour pouvoir occuper le siège qui lui revient parmi les députés !

MacSwiney apprend également au fond de sa prison, avant de le lire dans les journaux, qu'en ce même 21 janvier, ses compagnons de lutte Séan Treacy et Dan Breen, accompagnés de sept autres indépendantistes, se sont tapis derrière un talus au bord de la route qui mène à la carrière de Soloheadbeg, non loin du petit village de Tipperary. Ils attendent un transport d'explosifs sur lequel les Irlandais ont des visées. Plus que le matériel, c'est la guerre qui les intéresse : l'attaque de ce convoi sous escorte policière a pour premier objectif de donner le signal de la reprise de la lutte armée contre la domination britannique. Ils surveillent la route depuis plusieurs jours déjà quand, enfin, le guetteur repère ceux qu'ils attendent. Chacun rejoint son poste et cherche à maîtriser ses nerfs. La voiture à cheval qui approche est occupée par des policiers soigneusement formés pour leur mission. Contrairement à eux, les combattants irlandais savent à peine manipuler leurs armes. Ils n'ont pas pu s'exercer au tir parce qu'ils manquent cruellement de munitions et craignent que le bruit des coups de feu ne les trahisse.

Quand la voiture est tout près d'eux, les hommes crient aux gardiens de se rendre. Les policiers n'ont aucune intention d'obtempérer. Ils se mettent à l'abri derrière le siège du cocher, chargent leurs armes et les dirigent, menaçantes, vers les agresseurs en embuscade. Un silence tendu règne ; les canons des armes se font face. Puis neuf revolvers tirent depuis le talus et deux policiers tombent raides morts. Le bruit alerte les habitants du coin. Dans quelques instants, une foule va certainement arriver sur les lieux, suivie de centaines de policiers. Les auteurs de l'attentat prennent alors la voiture d'assaut et poussent le canasson jusqu'à la limite de ses forces. Derrière eux, les explosifs, dont ils savent pertinemment qu'ils risquent de partir tout seuls s'ils sont violemment secoués, sont bringuebalés dans tous les sens. Ils atteignent enfin l'endroit où une fosse a été préparée pour cacher leur butin. Les hommes disparaissent alors, à la faveur d'une forte bourrasque de neige.

À peu près au même moment, dans la ville de Matheran, en Inde, Mohandas Karamchand Gandhi se remet d'une dysenterie si grave qu'elle a bien failli l'emporter. Son médecin, le docteur Dalal, est certain de pouvoir le tirer d'affaire à condition qu'il accepte de rompre un de ses vœux, renoncer au lait. Gandhi est encore si faible que « la simple idée de manger » le terrifie et que chaque selle le met au supplice. De plus, la perspective d'enfreindre ses principes tourmente sa conscience. Ce n'est qu'au terme de longues réflexions que l'instinct de survie et la volonté de continuer à œuvrer pour l'indépendance de l'Inde l'emportent. S'il n'est toujours pas question pour le Mahatma de boire du lait de vache ou de bufflonne, il accepte qu'on lui serve du lait de chèvre.

Alors que Gandhi reprend lentement des forces, une information politique inquiétante parvient à ses oreilles. La fin de la guerre a rendu obsolètes les lois sur l'état d'urgence qui ont permis à la puissance coloniale britannique, pendant la durée des hostilités, de garder sous contrôle le mouvement grandissant pour l'indépendance. Afin de remplacer ces dispositions, une commission constituée sous l'autorité d'un juge, sir Sidney Rowlatt, a préparé un ensemble de lois dont l'objectif principal est de donner au pouvoir colonial les moyens de réprimer les troubles à l'ordre public. Gandhi commence à organiser la résistance contre cette loi dès qu'il en apprend l'existence. « L'idée m'est venue cette nuit en rêve que nous devrions appeler le pays tout entier à observer un *hârtal* général. [...] Que le peuple entier de l'Inde suspende donc toute activité, le jour venu, et jeûne et prie pendant vingt-quatre heures. » Si les Indiens acceptent vraiment de le suivre, sa stratégie de résistance passive donnera une preuve impressionnante de son efficacité, ce qui empêcherait peut-être, ou du moins atténuerait, l'application de la loi. Plein d'espoir, Gandhi prend contact avec des compagnons de lutte à travers tout le pays.

Après le soulèvement des matelots et la proclamation de l'armistice, les équipages de Wilhelmshaven se remettent à l'ouvrage. Cela rappelle à Richard Stumpf leur ardeur de 1914. À la différence près que désormais, au lieu de charger des munitions sur les navires, les grues du port les déchargent pour les stocker dans le poussier humide et froid des soutes. C'est sur ces obus que, récemment encore, les soldats de marine griffonnaient des messages sarcastiques à l'adresse des Anglais. Cette fois, conformément aux dispositions de l'armistice, on s'apprête à livrer la flotte de guerre à ces mêmes Anglais.

Le jour où l'Allemagne se sépare de ces engins de destruction pourrait être vécu avec soulagement. Or, Richard Stumpf n'y voit que les préparatifs d'un enterrement. En effet, ce n'est pas, pour lui, le début d'un désarmement général qui pourrait apporter un jour une paix définitive au monde, mais le résultat d'une trahison, puisque c'est ainsi qu'il interprète les dispositions de l'armistice. Il est convaincu que cet affront pèsera encore sur son pays dans plusieurs siècles. Qui dit qu'un jour, les navires de guerre livrés aux Anglais ne braqueront pas leurs canons contre l'Allemagne ?

La vie à bord n'est plus du tout ce qu'elle était. La discipline s'est relâchée, et le nouveau conseil des soldats est impuissant à maintenir le calme et l'ordre. Les larcins et les pugilats sont incessants. Mais au moins, les équipages ont suffisamment à manger et on va jusqu'à leur servir du punch trois fois par semaine. Toutes les bonnes choses viennent du mess des officiers. On y déniche même suffisamment de whisky pour que les représentants du conseil des soldats se livrent à une authentique beuverie afin de fêter leur victoire. Ils courent sur le pont en faisant les fous et en chantant à tue-tête. Comme l'a déclaré un orateur, au deuxième jour de la révolution : « Nous nous sommes rebellés parce qu'on nous traitait comme des enfants ! » En effet, songe Stumpf, ils se conduisent vraiment comme des enfants.

Cela fait si longtemps qu'il attend d'être démobilisé. Voilà que son retour à la vie civile est imminent, et pourtant, il n'éprouve aucune émotion. Son départ de l'armée ne s'accompagnera ni de fanfares, ni de fleurs, ni d'honneurs militaires. Les terribles épreuves de la guerre pour laquelle Stumpf a risqué sa vie s'achèveront au contraire dans la honte de la défaite, la catastrophe de la flotte sacrifiée, l'abjection d'un armistice injuste, la faiblesse d'un nouveau régime et, surtout, le remords taraudant d'avoir contribué à cette issue au moment décisif.

Le 18 novembre 1918, Stumpf voit le cuirassé *Friedrich der Grosse* partir de Wilhelmshaven pour son dernier voyage sous commandement allemand. Il est accompagné par le *König Albert* que suivent tous les navires de la flotte allemande. Les sous-marins les rejoindront en dernier. Les équipages se tiennent sur le quai, sac marin à la main, et regardent ces forteresses flottantes disparaître à l'horizon.

Heureusement pour lui, Guillaume, ancien prince héritier de Prusse, se voit épargner le spectacle de la flotte impériale, l'orgueil de son père et de l'Empire, qui prend la mer, désarmée, en direction de l'Angleterre. De l'Angleterre ! À Maastricht, Guillaume est conduit avec ses compagnons dans une salle de l'ancienne préfecture. Une foule furieuse vocifère sur la place, devant le bâtiment. Les heures s'égrènent, et pourtant les aiguilles de la pendule posée sur la cheminée paraissent immobiles. Un de ses compagnons se tord de douleur, pris de crampes d'estomac, sur un canapé de velours rouge. Les pensées de Guillaume tournent autour des derniers jours, des dernières heures, de ses souvenirs de la guerre et de Cécile et des enfants restés au Neues Palais de Potsdam. Si près de la capitale livrée aux pilleurs.

Près de deux semaines s'écoulent avant que le sort du Kronprinz ne soit tranché. Le nouveau gouvernement allemand a demandé son extradition ; d'autres réclament son internement. À l'issue de négociations complexes, la diplomatie internationale finit par décider que l'homme qui risque de cristalliser les espoirs de tous ceux qui souhaitent un retour de la monarchie soit conduit sur une île néerlandaise du Zuiderzee. Dans le port d'Enkhuizen, Guillaume est accueilli par les flashs des photographes, par des journalistes et par des insultes. Les passants font comprendre au prince héritier ce qu'ils voudraient lui faire subir en glissant rapidement le tranchant de leur main sur leur cou de gauche à droite.

À travers la mer embrumée, un bateau se dirige vers l'île de Wieringen où Guillaume doit passer le restant de ses jours. Arrivé sur l'île, il monte dans une charrette grinçante qui empeste le vieux cuir moisi pour rejoindre la petite localité d'Oosterland. Son nouveau lieu de résidence se résume à quelques chaumières sous un morne ciel d'hiver. La voiture s'arrête devant la maison du pasteur. L'ancien prince héritier y découvre les deux pièces glaciales, à l'aménagement spartiate, où il passera son exil.

À Berlin, le bruit court que le prince héritier a été assassiné. Cette rumeur parvient aux oreilles de Käthe Kollwitz le 12 novembre 1918, alors qu'elle accompagne son amie Constance Harding-Krayl à la recherche d'un emploi. Au siège de la police postrévolutionnaire, sur l'Alexanderplatz, elles découvrent le labyrinthe administratif ubuesque du nouveau régime, où personne ne sait rien, où personne n'est responsable de rien et où on les expédie vainement de bureau en bureau. Lorsqu'elles finissent, exaspérées, par renoncer à leur démarche, le soldat de faction à l'entrée principale leur interdit de sortir parce qu'elles n'ont pas de laissez-passer. Elles sont obligées de s'esquiver par une porte dérobée. La description que Käthe donne de cet épisode évoque l'univers à l'agonie du roman *Le Sujet* de Heinrich Mann, dont la première édition en allemand sort quelques jours plus tard ; une traduction russe a déjà été publiée en 1915.

Le tramway est bondé quand Käthe Kollwitz part pour son atelier ; dans les gares, on trouve surtout des soldats qui rentrent au pays. Käthe a entendu dire que la bousculade est telle dans les trains qui les ramènent du front que des hommes meurent régulièrement, écrasés par leurs camarades. Au milieu de la cohue qui règne dans le tramway, une vieille dame transporte une caisse dans laquelle un chat miaule faiblement. Affolé par les tirs, il s'est réfugié dans son immeuble, explique la dame. Maintenant, elle est à bout de nerfs, elle aussi. Elle part à la campagne avec le chat. Les autres passagers rient, réjouis par cette histoire.

Au cours de ces journées qui suivent immédiatement la chute de l'ancien régime, Käthe Kollwitz n'a pas perdu tout espoir de voir triompher le socialisme. Elle n'ignore pas pour autant la réalité de la situation et supporte mal l'attitude des spartakistes communistes. Elle décide de se tenir à distance, d'autant plus que la population reste largement hostile à une transformation radicale de l'ordre social. Selon Kollwitz, imposer le socialisme par la force, contre la volonté de la majorité des Allemands, serait une contradiction en soi. Elle s'exhorte à la patience, mise sur la solution démocratique de la création d'une Assemblée constituante et espère une « évolution progressive vers le socialisme ». « C'est un peu décevant, reconnaît-elle, on croyait déjà le sentir et voilà qu'il faut encore attendre. » Mais ceux « qui ont tout à gagner à la réalisation du socialisme » supporteront-ils ce délai supplémentaire ? N'entreprendront-ils pas tout ce qu'ils peuvent pour exploiter immédiatement la situation ?

La défaite de l'armée, l'abdication piteuse de l'empereur et la fin de l'Empire ont laissé un vide immense. En Allemagne, les puissances de l'ordre, celles qui assurent la cohésion des États et des sociétés, sont affaiblies, voire anéanties. Des mouvements révolutionnaires de toutes sortes tirent profit d'espaces de liberté inattendus et jusqu'alors inconnus. On peut soudain faire descendre des millions de gens dans la rue ou les appeler à la création d'un régime du haut d'un balcon. Pourtant, en Allemagne comme dans beaucoup d'autres lieux, nul ne sait comment rétablir une stabilité similaire à celle de l'ancien monde, tout en lui donnant des fondements différents. L'Empire allemand et un grand nombre des anciens États de l'Autriche-Hongrie et de l'Empire ottoman sont au bord du chaos. Dans une telle situation, mettre en place de nouveaux pouvoirs reconnus et leur donner les moyens de gouverner efficacement en s'appuyant sur un appareil d'État, une police et une armée n'est pas une mince affaire.

À son arrivée à Berlin le 13 novembre, Matthias Erzberger est contrarié : sa voiture de fonction a été pavoisée du drapeau rouge sans son accord. Il le fait remplacer par un drapeau noir, rouge, or, les couleurs du mouvement de l'unité allemande du XIXe siècle. Dans les rues, il remarque que le climat est extrêmement tendu. On risque à tout moment un regain de violence, voire un soulèvement qui pourrait remplacer les délégués du peuple et Friedrich Ebert par une direction communiste. Le ministre de la Guerre fraîchement nommé, Heinrich Schëuch, qui lui rend visite dans la soirée en civil, lui affirme qu'à Berlin, l'armée ne peut plus assurer la sécurité contre les forces révolutionnaires.

Matthias Erzberger était reparti de Compiègne en qualité de plénipotentiaire de l'empereur. À Berlin, le 13 novembre 1918, il est accueilli par un groupe de cinq mandataires du peuple qui font partie du nouveau gouvernement dirigé par le social-démocrate Ebert. Erzberger expose à ces hommes neufs le déroulement des négociations et les premières mesures à prendre pour mettre leurs résultats en application. Le gouvernement reconnaît que la délégation qu'il a conduite a « travaillé dans les plus difficiles circonstances pour le bien du peuple allemand », constate-t-il avec soulagement. La commission d'armistice déjà créée veillera à l'exécution du traité négocié. L'initiative d'Erzberger reçoit ainsi la bénédiction du nouveau régime, contraint, comme son prédécesseur, de se soumettre à l'inévitable.

Cette discussion est également lourde de conséquences pour lui, à titre personnel, car il repart avec la certitude qu'après avoir servi le gouvernement de l'Empire, il servira également le régime qui vient de se mettre en place. C'est un compromis profitable aux deux parties. Le gouvernement socialiste donne ainsi le signal d'une ouverture en direction des forces bourgeoises. Quant à l'homme du Zentrum, il évite d'avoir à faire une croix sur sa carrière politique, il peut contribuer à la survie de son parti catholique et espérer parvenir à empêcher le gouvernement de glisser encore plus à gauche. Erzberger ne prend pas cette décision de gaieté de cœur. Pour lui, la révolution est une erreur fondamentale, la conséquence d'une défaillance de l'Empire et de son effondrement. Le chef du Gardekorps, une unité de l'armée qui a interdit aux soldats de tirer sur les rebelles, devrait lui-même être exécuté, peste Erzberger devant le comte Harry Kessler, collectionneur et journaliste pacifiste.

Il se met pourtant au travail, conscient de son devoir. Il s'agit avant tout de veiller à l'application des dispositions négociées à Compiègne. Erzberger cherche par ailleurs à mobiliser quelques milliers de soldats dignes de confiance pour surveiller les principaux bâtiments gouvernementaux de Berlin. Il ne les trouve pas et ce type d'initiatives ne peut que lui valoir la haine de ceux qui souhaitent poursuivre la révolution. Finalement, il se convainc – à l'image d'Ebert, président du Conseil des commissaires du peuple – qu'il faut appeler le plus rapidement possible le peuple allemand aux urnes pour élire une Assemblée constituante. C'est, songe-t-il, le seul moyen d'apporter une vraie légitimité au nouveau régime qui ne repose pour le moment que sur des troubles révolutionnaires, sur des conseils d'ouvriers et de soldats constitués spontanément et sur un renouvellement du gouvernement qui a tout d'un coup d'État.

Le 20 novembre 1918, Käthe Kollwitz et son mari, Karl, se pressent au milieu de milliers d'autres Berlinois dans la salle d'attente de la gare de Potsdam. Le train qu'ils attendent avec une telle impatience a du retard. Lorsqu'il arrive enfin et que les soldats de retour au pays se précipitent par les portières des wagons, le quai est barré. Käthe Kollwitz grimpe sur un parapet et, le cœur battant, scrute les visages gris des arrivants. Elle repère enfin Hans dans la foule. Il la reconnaît aussi et lui fait signe. La mère et le fils tombent dans les bras l'un de l'autre.

À la maison, la place de Hans à table est toute fleurie. On sert du vin après le repas. Ils boivent à son retour, à « la vie et l'avenir de l'Allemagne » et lèvent leurs verres à la mémoire de son frère, Peter, dont la chaise restera vide à jamais. « Il est étrange, songe Käthe Kollwitz, que la pensée de Peter soit si peu douloureuse. Je pensais qu'il en serait autrement. Mais c'est ainsi. »

Doit-elle accrocher un drapeau à la fenêtre pour fêter le retour des soldats ? Mais d'ailleurs, quel drapeau ? Käthe Kollwitz en discute longuement avec son mari. Se décidant finalement pour le drapeau noir, blanc, rouge de l'Empire allemand, ce « cher drapeau allemand », elle ajoute tout de même à sa pointe des fanions républicains rouges et une couronne de sapin en signe de bienvenue – et d'hommage à tous ceux « qui ne reviendront jamais ». Il ne s'agit pas que d'elle : beaucoup de leurs amis ont perdu des enfants.

À cette date, Rudolf Höss, c'est du moins ce qu'on peut lire dans son autobiographie, est encore en route pour regagner son pays. Sa pire crainte était d'être fait prisonnier de guerre par les Britanniques en Palestine. Aussi le sous-officier a-t-il demandé à ses hommes s'ils seraient prêts à regagner l'Allemagne sous sa conduite. Le corps des officiers a expressément déconseillé ce genre d'expédition en solitaire, mais tous les soldats, dont beaucoup sont nettement plus âgés que Höss, se déclarent prêts à le suivre. Ce voyage aventureux leur fera traverser l'Anatolie, la mer Noire puis les Balkans avant leur arrivée en Autriche. « Nous étions sans cartes et nos notions géographiques ne dépassaient pas celles que nous avions reçues à l'école. Il nous fallait réquisitionner la nourriture pour nous-mêmes et pour nos chevaux », remarque-t-il. Enfin, ils rejoignent tous l'Allemagne, « où personne n'attendait plus [leur] retour ». Leurs pérégrinations leur ont fait découvrir un monde en pleine mutation, marqué par l'effondrement d'empires, par des révolutions socialistes, des combats pour l'indépendance nationale et des luttes anticoloniales, sans parler de la faim, de la maladie, de la misère.

On perçoit à présent « une effroyable discorde ! », note Käthe Kollwitz dans son journal. À Berlin, il ne se passe pas un jour sans rassemblements, sans manifestations, sans violence. Les « invalides de guerre » eux-mêmes revendiquent, exhibant leurs mutilations dans la rue : « Nous ne voulons pas la pitié, mais la justice ! » La social-démocratie est au bord du schisme. Les Alliés refusent d'engager des négociations de paix avec un gouvernement révolutionnaire et même d'envoyer des denrées alimentaires en Allemagne tant qu'elle ne sera pas dirigée par un régime démocratiquement élu. Käthe Kollwitz a un faible pour les groupes communistes, sans qui la guerre durerait toujours et l'empereur serait toujours au pouvoir. À l'image de la gauche radicale, elle ne veut pas d'une révolution qui piétine ; il faut qu'elle aille de l'avant. En même temps, elle sait que l'Allemagne est au bord de l'effondrement : « On devra les bâillonner pour sortir du chaos, écrit-elle à propos des spartakistes, et on est en droit de le faire. » Elle souffre de nourrir de telles pensées et de s'opposer à ceux qui ont affronté les mitrailleuses pour lutter contre la guerre, contre la faim.

La veille de Noël, il y a des tirs d'obus à gaz et de mitrailleuses dans le centre de Berlin. On déplore des blessés et des morts dans les rangs de l'armée aussi bien que dans ceux de la Volksmarinedivision, la « division populaire de marine », qui s'est retranchée au château et au Neuer Marstall et a pris le social-démocrate Otto Wels en otage. Avant la fin de l'année, les communistes quittent le Conseil des commissaires du peuple. Le 29 décembre, Unter den Linden, l'une des plus grandes avenues de la ville, est noire de monde, les spartakistes et les socialistes modérés manifestant en même temps. Käthe Kollwitz a perdu Hans dans la cohue ; elle parvient difficilement à se dégager de cette vive bousculade.

Le 31 décembre, Käthe Kollwitz dresse prudemment un bilan : au moins, la famille est réunie, tous ceux qui lui sont chers et que la guerre a épargnés sont en bonne santé. Toutefois, « ce n'est pas encore la paix. La paix se fera très difficilement. Mais ce n'est plus la guerre. 1918 a terminé la guerre et apporté la révolution ».

Au début du mois de janvier 1919, la sculptrice observe avec une inquiétude croissante l'escalade du conflit qui couve depuis novembre entre les différents courants révolutionnaires. « On fait grève [...] un peu partout à Berlin », écrit Käthe Kollwitz dans son journal, et, plus loin : « L'électricité manque. La distribution d'eau est coupée parce que le service des eaux est en grève. Nous avons rempli la baignoire auparavant. » Alors que l'infrastructure urbaine et le ravitaillement de la population s'effondrent, les groupes de gauche passent à l'offensive. Ils veulent à tout prix empêcher la création d'une république dominée par les sociaux-démocrates qui les empêcherait de fonder la république socialiste des soviets qu'ils appellent de leurs vœux.

Le 5 janvier, Hans revient, très excité, d'une manifestation qui s'est conclue, comme il le relate, hors d'haleine, par l'occupation des locaux du *Vorwärts*, le journal socialiste. Les documents de propagande en faveur de l'Assemblée nationale qu'on y a trouvés ont été brûlés dans la rue. Apparemment, les révolutionnaires ont pris le contrôle de la rédaction d'autres organes sociaux-démocrates et libéraux : « Aucun journal à part *Freiheit* [Liberté] et *Rote Fahne* [Drapeau rouge]. » Le gouvernement socialiste ne peut plus s'adresser à la population qu'en publiant des numéros spéciaux. Il appelle les Berlinois à des contre-manifestations. Le 6 janvier, Käthe Kollwitz et son mari rejoignent le cortège de ceux qui veulent défendre la jeune République. Ils se perdent dans la foule. Quand Karl rentre à la maison, épuisé, il rapporte une autre nouvelle atterrante : « Le gouvernement n'a pas d'armes », elles ont toutes été confisquées. Pourtant, on entend des coups de canon dans la soirée. Qui tire, si le gouvernement est désarmé ? Et où est passé Hans ?

Leur fils revient tard, agité, exténué, mais indemne. Il s'interroge tout haut sur l'opportunité de rejoindre les troupes du gouvernement. « Je lui demande s'il veut dire avec des armes. Il répond que oui. » Dans la nuit, Karl retourne en ville et constate qu'on se bat autour de la préfecture de police. Le 11 janvier, on apprend que les bureaux de la rédaction du *Vorwärts* ont été débloqués. Käthe Kollwitz y voit d'abord un succès des troupes gouvernementales. Mais elle constate rapidement que d'autres forces sont à l'œuvre. Le gouvernement a fait évacuer les locaux du *Vorwärts* avec le concours du « corps franc Potsdam », une formation illégale d'anciens soldats du front qui s'attaquent aux révolutionnaires avec du matériel de guerre – lance-flammes, mortiers, fusils-mitrailleurs.

La nuit suivante, le siège de la police est repris à son tour. Käthe Kollwitz est plus déchirée que jamais : « Je suis accablée, profondément. Et pourtant, j'approuve qu'on ait réprimé les spartakistes. Mais j'ai le sentiment oppressant qu'on n'a pas fait appel à la troupe pour rien, que la réaction est en marche. En outre, ce recours brutal à la force, tirer sur des camarades – ou sur des gens qui devraient l'être –, est effroyable. » Dans les jours qui suivent, les courants contre-révolutionnaires se manifestent avec une force croissante. Lors d'un rassemblement au cirque Busch, on brandit le drapeau noir, blanc, rouge de l'Empire. Les hommes chantent *Heil Dir im Siegerkranz*[1] et *Deutschland, Deutschland über alles*[2]. Les journées du soulèvement spartakiste auront fait plus de cent cinquante morts.

Le 16 janvier, alors qu'il semblerait presque que la vague de violence commence à refluer, on apprend une autre nouvelle bouleversante : Rosa Luxemburg et Karl Liebknecht ont été assassinés. Käthe Kollwitz y voit « un meurtre ignoble et révoltant ». Le nouveau gouvernement a-t-il trempé dans ce crime ?

1. Hymne de l'Empire allemand.
2. Hymne de la République de Weimar de 1922 à 1933.

Quelques jours plus tard se tiennent les élections auxquelles s'opposait, notamment, le soulèvement spartakiste. Dans le climat de tension générale, cet événement n'apporte qu'un maigre réconfort. Käthe Kollwitz peut aller voter, elle aussi, pour la première fois de sa vie. La République a en effet accordé le droit de vote aux femmes : « Je m'étais tellement réjouie à cette idée, et maintenant que ce jour est venu, me revoilà indécise et seulement à moitié contente. Voté pour les socialistes majoritaires. [...] J'ai le sentiment d'être plus à gauche que cela. »

Le 25 janvier, Liebknecht est enterré en même temps que trente et un autres morts. Chargée de dessiner ce héros de la gauche, Käthe Kollwitz se rend à la morgue de bon matin. « Il était en bière dans la chapelle ardente à côté des autres cercueils. Des fleurs rouges autour de son front percé de balles, le visage fier, la bouche entrouverte, tordue de douleur. Une expression étrangement étonnée. »

Pendant ce temps, un immense cortège de manifestants se rassemble dans la ville et prend la direction de Friedrichshain. Là, une foule désordonnée suit le cercueil. Käthe Kollwitz est rentrée chez elle, elle retravaille ses dessins de Liebknecht. Plus tard dans la journée, Karl et des amis lui décrivent l'attroupement massif de Berlinois, la cohue et la bousculade jusque devant la fosse ouverte, ils lui parlent de la veuve de Liebknecht qui s'est évanouie d'émotion, mais aussi des bandes de corps francs qui ont surveillé le parcours du défilé dans toute la ville. « Comme toutes ces mesures sont bornées et erronées ! Si Berlin – une grande partie de Berlin – veut enterrer ses morts, cela n'a rien à voir avec la révolution. Même lors des combats, on respecte des heures de trêve pour inhumer les victimes. Importuner militairement les partisans de Liebknecht jusqu'à son tombeau est indigne et exaspérant. Et en tolérant cela, le gouvernement prouve sa faiblesse. » Toutefois Kollwitz ne peut qu'admettre que sans l'intervention des corps francs, son souhait de préserver une république modérée n'aurait pu se réaliser. Aussi est-elle, en un sens, cosignataire du pacte que la jeune République allemande signe avec le diable.

IV

Le pays des rêves

La guerre détruit l'ancien monde avec son
contenu : la domination individuelle
à tous les points de vue. [...]
L'art nouveau a mis au jour ce que contient
la nouvelle connaissance des temps :
proportions égales de l'universel
et de l'individuel. [...]
Les traditions, les dogmes et les prérogatives de
l'individualisme (le naturel) s'opposent
à la réalisation de l'art nouveau.

Piet Mondrian, *Premier manifeste de la revue*
« De Stijl », 1918.

Marcel Duchamp, *L.H.O.O.Q.*, 1919

De loin, Alvin C. York pourrait presque prendre la banlieue brumeuse de New York pour ses chères montagnes. Le 22 mai 1919, il se tient sur le pont de l'*Ohaioan,* et le mal du pays fait battre son cœur à tout rompre. Au fur et à mesure que le navire s'enfonce dans l'embouchure de l'Hudson, les hautes tours de Manhattan se découpent plus distinctement sur le ciel bleu. Son absence a duré plus d'un an, il a survécu à la faim et aux bombes, et enfin, à cette atroce traversée sur ce rafiot secoué par les flots. Maintenant que le port est en vue, il sait qu'il ne quittera plus jamais de son plein gré ni la terre ferme ni sa patrie. Quand le bateau passe devant Liberty Island, York plante son regard dans les yeux verts de la statue de la Liberté. « Regarde-moi bien, ma vieille, lui dit-il en son for intérieur, regarde-moi bien parce que si tu veux me revoir, il faudra que tu te retournes. »

Une délégation de la Tennessee Society est venue l'accueillir sur le quai de Hoboken et une horde de photographes se bouscule pour le prendre en photo, pour lui arracher un sourire, un geste de victoire. Décidément, toujours pris sous les tirs !

songe York irrité. Il a déjà dû s'habituer à l'intérêt importun de la presse avant son départ de France : en effet, le général Ferdinand Foch en personne l'a décoré de la croix de guerre. Il a ensuite obtenu une permission exceptionnelle grâce à laquelle il a visité, en gentil touriste, les principales curiosités de Paris. Il a « beaucoup aimé » la capitale française. Mais les grands boulevards lui ont paru interminables et monotones au point de lui faire perdre tout sens de l'orientation.

À New York, on fait monter Alvin York du Tennessee dans une voiture découverte. Il ne se doute pas de ce qui l'attend. La limousine noire s'engage dans les canyons urbains grouillants de Manhattan. La bousculade est telle que le véhicule ne peut avancer qu'au pas et que les arrêts sont nombreux. Partout où York se montre, des acclamations s'élèvent. On pourrait croire que tous les badauds le connaissent. On lui envoie des baisers et des fleurs. Tous les soldats qui rentrent au pays reçoivent-ils pareil accueil ? se demande York. Il ne comprend pas à quel point l'Amérique est impatiente d'entendre *son* histoire, combien son pays a besoin d'un soldat comme lui – qui, au milieu d'une boucherie anonyme, mécanique, a accompli personnellement, pour ainsi dire à mains nues, un exploit héroïque.

La voiture s'arrête devant l'impressionnant porche du Waldorf Astoria. Un chasseur de l'hôtel lui ouvre la portière. York est conduit directement à travers le somptueux hall d'entrée jusqu'à l'ascenseur et, de là, dans une suite luxueuse. On lui suggère de se reposer un moment. Découvrant des lits jumeaux dans la chambre à coucher, il ne sait lequel choisir.

Le soir, il est invité à un banquet. Il écoute des discours de militaires et d'officiels dont il oublie aussitôt les noms. Pendant le dîner, York mange très lentement, ce qui lui permet d'observer ses voisins pour savoir dans quel ordre il convient de se servir de toute la panoplie de verres, d'assiettes et de couverts en argent. Le tapage qu'on fait autour de lui lui donne le vertige. Il aimerait bien aller prendre l'air et se dégourdir les jambes. Ce n'est pas ainsi qu'il avait imaginé la gloire.

Le lendemain matin, York se réveille de bonne heure et se glisse hors de l'hôtel pour marcher un peu. On ne renonce pas si vite à ses habitudes ! Mais dès le petit déjeuner, le siège recommence. Les messieurs de la Tennessee Society lui demandent ce qui lui ferait envie. Il n'a qu'un mot à dire et ses désirs seront exaucés. Tous les regards sont braqués sur lui, pleins d'impatience. Il réfléchit. Au bout d'un moment, il a une idée : il aimerait bien téléphoner à sa mère ! Immédiatement, un chasseur se précipite pour établir la communication ; malheureusement, il n'arrive à joindre personne à Pall Mall, Tennessee. Et puis, protestent ces messieurs, ce n'est pas un vrai vœu. Il a New York à ses pieds. Tout ce qu'il peut imaginer, son rêve le plus fou, peut devenir réalité. York se creuse la cervelle. Il recommence à avoir la tête qui tourne, lorsque enfin, il a une idée. New York possède un des premiers métros du monde. La perspective de filer sous la ville par un moyen de transport aussi moderne et de ressurgir à l'air libre là où l'on veut le fascine depuis longtemps. Ces messieurs s'esclaffent ; mais après tout, si ça peut lui faire plaisir ! On affrète un métro spécial pour lui et York passe des heures à circuler sous le goudron de Manhattan.

Les journées suivantes lui réservent encore bien des surprises. À Washington, il est accueilli à la Maison-Blanche et au Congrès. À son retour à New York, on le conduit à la Bourse. Il ne comprend pas comment on peut travailler dans une telle fourmilière. Et pour finir, des messieurs élégants, gros cigare à la bouche, l'abordent et lui proposent d'adapter son histoire pour le cinéma. Ils posent sur la table une somme tellement colossale que York en reste muet. Un film, oui, ça serait épatant, acquiesce-t-il, la bouche sèche. Ça serait bien de tourner un film où on verrait ce que les petits gars ont fait, là-bas. Mais non, rétorquent les messieurs aux cigares. Ils ne pensaient pas à ça ; ce qu'ils avaient en tête, c'est un film qui montrerait comment York a pris un nid de mitrailleuses allemand à lui tout seul dans l'Argonne et comment il a fait cent trente-deux prisonniers. Ce projet ne tente pas l'ancien soldat ; il préfère oublier tout ça. Il ne veut pas non plus écrire d'articles pour les journaux, ni partir en tournée sur toutes les scènes d'Amérique du Nord. Quand on prononce le mot « tournée » devant lui, il imagine les artistes itinérants qu'il a vus un jour au music-hall et demande aux messieurs : « Vous ne croyez pas que j'aurais une drôle d'allure en justaucorps ? » Il finit par s'impatienter. S'ils veulent vraiment lui faire plaisir, qu'ils le laissent rentrer chez lui au plus vite.

Alvin York semble faire partie de ceux qui, en ce premier printemps d'après-guerre, ne savent pas encore très bien ce qu'ils veulent. Ils sont plutôt rares. Les journaux, les lettres et les Mémoires qui retracent les mois situés entre février et juin 1919 vibrent pour la plupart d'une remarquable énergie. Comme si le retour de la chaleur et de la lumière en cette fin d'hiver avait embrasé dans l'esprit et dans la vie privée de beaucoup, mais aussi et surtout dans l'art, les lueurs des comètes que Paul Klee représente dans son aquarelle. Pour de nombreux soldats, c'est l'heure de la démobilisation et du retour ; pour eux comme pour les civils, c'est l'espoir de retrouver une vie normale.

Malgré toutes les souffrances, tous les bouleversements et toute l'incertitude, bien des gens osent, en ce premier printemps de paix, envisager des possibilités nouvelles, un avenir meilleur. Au sortir des ténèbres et de multiples échecs, ils s'accordent l'illusion lumineuse de la réussite. Et ce qui est vrai à petite échelle l'est également en grand : les pourparlers de traités de paix s'engagent en janvier 1919 sur la vaste scène politique de Paris. Des hommes d'État sont venus de tous les coins de la planète pour discuter d'un nouvel ordre mondial, rien de moins. Tous les participants se doutent que ces négociations risquent de durer des mois, des années peut-être. Nul n'en connaît l'issue. L'Europe sera-t-elle finalement transformée, verra-t-on un monde différent surgir des cendres de l'ancien ?

Depuis l'armistice, un flot ininterrompu de soldats a regagné New York. Au cours de l'hiver, Moina Michael a vu d'innombrables bateaux accoster sur les quais de Hoboken, en face de Manhattan, et décharger inlassablement de nouvelles cargaisons d'hommes gris et épuisés. À Noël 1918, elle s'est tenue, fière, au milieu de la foule qui agitait les bras sur la berge au moment où la flotte américaine victorieuse a remonté l'Hudson en formation.

L'enseignante de Géorgie travaille toujours pour la YMCA dans les bâtiments de l'université Columbia. On continue à former des jeunes hommes et des jeunes femmes et à les envoyer en Europe pour assurer le soutien logistique du rapatriement des troupes. Plus les soldats qui se rassemblent à New York sont nombreux – que ce soit sur les quais de débarquement, dans les camps de démobilisation ou dans les hôpitaux –, plus on a également besoin de main-d'œuvre de ce côté de l'Atlantique. Pour Moina Michael, la guerre, qui s'est déroulée jusqu'alors au loin, arrive à présent à sa porte.

En tant que citoyenne de l'État fédéral de Géorgie et collaboratrice de la Georgia Society, elle commence un peu avant Noël à s'occuper des soldats mutilés originaires de son État du Sud. La Georgia Society a préparé des colis pour les invalides condamnés à passer les fêtes loin des leurs. Moina Michael a quarante-cinq paquets à livrer dans neuf hôpitaux. Son premier patient s'appelle Tom Lott. C'est un soldat noir originaire de Mayswill, en Géorgie. On l'a amputé d'une jambe juste sous la hanche, mais il parvient à clopiner avec des béquilles jusqu'à la porte de sa chambre. Moina lui tend le colis avec quelques fleurs et lui dit combien la Géorgie est fière de lui. L'homme est radieux, il met les fleurs à son revers et les montre à tout le service. C'est un instant de bonheur. Cependant, en préparant sa liste d'invalides et en notant leurs noms, les uns après les autres, Moina Michael a également pris conscience que les soldats mutilés et traumatisés qui reviennent au pays et qui n'ont, pour la plupart, aucune perspective d'emploi rémunéré risquent d'avoir besoin d'assistance jusqu'à la fin de leurs jours. Elle refuse d'admettre qu'au sortir de l'épreuve collective de la guerre, ses compatriotes préfèrent s'occuper de leurs petites affaires et abandonnent ceux qui ont risqué leur vie pour leur pays.

Ces impressions renforcent Moina dans son engagement en faveur des *Remembrance Poppies*, les coquelicots du souvenir, qui mobilisent désormais une part non négligeable de son temps de travail. Dès le jour de l'armistice, elle a pris rendez-vous avec Talcott Williams, le doyen de la faculté de journalisme de l'université Columbia. Alors qu'une foule en liesse déferlait sous les fenêtres de son bureau, elle lui a exposé une idée qui a immédiatement séduit l'homme aux cheveux gris. Le jour même, il a pris contact avec une personne influente et s'est adressé aux journaux en leur proposant une interview de Moina Michael. Elle était parfaitement consciente que la presse était l'outil le plus efficace si elle voulait réaliser son rêve de mobilisation nationale en faveur du souvenir des morts de la guerre et de la satisfaction des besoins des invalides.

Parallèlement, elle a écrit à des amis aux quatre coins du pays pour leur demander de l'aider à faire connaître le symbole du coquelicot. Par l'intermédiaire d'une relation, une lettre a même été adressée au département de la Défense. Les réponses enthousiastes se sont multipliées et quelques-uns de ses correspondants lui ont promis de faire de la fleur rouge le symbole de différentes manifestations liées à la guerre. Mais pour que l'initiative prenne une véritable ampleur, Moina Michael doit se charger de l'aspect logistique et matériel du projet. Si elle veut mobiliser l'opinion publique américaine, il ne suffit pas de lancer une campagne nationale, il faut fabriquer des milliers de fleurs artificielles, des millions peut-être. Et si elle veut aider efficacement les mutilés de guerre, elle doit essayer de gagner de l'argent avec la marque « Flanders Fields Memorial Poppies ».

N'ayant aucune expérience du monde des affaires, Moina Michael cherche un partenaire qu'elle finit par trouver en la personne du designer Lee Keedick. En décembre 1918, ils signent un contrat en vertu duquel celui-ci s'engage à dessiner un motif comportant coquelicot et flambeau de la liberté, qui sera décliné sous forme de broches, d'épingles, de drapeaux et de banderoles. Il accepte de se charger de leur fabrication et de leur diffusion à l'échelle nationale. Keedick prend également la précaution d'assurer la protection juridique de son projet dans d'autres pays. Moina Michael lui verse une avance de 100 dollars, qu'elle a empruntés à des connaissances. La campagne doit être lancée avant avril 1919, précise le contrat ; il faut en même temps contacter la presse et envoyer plusieurs milliers de lettres aux clubs, aux sociétés féminines, aux organisations patriotiques, aux Églises, aux universités et aux responsables politiques de toute obédience.

Le 14 février, le dessin de Lee Keedick représentant une torche entourée de coquelicots est présenté publiquement à

New York pour la première fois. Ce jour-là, l'as de l'aviation canadien William A. Bishop est invité par l'Aviation Society de New York à prononcer une conférence. Sujet : « La guerre aérienne dans les champs de Flandre ». L'estrade et la salle sont décorées de coquelicots rouges. À la fin de cet exposé accompagné de projections, une grande banderole représentant le nouvel emblème de la torche et des coquelicots est déployée sur le mur du fond de la salle. Le poète canadien James A. Heron donne des explications sur ce symbole et récite le poème de son compatriote John McCrae, *In Flanders Fields*. Il y ajoute la réponse versifiée de Moina Michael, *We Shall Keep the Faith*. Les échos de la presse sont positifs. Mais au moment de ce premier succès tangible, Moina a regagné la Géorgie depuis quinze jours pour reprendre son emploi de responsable d'un internat de jeunes filles. Elle renoue également avec ses activités d'enseignement à l'université de Géorgie. Durant l'été 1919, elle propose en outre des séminaires pour les anciens combattants, admis à l'hôpital de l'université pour suivre un programme de rééducation.

Une petite semaine plus tôt, le 9 février 1919, l'heure du retour a également sonné pour les Harlem Hellfighters. Un grand nombre de leurs proches sont sortis sur des embarcations dans le port de New York pour s'approcher au plus près des hommes dès leur arrivée. Mais les soldats ne sont pas autorisés à retourner immédiatement dans leurs familles. Ils doivent passer de longues et pénibles journées à Camp Upton en attendant d'être libérés de leurs obligations militaires.

Depuis la longue marche du Rhin jusqu'à Brest, où ils avaient embarqué pour l'Amérique, un sujet avait dominé toutes leurs conversations : le défilé de la Victoire. Les hommes de cette unité rêvaient de couronner l'épopée héroïque des soldats noirs de Harlem par une grande parade dans les rues de New York.

Tous les dangers, toutes les épreuves, toute la souffrance, toutes les humiliations qu'ils ont vécus pendant cette guerre seraient alors abolis en cet instant de triomphe. L'affront de l'exclusion des défilés d'adieu en 1917 serait enfin lavé. Ce serait le début d'une vie nouvelle, d'une vie qu'ils avaient méritée en faisant la guerre.

Les officiers de l'entourage d'Arthur Little avaient rapidement pris conscience de la valeur disciplinaire de cette idée de défilé. Chaque fois qu'un des soldats tirait sur la corde, ils le menaçaient de lui interdire d'y participer, un avertissement remarquablement efficace. Mais l'Amérique accorderait-elle réellement ce triomphe à ses soldats noirs ?

À Brest, dernière étape avant le départ de France, Arthur Little commença à en douter. Le comportement de la police militaire américaine sur place donnait à penser que les succès des Harlem Hellfighters et la distinction que leur avait accordée la République française n'étaient pas du goût de tous leurs compatriotes. Little apprit ainsi qu'un membre de la police militaire avait violemment frappé un soldat noir et l'avait même blessé alors que celui-ci ne faisait que lui demander son chemin. Lorsque Little demanda des explications au policier, celui-ci prétendit que le Noir n'avait pas voulu attendre qu'il ait terminé sa conversation. Devant l'insistance de Little, il finit par reconnaître qu'il avait appliqué une directive de ses supérieurs. On avait entendu dire que les « Nègres » se haussaient un peu du col et qu'il serait bon de leur « rabattre le caquet » pour éviter des difficultés ultérieures.

Cet incident fut loin de mettre fin aux frictions. Des membres de la police militaire s'adressèrent bientôt à Little pour se plaindre du fait que les soldats noirs avaient insulté leurs hommes. « Qui a gagné la guerre ? » leur auraient-ils crié d'un ton provocateur. L'officier secoua la tête. Depuis les journées qu'ils avaient passées sur le Rhin, cette question était devenue une sorte de cri de guerre des Harlem Hellfighters, qui ne prétendaient absolument pas monopoliser la victoire à leur profit, mais rendre hommage à tous ceux qui y avaient contribué. Chaque fois qu'ils croisaient d'autres unités, ils criaient : « Qui a gagné la guerre ? » et leur réponse incluait ceux à qui ils s'adressaient : « C'est l'unité XY et nous qui avons gagné la guerre ! »

Le 17 février 1919, les doutes s'évanouissent. Toutes les unités des Harlem Hellfighters se regroupent dans Manhattan sur Madison Avenue, au nord de la 23e Rue. À 11 heures, on apprend que les notables de la ville ont rejoint leurs places. Les compagnies prennent position en formant un large rectangle, une phalange, comme les Français leur ont appris à le faire. Les officiers se tiennent toujours quelques mètres devant leurs unités. La fanfare militaire de Jim Reese Europe a pris place en tête du cortège. Lorsque retentit l'ordre « En avant ! Marche ! », l'orchestre se met à jouer. Les quatre-vingt-dix musiciens qu'il compte désormais ne suffisent pas à couvrir la tempête d'acclamations qui salue le défilé dans toutes les rues de Manhattan. Les New-Yorkais réservent aux Hellfighters un accueil triomphal. De nobles bienfaiteurs ont même préparé un casse-croûte pour chaque soldat. Le 17 février 1919, constate Little, « New York ne connaît aucune couleur de peau ».

La partie la plus émouvante commence cependant au moment où les Hellfighters atteignent leur quartier natal de Harlem. Le commandant ordonne alors un changement de formation. Pour remplacer la phalange solennelle, il fait désormais défiler les soldats en rangs plus étroits, pour que chacun puisse être reconnu et fêté par ses proches, ses amis et ses voisins. L'orchestre de Reese Europe entonne le ragtime *Here Comes my Daddy now !* et sur les derniers kilomètres, le défilé cède la place aux chants, aux grands signes de main et aux rires jusqu'à ce que, pour finir, tout le monde se mette à danser. La discipline militaire s'efface devant la joie débordante des mères reconnaissant leurs fils et des épouses retrouvant leurs maris, qui courent toutes ensemble au milieu des soldats et leur sautent au cou. À la fin du défilé, alors que la formation se dissout en une joyeuse pagaille de têtes, de mains, de fleurs et de baisers, bien des soldats serrent une fille dans leurs bras.

Henry Johnson, le seul héros afro-américain de la Grande Guerre, a pris part au défilé dans une voiture découverte. Il est encore très affaibli par les nombreuses blessures reçues lors de son combat en solitaire contre une unité allemande. Les fractures de ses jambes et de ses pieds sont si nombreuses que les médecins doutent qu'il puisse remarcher un jour sans béquilles. Cela ne l'empêche pas de jaillir de son siège à tout bout de champ pour adresser à la foule des signes aussi gracieux que si ce défilé avait été organisé pour lui rendre personnellement hommage. Son visage rayonne comme s'il voulait crier à tous ces gens en liesse : Qui a gagné la guerre ? C'est Henry Johnson qui a gagné la guerre !

Harry S. Truman n'atteint le port salvateur de New York qu'en avril 1919, après une traversée sur le *Zeppelin,* un ancien navire allemand. Le maire de la ville vient à la rencontre du transport de troupes à bord d'un canot sur lequel une fanfare joue *Home Sweet Home.* Même les hommes les plus coriaces ont les larmes aux yeux lorsqu'ils entendent les notes familières résonner sur l'eau. Lors du débarquement, les organisations de bienfaisance se bousculent dans le port pour distribuer des cadeaux aux soldats. « Les Juifs nous ont donné des mouchoirs ; la YMCA du chocolat ; les Knights of Columbus[1] des

1. Organisation catholique de bienfaisance.

cigarettes ; la Croix-Rouge des gâteaux maison ; et l'Armée du Salut, que Dieu la bénisse, s'est chargée gratuitement d'expédier nos télégrammes et nous a offert des œufs de Pâques. » Sur la jetée même, on organise un banquet pour les soldats de retour au pays, et Truman, qui a souffert du mal de mer pendant presque tout le voyage, mange comme quatre. L'accueil se poursuit sur le même modèle à Camp Mills, où un bac conduit Truman et ses hommes : les soldats peuvent se doucher, on leur remet des vêtements neufs, ils sont invités à se rendre à la cantine où ils s'empiffrent d'innombrables boules de glace aux fruits servies dans d'énormes tonneaux.

Harry S. Truman se trouvait encore en France quand il a écrit à sa très chère Bess que la fin de la guerre n'était pas bonne pour sa ligne. La longue attente oisive de l'évacuation et les brèves permissions à Paris, Nice et Monte-Carlo ont laissé leur marque sur ses hanches, plutôt squelettiques du temps des combats. « Je deviens très lourd (je devrais dire gras). » Avec près de 20 kilos en trop, il se sent affreusement boudiné dans son uniforme. Bess l'aimera-t-elle encore avec ses grosses joues et son double menton ?

Au cours de ces longs mois d'attente, la pensée de sa bien-aimée ne l'a pas quitté un instant. Ce n'est qu'à ses côtés qu'il pouvait imaginer l'avenir qu'il lui décrivait inlassablement dans ses missives : il ne voulait être ni riche ni pauvre, car tel était selon lui l'état le plus heureux pour un homme. Il vivrait avec la plus chic fille du monde et partagerait joies et soucis avec elle. Il achèterait une Ford dans laquelle il sillonnerait les États-Unis et peut-être la France ; il ferait un peu de politique, et de temps en temps participerait à un dîner. Il prévoyait aussi de racheter à l'armée un des fusils avec lesquels il avait tiré sur les « Huns ». Il l'installerait dans son jardin, où il pourrait rouiller paisiblement. Il ne voulait plus tirer un seul coup de feu de son existence. Voilà la vie dont il rêvait.

Truman n'a cessé d'imaginer le moment où il parcourrait, tenant Bess par la main, l'allée centrale de l'église – pour se réveiller chaque fois dans sa tranchée pleine de boue aux environs de Verdun. Il écrivait à Bess dès que ses tâches militaires lui en laissaient le temps. Il lui avait fait la cour, il l'avait couverte de mots doux, l'avait dûment suppliée de lui écrire et s'était plaint quand ses lettres n'étaient pas assez fréquentes. Elle a été son pilier durant cette désagréable période de transition ; sa photo n'a pas quitté sa poche de poitrine gauche.

En même temps, Truman était rongé d'inquiétude, craignant que Bess s'impatiente sur les derniers mètres de cette longue course. Ou, pire encore, qu'il ne lui arrive quelque chose à elle, alors que lui-même avait survécu à cent dangers mortels. Truman avait entendu parler des effets dévastateurs de la grippe espagnole qui sévit jusqu'aux États-Unis. Tant de ses camarades avaient perdu des proches ou des bien-aimées à cause de ce virus mortel. « Il semble que la guerre et la peste marchent main dans la main. Si ce n'est pas la peste noire, c'est quelque chose d'aussi fatal. On entend dire ici que ces pauvres Russes meurent par centaines, pendant que ces satanés Huns s'assassinent mutuellement par plaisir. Il faudra certainement attendre encore un moment pour retrouver un âge d'or de santé, de paix et de prospérité tel que celui qu'on a connu au cours des dix années qui ont précédé 1914. »

N'ayant pas reçu de lettre de Bess depuis bien longtemps, Harry S. Truman a commencé à se faire du mauvais sang. N'avait-elle pas écrit, elle qui était au cœur de tous ses projets d'avenir, que les premiers cas de grippe s'étaient déclarés au sein de sa famille ? D'autres lettres lui ont alors confirmé que Bess était alitée et fiévreuse. Même quand il a appris qu'elle se rétablissait, il a été incapable de retrouver sa sérénité. Au cours de ces semaines, Truman a senti à quel point son rêve de bonheur modeste était fragile. Quand il débarque à New York, sa réalisation semble pourtant à portée de main. Truman est convaincu que l'économie américaine redémarrera après la guerre, quand tout l'argent ne sera plus affecté à l'armement mais nourrira la consommation. C'est sur ce scénario optimiste qu'il veut bâtir son bonheur. Comment pourrait-il savoir que cet essor repose sur des pieds d'argile ?

En février 1919, Rudolf Höss regagne sa ville de Mannheim après une odyssée de plusieurs mois. Pendant qu'il était sous les drapeaux, sa mère a suivi de près son père dans la tombe, non sans lui avoir rappelé dans une dernière lettre le vœu du chef de famille décédé de le voir entrer dans les ordres. À son arrivée, il doit faire face aux assauts de son oncle qui a été nommé son tuteur, et de tout le reste de la famille qui souhaite le voir partir immédiatement pour le séminaire. Tous les biens des Höss ont déjà été partagés entre les membres de la famille et ses sœurs ont été envoyées dans des écoles conventuelles. « Notre foyer n'existait plus [...]. Je ressentais durement la perte de ma mère, comme si je n'avais plus de patrie ! »

L'oncle exige que soit accomplie la volonté paternelle. Il ne financera aucune autre formation avec l'argent qui revient au jeune homme. Mais Höss, déjà assailli de doutes sur sa vocation ecclésiastique pendant la guerre, n'a pas l'intention de se plier à ses désirs. Il renonce donc immédiatement à sa part d'héritage au profit de ses sœurs et fait les démarches nécessaires auprès d'un notaire. « Je voulais faire mon chemin tout seul. »

Rudolf Höss se rend un peu plus tard en Prusse-Orientale, où le lieutenant Gerhard Rossbach a créé une « compagnie de mitrailleurs volontaires ». Au début de 1919, ce « corps franc » est rattaché à la « Reichswehr provisoire » et affecté à la protection de la frontière est de l'Allemagne. Les combattants des corps francs considèrent la défaite de l'Allemagne comme la conséquence d'une trahison, ils ne tolèrent le nouveau gouvernement que comme un phénomène transitoire et restent armés, afin d'être prêts lorsque sonnera l'heure de la revanche.

Höss a l'impression que son admission dans le corps de Rossbach règle tous ses problèmes : il a désormais un métier, il touche une solde, il a retrouvé une figure paternelle et une foi politique presque aussi solide qu'une religion, « une patrie, un asile, auprès de [...] camarades. Chose étrange, écrit-il, moi, le solitaire, habitué à diriger ma vie intérieure sans demander l'avis de personne, je me suis toujours senti attiré par cette ambiance de camaraderie qui permet de s'épauler mutuellement en cas de difficultés ou de dangers ».

Pour Virginia Woolf, l'année 1919 a commencé par une douloureuse inflammation de la mâchoire. L'écrivaine a dû se faire arracher une dent, ce qui lui a valu de violents maux de tête et une si grande fatigue qu'elle a dû garder le lit deux semaines, « longue et pénible affaire qui s'estompait et revenait comme un brouillard de janvier ». Quand elle parvient à se lever à la fin de janvier, Leonard ne lui accorde encore qu'une heure d'écriture par jour et pourtant, malgré cet emploi du temps limité, elle a du mal à taper à la machine, car les muscles de sa main droite sont endoloris « comme j'imagine que peut l'être la main d'une domestique ». « Si curieux que cela paraisse, je ressens la même raideur à rédiger », note-t-elle, résignée.

Leonard n'intègre pas la tenue de son journal dans son heure de travail quotidien, et comme, de surcroît, il n'est pas toujours présent, Virginia Woolf peut se permettre de faire quelques entorses à ses consignes. Contrairement aux textes littéraires et aux critiques qu'elle rédige à la machine à écrire, Virginia Woolf remplit les pages de son journal au stylo à encre. Là, pas de raideur ni de blocage : les phrases se succèdent dans un « galop rapide ». Même s'il arrive à cette précipitation d'engendrer quelques formulations maladroites, « cahotant même parfois d'une manière presque intolérable sur les pavés », elle estime que cette méthode a l'avantage de lui permettre de coucher sur le papier des sujets qui, si elle avait pris plus de temps ou réfléchi plus longuement, n'auraient jamais trouvé grâce auprès de sa raison critique. Or ces observations non censurées lui semblent posséder une valeur tout à la fois inestimable et inconnue – tels « les diamants du tas de poussière ».

Elle n'a d'ailleurs pas grand-chose à raconter en cet hiver 1918-1919, sinon la rencontre d'amis et de connaissances, la recherche laborieuse de domestiques compétents et les conséquences d'une interminable vague de grèves qui, aux yeux de l'écrivaine, pèsent plus lourdement qu'avant la guerre sur la vie de l'Angleterre de 1919. « Si j'étais peintre, il m'aurait suffi d'un pinceau trempé dans une couleur brunâtre pour donner la tonalité de ces onze jours. J'en étalerais une couche égale sur toute la toile. Mais les peintres manquent de subtilité ; je pense qu'il y avait des points de lumière et des nuances sous la surface, même s'ils sont maintenant invisibles. » De fait, tout n'est pas immobile sous la surface brunâtre et monochrome de la province anglaise.

En cet hiver qui suit la fin de la guerre, Virginia Woolf s'engage sur une voie dont elle ne peut que pressentir où elle la mènera un jour. On trouve des réflexions à ce sujet dans son article intitulé « Modern Novels », qu'elle publie en avril 1919 dans le supplément littéraire du *Times*. Elle y critique vertement les écrivains anglais de son temps, leur reprochant d'être « matérialistes » et de s'en tenir à la superficialité de leurs personnages et à des conventions narratives établies. « La vie n'est pas une série de lanternes disposées symétriquement ; la vie est un halo lumineux, une enveloppe à demi transparente où nous sommes enfermés depuis la naissance de notre conscience jusqu'à sa mort. La tâche du romancier ne consiste-t-elle pas à exprimer cet esprit changeant, inconnu, non délimité, les aberrations ou les complexités qu'il peut présenter en y ajoutant aussi peu de faits étrangers et extérieurs qu'il sera possible ?[1] » L'écrivain doit suivre la conscience de ses personnages sur ses voies bizarres et ne pas craindre de se perdre dans les détails. James Joyce, qu'elle a encore refusé peu auparavant de publier dans sa maison d'édition, lui semble désormais le seul représentant de la littérature anglophone capable d'écrire quelque chose de valable sur le courant de conscience.

Les premiers germes de cette nouvelle semence pointent dans ses récits intitulés *La Marque sur le mur* et *Les Jardins de Kew*, publiés en mai 1919 par sa propre maison d'édition. Mais leur épanouissement suscitera-t-il un quelconque intérêt ? Si elle réussissait à faire tenir la vraie vie entre deux plats de couverture, cela changerait-il quelque chose ? Le public prêterait-il attention au roman d'une psychiatre prenant des notes en silence, et dont les personnages donnent libre cours à leurs pensées sur le divan ?

Pour le moment, Virginia Woolf est bien obligée de continuer à gagner sa vie en rédigeant des critiques, une tâche qu'elle accomplit – quand elle est en forme – avec une extrême efficacité. Un ami la met en relation avec la rédaction de la prestigieuse revue *Athenaeum*. À sa première visite, elle prend le thé avec la rédactrice chargée de la littérature, Mary Agnes

1. Cité en français dans Floris Delattre, *Le Roman psychologique de Virginia Woolf*, Paris, Vrin, p. 119.

Hamilton, qui la prie de l'appeler « Molly ». Virginia Woolf ne se sent pas très attirée par cette dame énergique, « malgré la faculté qu'elle a de penser comme un homme, une intelligence solide qui fonctionne bien et une vie indépendante et digne ». Pendant son entretien avec la rédactrice, dont la table est jonchée de manuscrits et dont le bureau bruit des potins du monde littéraire, Virginia Woolf est interrogée sur ses projets d'écriture, ce qui lui donne l'occasion de se sentir « un peu une professionnelle ».

En mars, elle met la dernière main au manuscrit de son roman *Nuit et jour* auquel elle travaille depuis 1916 – d'« assommantes corrections de détail » – avant de l'envoyer à la maison d'édition de Gerald Duckworth. Pendant ce temps, le printemps est arrivé. « Il me faut noter que si le ciel est noir comme une eau dans laquelle on s'est lavé les mains, un oiseau n'en pousse pas moins longuement sa romance à la fenêtre. Pendant notre promenade aujourd'hui, nous sommes passés près d'amandiers en fleur. Les jonquilles sont sur le point de s'ouvrir. » Elle est en proie à une terrible tension intérieure pendant les mois précédant la sortie de son livre, centré sur deux couples en même temps que sur le mutisme et la sclérose de la société anglaise d'avant-guerre. Leonard consacre deux après-midi et deux soirées à lire le manuscrit d'une traite, pendant qu'elle tourne, inquiète, autour de lui, l'observant anxieusement en quête d'éventuels signes d'approbation ou de mécontentement. Lorsque, sa lecture achevée, il lui fait part de ses éloges, elle éprouve un immense soulagement et se prend à espérer que ce livre possède quelques qualités et pourra remporter un certain succès. Peut-être se distinguera-t-il même favorablement de la production littéraire moyenne de son temps. Elle préfère cependant réfréner son optimisme : « Il est certain que je ne m'attends même pas à une seconde édition. »

Dans sa conversation avec Leonard, elle défend la profonde mélancolie qu'il reproche à son ouvrage : « Si l'on veut parler des individus sur un plan général et dire ce que l'on pense, comment éviter la mélancolie ? Non que je sois désabusée, mais le spectacle qui s'offre est étrange au plus haut point ; et comme les réponses toutes faites ne servent de rien, il faut bien tâtonner à la recherche d'autres. Le procédé qui consiste à rejeter ce qui est vieux alors qu'on ne sait trop que mettre à la place est lamentable. »

Virginia Woolf estime qu'on a grand tort, quand on écrit, d'être « tellement tributaire des éloges ». Elle reconnaît pourtant : « Sans encouragement, je trouve difficile de me mettre à écrire le matin. » Elle aurait tant voulu être capable de s'affranchir des hauts et des bas du succès, cesser de soupeser les compliments avec suspicion, de s'interroger sur la valeur de ceux qui les prononcent et sur leurs éventuelles intentions cachées, et ne plus essayer de sonder la signification d'un silence. Que ne peut-elle se concentrer sur « l'essentiel », le plaisir que lui procure son art !

À la Pentecôte de 1919, rentrant d'une excursion printanière à Asham, Virginia et Leonard Woolf trouvent une énorme pile de courrier sur la table de l'entrée. Surpris, le couple entreprend de décacheter une enveloppe après l'autre. Elles contiennent toutes des commandes d'exemplaires des *Jardins de Kew*, le récit de Virginia. Ces commandes sont si nombreuses qu'elles recouvrent bientôt le canapé et qu'ils sont obligés de se ménager des pauses pendant qu'ils épluchent ces missives. Un compte rendu dithyrambique dans le supplément littéraire du *Times* a provoqué une vague d'intérêt du public. La soirée des Woolf commence dans une joyeuse excitation et s'achève par une querelle, car ils sont « l'un et l'autre énervés, traversés de courants contraires ». Leonard semble presque jaloux, alors que Virginia, qui, dix jours plus tôt encore, envisageait « stoïquement un échec total », est d'excellente humeur et voudrait savourer pleinement ce succès inespéré. Ce n'est pas facile quand on se dispute avec son conjoint et qu'on doit de surcroît préparer à la main l'envoi de quatre-vingt-dix exemplaires des *Jardins de Kew*, ce qui nécessite de « couper les couvertures, d'en imprimer les tables, d'en encoller les dos et enfin de procéder à l'expédition ».

Et pourtant, « quel déferlement de succès durant toutes ces journées ! ». Si seulement ce sentiment divin pouvait durer ! Quel dommage qu'on ne puisse pas le déguster plus fréquemment, plus régulièrement, de façon mieux dosée, par « petites gorgées », car « le nerf du plaisir s'engourdit facilement » et elle craint que ses amis ne « déflorent » cette gloire. La publication de son roman lui permettra-t-elle de savourer une nouvelle gorgée de la boisson exaltante du succès ou la conduira-t-elle à boire au gobelet amer du mépris ?

En mars 1919, Terence MacSwiney sort de sa prison anglaise. Il n'a pas encore purgé l'intégralité de sa peine, mais les autorités se sont montrées compréhensives car Muriel, sa femme, est atteinte de la grippe et se trouve dans un état critique. L'indépendantiste irlandais regagne alors sa ville natale de Cork. En son absence, il est devenu un héros, en tout cas auprès des milieux de la résistance irlandaise à l'Empire et aux yeux des membres du Parlement irlandais récemment élu, le Dáil Éireann.

Peu après son retour, MacSwiney se rend à Dublin, où, le 1er avril 1919, il siège pour la première fois au Dáil dont il est député. Les mesures de sécurité sont absolument draconiennes, car le gouvernement britannique ne reconnaît toujours pas cette assemblée. Cela n'empêche pas les partisans de l'indépendance de sentir que la réalisation de leur rêve de création d'un État irlandais autonome est plus proche que jamais.

Terence MacSwiney participe activement aux débats du Parlement irlandais, mais il s'intéresse surtout aux affaires financières de la République d'Irlande encore purement imaginaire. Son « ministre des Finances » s'appelle Michael Collins, et ils préparent ensemble une immense opération de levée de fonds destinée à remplir les caisses du futur État. Ils ne veulent pas seulement toucher l'Irlande, mais aussi l'Amérique du Nord, où de nombreux Irlandais ont émigré depuis le XIXe siècle. Dans sa circonscription de Cork, MacSwiney organise sa campagne de collecte avec autant de rigueur que de prudence. Il est le seul avec quelques proches compagnons de lutte à connaître les responsables des cinq principales circonscriptions de la région, qui n'entretiennent aucune relation entre eux. Tout est organisé, jusqu'au plus petit échelon local, pour qu'il soit très difficile à la police de frapper la totalité du réseau d'un coup. À Dublin, une brochure est imprimée pour expliquer aux donateurs potentiels les tâches d'intérêt général auxquelles ces sommes doivent être affectées : créer des institutions étatiques, mettre fin à l'émigration destructrice grâce à l'acquisition de terrains et à la création d'emplois, exploiter les forêts irlandaises, relancer l'industrie et la pêche hauturière, autant d'entreprises propres à renforcer l'Irlande moralement et matériellement. Ce n'est qu'après avoir préparé le terrain par de tels arguments que les députés font du porte-à-porte pour collecter argent et objets précieux.

La police est sur les talons des conjurés. Elle s'approche de plus en plus dangereusement de MacSwiney et de ses camarades. Il subit plusieurs contrôles d'identité, mais est assez prudent pour ne pas porter de documents compromettants sur lui. Dans la seconde moitié de 1919, les MacSwiney emménagent dans une nouvelle maison. Leur joie est pourtant de courte durée. « L'attention de “vieux amis” était tellement étouffante, écrit-il à un camarade, qu'avant même Noël, nous avons dû évacuer les lieux à nouveau. Ces “amis” sont devenus si fidèles que certains m'ont suivi jusqu'à notre ancienne maison et n'ont cessé de m'inviter à prendre des “vacances” de l'autre côté de l'eau. Franchement, j'ai déjà consacré trop de temps à ce genre de vacances au cours des cinq dernières années ; cette fois, j'ai malheureusement dû refuser. »

Au début de 1920 et pour la seule circonscription de MacSwiney, l'opération de collecte de fonds a rapporté, malgré bien des difficultés, plus de 5 000 livres en billets et en or qui peuvent être expédiées à Dublin. L'ensemble de cette campagne connaît un tel succès que le « ministre des Finances », Michael Collins, envisage de mettre en place secrètement un système d'impôt irlandais sur le revenu. Les contours d'une nouvelle communauté irlandaise commencent ainsi à se dessiner – en même temps que les fronts d'une lutte impitoyable qui connaîtra bientôt un sommet sanglant.

Le *hartâl*, autrement dit la grève générale à laquelle Gandhi a appelé les Indiens, débute le 30 mars 1919. Dans un premier temps, le mouvement paralyse Delhi une journée. Hindous et musulmans ne vont pas travailler et se rassemblent au centre de la ville pour former un long cortège. « C'était plus que les autorités n'en pouvaient supporter. La police arrêta la procession du *hartâl* alors qu'elle se dirigeait vers la gare du chemin de fer et ouvrit le feu. Il y eut un certain nombre de victimes. Ce fut le signal de la répression à Delhi. » La même situation se reproduit à Lahore quelques jours plus tard, ainsi que, sur une échelle nettement plus impressionnante, à Amritsar, dans le Pendjab.

Face à cette mobilisation croissante, les autorités britanniques se convainquent qu'il faut faire un exemple. Le 13 avril 1919, une immense foule s'est rassemblée pour manifester sur le Jallianwala Bagh, une place d'Amritsar. Aux premiers signes d'agitation, le commandant britannique Reginald Deyer ordonne à sa troupe de tirer sur la foule. La place étant entourée de murs, les manifestants ne peuvent pas s'échapper et quatre cents d'entre eux meurent sous une grêle de balles.

Quelques jours plus tôt, à Bombay, Gandhi est personnellement témoin de l'aggravation de la situation. Le 6 avril, une foule importante se réunit pour prendre un bain de mer avant de former un cortège et de défiler jusqu'à la place centrale, le Madhav Bagh. Gandhi prononce un discours dans une mosquée voisine. Dans le cadre de la campagne de désobéissance civile, deux de ses livres ont été imprimés et sont mis en vente malgré la censure du gouvernement colonial. Gandhi lui-même se promène le soir dans les rues de Bombay pour écouler les ouvrages interdits. De nombreux passants lui donnent plus que le prix demandé et, l'espace d'un instant, les acheteurs oublient leur crainte de la prison. Les autorités s'abstiennent de toute intervention. Mais le lendemain soir, les rumeurs d'une arrestation imminente parviennent aux oreilles de Gandhi. Il est en route pour Delhi et Amritsar quand on lui communique l'interdiction de franchir la frontière du Pendjab. À la gare suivante, il est appréhendé par la police et reconduit à Bombay par des voies détournées. À son arrivée, il constate qu'une foule immense s'est massée au sud de la ville. Quand on le reconnaît, des cris de joie s'élèvent. Une procession se forme, mais une rangée de policiers à cheval l'arrête. Les cavaliers chargent. Gandhi échappe de justesse aux lances que brandissent les gardiens de l'ordre, tandis que la foule est prise de panique. « Il y [a] de[s] piétinés ; d'autres [sont] mutilés, écrasés », mais les cavaliers continuent à disperser brutalement la masse compacte d'êtres humains. On a pu croire un moment que le rêve d'un mouvement pacifique contre la domination coloniale allait devenir réalité, mais il tourne rapidement au cauchemar. Une révolution sans violence ni sang est-elle possible ?

L'idée que se fait George Grosz d'une soirée amusante semble inspirée par un fantasme masculin plutôt conventionnel pour un artiste d'avant-garde, ou par un rêve érotique. Sa réussite matérielle est assurée par son ami photographe Erwin Blumenfeld, qui a soustrait soixante bouteilles de vin de la cave parentale. Grosz dessine une affiche sur laquelle il écrit : « Les jeunes dames bien faites de la société ayant des talents d'actrices sont priées de bien vouloir se présenter à la fête de l'atelier du peintre Grosz, à 8 heures du soir. Tenue de soirée ! 4 Olivaerplatz. » Grosz et Blumenfeld se pavanent en hommes-sandwiches sur le Kurfürstendamm avec cette affiche.

L'opération remporte un grand succès. Le soir, les onze invités de sexe masculin, tous amis de Grosz, voient arriver plus de cinquante jeunes femmes très excitées – qui espèrent toutes faire leurs débuts dans l'industrie cinématographique. La cohue est telle qu'il faut rapidement fermer l'accès aux locaux de l'atelier. Pour lancer la soirée, Grosz donne ce mot d'ordre : tous les invités doivent se déshabiller. Les hommes se retranchent dans la cuisine de l'atelier et décident de garder leurs vêtements. Lorsqu'ils rouvrent la porte, les futures vedettes du grand écran sont déjà dénudées et l'« orgie » commence : « Tout le monde s'est saoulé, les bouteilles volaient jusque dans la rue par la vitre de la fenêtre de l'atelier. Éclats de verre, cris, vacarme. Pendant que tous marquaient la cadence en riant, Grosz s'est chopé une chaude-pisse avec Mascha Beethoven sur un canapé au milieu de l'atelier », écrivit plus tard Blumenfeld. Deux jours après la fête, Blumenfeld se réveille dans la baignoire de Grosz, gelé et dépouillé de son costume bleu que quelqu'un a dû lui faucher.

« C'étaient des années folles » : voilà comment George Grosz résume l'après-guerre à Berlin. La fin du conflit semble avoir fait tomber toutes les barrières dans la capitale. « Une vague de vice, de pornographie et de prostitution balayait le pays. "*Je m'en fous*[1], disait l'un, je veux enfin recommencer à m'amuser." » Mais en réalité, cette période est « fatiguée et abattue ». La gaieté de l'écume multicolore de la vie nocturne et de l'activité artistique est purement superficielle ; les courants profonds s'appellent faim, destruction et violence. Grosz est assez sensible pour enregistrer l'agressivité ouverte de ses contemporains. Pendant que les premiers saxophones et banjos font leur apparition dans les boîtes de nuit berlinoises, pendant que les corps se trémoussent avec sensualité aux rythmes du « shimmy », la tension croît entre des pôles politiques de plus en plus radicaux : « Un groupe en chemises blanches défilait dehors en chantant à l'unisson : "*Deutschland erwache ! Juda verrecke !*" ["Allemagne, réveille-toi ! Juif, crève !"] Il était suivi d'un autre groupe, dont les membres défilaient eux aussi quatre par quatre et scandaient en chœur : "Vive Moscou ! Vive Moscou !" Après quoi, on en ramassait toujours quelques-uns la tête cabossée, le tibia en morceaux ou, à l'occasion, une balle dans le ventre. »

Agression et violence ont toujours été la matière première de l'art de Grosz et les circonstances lui permettent de constater que, sur ce point, la République ne marque pas un nouveau départ. Devant la défaite, la révolution, l'insatisfaction et l'effervescence générale, il organise avec d'autres artistes des « meetings » dans des bistrots et de petits théâtres. Les spectateurs payent quelques marks pour s'entendre « dire la vérité » par les interprètes. En général, cette « vérité » consiste en

1. En français dans le texte (*N.d.T.*).

tirades insultantes à leur adresse : « Vous, le vieux tas de merde tout devant – oui, vous, avec le parapluie, espèce d'âne », ou bien : « Il n'y a pas de quoi rigoler, espèce d'imbécile… » Les spectateurs sont morts de rire d'entendre ainsi briser les tabous, tandis que sur scène, les acteurs s'en donnent à cœur joie. Le tohu-bohu est à son comble quand certains d'entre eux sont ivres. « Nous étions le nihilisme complet, pur, et notre symbole était le néant, le vide, le trou. […] Nous méprisions purement et simplement tout, rien n'était sacré pour nous, nous crachions sur tout, et c'était Dada. »

La forme des représentations dada peut se décliner à l'infini, comme en témoigne la « course entre 6 machines à écrire et 6 machines à coudre, conjuguée à un tournoi d'insultes » qui s'achève en pugilat. Quant au sens précis de Dada, la question fait l'objet d'un débat animé parmi les membres du mouvement. Les hauts responsables de ce nouveau courant artistique portent des titres ronflants comme « Dada suprême », « Dada de propagande » ou « diplomate dada » et passent beaucoup de temps à résoudre la question fondamentale : Dada est-il « l'art (ou la philosophie) de la poubelle », comme pourraient le donner à penser les collages que Kurt Schwitters réalise avec des détritus et des réclames ? Le « Dadacon » lui-même, qui constitue en quelque sorte la bible du mouvement et rassemble des coupures de presse collées sur des feuillets, est impuissant à livrer des réponses convaincantes. Peu après le soulèvement spartakiste, un périodique censé devenir l'organe central du dadaïsme berlinois est créé sous le titre *Jederman sein eigener Fussball* (« Tout le monde son propre football »). Le premier numéro contient le poème de Walter Mehring *Der Coitus im Dreimädelhaus* (« Le Coït dans la maison des trois filles »), dont le point culminant est une parodie du chant nationaliste *Die Wacht am Rhein* :

Un cri retentit comme un coup de tonnerre
Comme un cliquetis d'épées, comme des vagues qui déferlent :
Une femme allemande, une beuverie allemande,
Hardi, les gars, quelques bons coups de reins !

Ce texte vaut un procès au poète et, à peine fondée, la revue est interdite après son premier numéro.

Marcel Duchamp, qui a regagné Paris à l'été 1919 après un séjour de plusieurs années à New York, enrichit le mouvement dada international de ses *ready-mades*. Il fabrique des sculptures à partir d'objets trouvés : un porte-bouteilles, une fourche de vélo, une cuvette de cabinet. À Paris, à l'occasion du quatrième centenaire de la mort de Léonard de Vinci, il s'en prend à la reproduction d'une des plus importantes icônes artistiques : *La Joconde*. Il affuble la dame au sourire énigmatique d'une moustache et d'une barbiche. Cet acte de pseudo-vandalisme ne se contente pas de se moquer du canon artistique et de ses saints, mais crée une ambiguïté visuelle entre masculin et féminin. Dans la même intention, il adopte le nom d'artiste de Rrose Sélavy, jeu de mots avec « L'éros c'est la vie », et se représente lui-même en femme. Quant à sa Joconde barbue, il lui donne le titre impertinent de *L.H.O.O.Q.*

Cependant, le dadaïsme ne s'attache pas seulement à bafouer les traditions et les dogmes, il ne s'agit pas exclusivement d'un défi à la bienséance, aux bonnes mœurs et à la morale. Les dadaïstes parodient également les formes des mouvements révolutionnaires de leur époque ; en même temps, leur impudeur recèle une impulsion libératrice. De quoi ils veulent se libérer, les dadaïstes ne le savent que trop bien. Mais quelle liberté ils recherchent, voilà qui est plus difficile à définir. S'agit-il de la liberté de l'expression artistique ? De celle des pulsions et des aspects anarchistes de la nature humaine ? Il aurait été bien difficile d'édifier une nouvelle société sur de tels piliers, mais la simple reconquête de soi et du plaisir après toutes ces années de soumission de l'individu sous la férule de la guerre constitue un objectif digne de ce nom aux yeux des dadaïstes.

Peter aurait fêté son anniversaire le 6 février. Ce jour-là, le fils de Käthe Kollwitz aurait eu 23 ans. Son souvenir s'est déjà imposé la nuit précédente dans les rêves de sa mère. Käthe Kollwitz reprend des feuillets dessinés pendant la guerre pour en faire des lithographies. L'une d'elles représente l'artiste elle-même, tenant ses enfants dans ses bras. La mère enlace Hans et Peter d'un geste protecteur. Le dessin est simple, presque pauvre, et d'une grande gravité. Il n'y a pas trace ici de l'attitude railleuse de Dada. Pendant que Käthe Kollwitz travaille, des violences éclatent à nouveau en ville ; à nouveau, des fils et des pères meurent.

Après avoir été démobilisé à Wilhelmshaven, Richard Stumpf a regagné sa ville natale de Nuremberg. Mais la précarité économique de l'après-guerre empêche l'ancien matelot de reprendre son métier de plombier, ou de trouver un autre emploi. Après avoir passé six années sous les drapeaux, il rejoint ainsi l'armée de plus en plus nombreuse des chômeurs. Le 7 avril 1919, lorsqu'une république des soviets est proclamée à Munich, Richard Stumpf considère qu'il est de son devoir de s'y opposer. Les expériences de la révolution allemande, qui l'a privé de sa gloire de soldat, ont été trop ambivalentes pour lui. Le nouveau régime a trop peu à offrir à un homme comme lui, qui s'est pourtant sacrifié pour la patrie.

Stumpf intègre alors un groupe de corps francs qui marchent sur Munich pour combattre la république des soviets. Dès les premiers jours de mai 1919, les défenseurs de celle-ci succombent sous les coups de l'armée du Reich et des corps francs qui affluent de toute l'Allemagne. Stumpf voit de ses propres yeux avec quelle brutalité la contre-révolution victorieuse écrase les spartakistes réels ou présumés.

Le 6 mai, des membres du Gesellenverein Saint-Joseph, une association ouvrière catholique, sont arrêtés par une patrouille dans leur local du quartier munichois de Maxvorstadt. Quelqu'un les a dénoncés comme spartakistes. Les ouvriers doivent rester dans la rue. Ils clament leur innocence. Mais le capitaine von Alt-Stutterheim leur reproche d'avoir enfreint l'interdiction de réunion. Sept des prisonniers sont fusillés dans une arrière-cour, sans procès. Les autres sont conduits dans une cave où ils sont si violemment maltraités par des soldats ivres que l'on déplore quatorze autres morts. Leurs cadavres sont pillés et dévêtus. Deux soldats soûls exécutent une danse de la victoire autour des corps défigurés. Après les événements de cette journée, Stumpf démissionne du corps franc.

Dans la deuxième semaine de mai 1919, Alma Mahler gagne Berlin avec sa fille Manon pour rendre visite à son époux, Walter Gropius. C'est une visite d'adieu, bien que les conjoints l'ignorent. La traversée de la Tchécoslovaquie, indépendante depuis peu, est à elle seule une épreuve. À peine la mère et la fille sont-elles arrivées à Berlin qu'elles apprennent une terrible nouvelle. Martin, le fils qu'Alma a eu en août 1918 de sa liaison avec Franz Werfel, est mort dans un hôpital de Vienne. Né hydrocéphale, il était hospitalisé depuis février. On savait sa mort inévitable ; mais des trois parents du bébé de 9 mois, aucun n'a assisté à ses dernières heures. C'est Gropius qui annonce la triste nouvelle à Alma, ajoutant tout bas qu'il aurait préféré mourir lui-même. Le chagrin et la compassion des adultes pour l'enfant malade restent pourtant limités, même si Franz Werfel se reproche d'avoir provoqué la naissance prématurée de Martin par des ébats excessivement passionnés.

Les Gropius sont alors réclamés à Weimar, où Walter a pris depuis peu la direction du Bauhaus, une nouvelle école nationale d'architecture, de design et d'art qu'il a fondée. Des obligations mondaines attendent le couple. Cette interminable série de réceptions leur révèle néanmoins la distance qui les sépare désormais. Alma n'éprouve aucun intérêt pour le Bauhaus et ses étudiants pauvrement vêtus, radicaux tant politiquement qu'artistiquement. Les rêves révolutionnaires d'un monde nouveau que doit faire naître l'architecture du Bauhaus lui paraissent suspects – comme tout ce qui est révolutionnaire.

La chaleur de leurs premières rencontres s'est depuis longtemps évanouie. « Pourquoi ce mariage avec Walter Gropius n'a-t-il pas marché ? C'est un bel homme, un artiste très doué, de ma race, du même sang que moi [...]. Et il m'avait tellement plu... j'étais amoureuse de lui... je l'ai beaucoup aimé. » Est-ce vraiment, comme le soupçonne Alma, le manque d'intelligence musicale de Walter qui se dresse entre elle et lui, ou est-ce son manque de passion à elle pour l'architecture ? Ou encore la guerre, cette longue séparation, qui a empêché une véritable fusion entre eux ?

Dans une lettre à laquelle il joint les documents de divorce, Walter Gropius propose une autre explication. Songeant à Werfel, il écrit à Alma : « Ta nature superbe a été dégradée par l'esprit juif. Un jour, tu reviendras à ton origine aryenne et tu me comprendras, tu me chercheras dans ton souvenir. Aujourd'hui, je te suis étranger parce que tu as été attirée par l'autre pôle du monde. » Il sait que cette réflexion touchera profondément Alma. N'a-t-elle pas elle-même, au début de leur liaison, parlé péjorativement de Werfel comme d'un « Juif aux jambes torses » ?

Après ces expériences et ces échanges de lettres, Alma Mahler hésite encore à accomplir les dernières étapes de la séparation ; elle cherche des compromis. Elle souffre de dépression, est déchirée par l'incertitude et tente même de convaincre Gropius d'accepter une solution qui lui permettrait de passer la moitié de l'année à Vienne avec Werfel et l'autre à Weimar auprès de lui. Mais Gropius ne veut pas en entendre parler : « La maladie de notre couple exige une opération. »

Cet état de suspens dure des mois, les mois mêmes au cours desquels Gropius pose les premières pierres du Bauhaus. En avril 1919, il a reçu la nouvelle tant attendue lui annonçant que l'État approuve la transformation de l'ancienne École supérieure des beaux-arts du grand-duché de Saxe ainsi que de l'École des arts appliqués en un établissement d'enseignement d'un genre nouveau. Il s'agit à présent de recruter dans les plus brefs délais des professeurs de tout premier ordre pour donner des cours aux premiers étudiants. Le cursus d'études repose sur le principe que « les différents "arts" sortent de l'isolement où chacun se trouve et entretiennent à nouveau des rapports étroits sous les ailes d'un grand art de construire ». Tous les étudiants doivent donc commencer par apprendre un métier manuel pendant trois ans dans les ateliers du Bauhaus avant de s'engager dans des études universitaires, d'architecture par exemple. Gropius est dans son élément : il s'agit de conjuguer harmonieusement théorie et pratique artistique, formation des jeunes et visions d'une société meilleure. Mais l'ancrage du Bauhaus dans le contexte de Weimar se heurte également à bien des complications politiques.

À cette époque, Alma Mahler est toujours ballottée entre ses deux amours. Werfel, qui cherche à la convaincre de divorcer, conserve sa préférence. Pour lui comme pour tous les hommes de sa vie, elle est surtout et avant tout une muse. Elle cherche à tout faire pour favoriser sa création artistique. À cette fin, elle ne ménage pas sa peine pour détourner son amant de son penchant pour la masturbation. Elle est convaincue que cette habitude ne lui fait pas seulement gaspiller son énergie virile, mais aussi son énergie artistique, tout en mettant sa santé en péril. En revanche, qu'après les expériences de la guerre Werfel soit excité par des infirmes ne l'inquiète pas. « Plus un homme est important, plus sa sexualité est malade », constate-t-elle pragmatiquement. Les idées de Werfel sont apparemment contagieuses car, après un rêve érotique intense, Alma se demande si elle ne devrait pas trouver « une personne unijambiste » pour permettre à son amant de réaliser ses fantasmes. La guerre a ainsi fait irruption jusque dans la vie intime des Mahler-Werfel.

Pourtant, Alma Mahler n'a pas envie de se séparer définitivement de Gropius. De plus, d'anciens amants font leur réapparition. C'est le cas par exemple d'Oskar Kokoschka, avec qui Alma a entretenu autrefois une liaison tumultueuse. Il lui fait savoir par un intermédiaire qu'il n'a pas de désir plus ardent que de renouer avec elle. Elle réagit avec agacement, mais n'en est pas moins tentée intérieurement. « Depuis que j'ai eu des nouvelles d'O.K., je suis pleine de désir pour lui, j'aimerais que tous les obstacles qui en définitive ne résident qu'en moi soient levés pour pouvoir vivre avec lui jusqu'à la fin. » En même temps, elle sait que si elle renouait avec lui, leur passion réciproque ne tarderait pas à se consumer. Par ailleurs, les rumeurs selon lesquelles Kokoschka est en train de perdre la raison se multiplient. Son adoration pour Alma, le désir de bénéficier à nouveau de ses attentions maternelles et sensuelles, source d'une telle inspiration, sont si profonds qu'il fait confectionner une poupée grandeur nature à son image. Bien qu'un peu déçu par le résultat, il installe un moment son Alma de chiffon sur son canapé. Il lui enfile une toilette coûteuse et des dessous parisiens et s'entretient avec elle pendant des heures. Mais avec le temps, il ne peut que constater, désespéré, que cette poupée est incapable de remplacer sa maîtresse en chair et en os et il cherche à s'affranchir de cette passion. Au point culminant d'une fête donnée dans son jardin, ivre, il tranche la tête de sa poupée. Le lendemain matin, la police sonne à la porte de Kokoschka pour lui demander des explications sur le « cadavre » qui se trouve dans son jardin. Finalement, c'est le service d'enlèvement des ordures qui le débarrasse des vestiges de son Alma de chiffon.

Le compositeur Arnold Schönberg est depuis longtemps l'ami d'Alma Mahler, à qui il rend régulièrement visite. Un jour, il vient la voir en compagnie de sa femme, de sa fille et de quelques élèves qui lui jouent des morceaux au piano. Alma Mahler a honte de son aisance face à la pauvreté manifeste des artistes. Elle offre à la fille de Schönberg un bracelet de platine orné de brillants tout en souhaitant pouvoir lui donner « plus encore, bien plus ! ».

Exaspéré par la guerre, Arnold Schönberg avait regagné son appartement viennois du 43 Gloriettegasse dès le mois de janvier 1917. Il avait pourtant accueilli en août 1914 le déclenchement de la guerre comme un événement « splendide et grandiose ». Lors de la mobilisation, il avait éprouvé le désir de « se mettre en rang et de livrer de vraies batailles avec des milliers d'autres ». Aussi s'était-il engagé comme volontaire dans l'armée royale et impériale d'Autriche-Hongrie et présenté à l'appel, heureux de laisser derrière lui les « injures du public », les sifflets stridents, les critiques blessantes et les réflexions malveillantes sur son art. De fait, un collègue artiste malintentionné avait qualifié ses tentatives picturales révolutionnaires de « petits pains aux yeux verts et au regard astral ».

Toutefois, l'impatience du compositeur à l'idée de troquer les harmonies orchestrales contre le fracas des armes fut de courte durée. Alors qu'il avait demandé à être immédiatement élevé au rang d'officier en raison de ses remarquables productions artistiques, sa requête fut rejetée. Au moment de la distribution des uniformes, la nouvelle recrue sentit des larmes de colère lui monter aux yeux quand le fourrier lui remit un képi sale, encore taché du sang de son précédent propriétaire. De surcroît, son asthme, aggravé par une consommation immodérée de tabac et d'alcool, et son âge déjà avancé le rendaient inapte à toute affectation de prestige. Au lieu d'exploits glorieux, on ne lui proposa qu'un séjour abrutissant dans une école d'officiers de réserve à Bruck an der Leitha : « À 42 ans, être apprenti dans l'armée [...] et recevoir les ordres d'imbéciles », telle n'est pas l'image qu'il s'était faite de la vie militaire. Schönberg, qui se tenait pour « supérieur au peuple en tant qu'artiste », se retrouvait à l'échelon inférieur de la chaîne de commandement. Pleins de bonnes intentions, ses supérieurs l'occupaient en lui faisant instrumenter des marches pour la fanfare.

À peine de retour chez lui, Schönberg est repris par la fièvre créatrice touchant toutes les sphères de l'art et de la vie qui a toujours caractérisé son existence. Son épouse, Mathilde, le voit disparaître dans son bureau, où il couche sur le papier un essai exposant son idée pour une « paix éternelle », rien de moins. Trois années de guerre l'ont en effet persuadé que les hommes sont « effroyablement mauvais » mais qu'en une semaine, un petit groupe « de nos pairs », autrement dit les hommes instruits et sensés, pourrait conclure la paix à laquelle les gouvernements et les diplomates du monde entier ont été incapables de parvenir en dépit du message sensationnel de Woodrow Wilson, président des États-Unis. Schönberg est fermement convaincu que « la volonté énergique de la majorité des hommes » est d'« éviter désormais la guerre ». S'écartant nettement de son champ de compétences musicales, il défend l'idée d'un tribunal d'arbitrage international dont une « armée de gardiens » multinationale doit assurer l'efficacité. Ces propositions anticipent certains éléments fondamentaux des Nations unies, mais ses contemporains y restent sourds.

La situation qui règne dans sa patrie malmenée met à rude épreuve les nerfs déjà à vif du compositeur. Malgré des problèmes financiers constants, il travaille au cours des années précédant et suivant 1918 à la composition du texte et de la musique d'une pièce qui reflète comme peu d'autres œuvres contemporaines la perception et les aspirations des années de guerre et d'après-guerre. L'oratorio *L'Échelle de Jacob* s'ouvre sur un ostinato lancinant au violoncelle. Les cordes interviennent de façon dynamique, presque violente, indifférentes aux dissonances douloureuses des cuivres et des bois. La tension des premières mesures est dissipée par la claire voix de ténor de l'archange Gabriel : « Que ce soit vers la droite, que ce soit vers la gauche, vers l'avant ou vers l'arrière, vers le haut ou vers le bas, il faut avancer sans se demander ce qui est devant ou derrière vous. » Ces paroles reflètent les expériences de l'armée en guerre, la nécessité de tenir bon en des heures sombres. Mais ce passage se conclut à l'imparfait (« Cela doit rester caché : vous aviez le droit, vous aviez le devoir de l'oublier afin de pouvoir accomplir la tâche »), révélant que la marche inexorable vers le progrès appartient au passé. Comme dans la Bible, l'ange de Schönberg est le médiateur entre terre et ciel. Il renvoie à des sphères supérieures, à un monde meilleur, auquel les barreaux de l'échelle permettent d'accéder. Cette image d'espoir, de promesse, de rédemption même, exprime le désir de voir se dissoudre la souffrance terrestre dans la grâce divine. « Je veux écrire, avait affirmé Schönberg dès 1912, un oratorio dont le sujet serait : comment l'homme d'aujourd'hui qui est passé par le matérialisme, le socialisme, l'anarchie, qui a été athée, mais qui garde cependant un reste de foi (sous forme de superstition), comment cet homme moderne lutte avec Dieu [...] et réussit finalement à trouver Dieu et la religion. Apprendre à prier ! »

Dans sa chambre viennoise dont le loyer est payé par ses mécènes, Arnold Schönberg a trouvé la foi, unique remède selon lui à la « subversion de tout ce à quoi on a cru précédemment ». *L'Échelle de Jacob* met en musique à la fois l'effondrement et l'espoir de rénovation des anciennes structures de sens. Cette composition dissimule en outre les premiers pas hésitants vers un nouveau mode de compréhension musicale, mathématico-abstrait : la technique dodécaphonique. Dans sa substance, elle ne se réfère pas aux promesses de salut des grandes idéologies, mais à Dieu.

Alvin C. York tombe à genoux en mai 1919 en revoyant la petite chaumière au pied de ses montagnes, à Pall Mall. S'écartant quelques instants du tohu-bohu de sa famille et de ses voisins pour se réfugier dans un coin discret à l'abri des regards, il remercie Dieu de lui avoir permis de rentrer chez lui. Il a placé une main tutélaire au-dessus de lui tout au long de cette guerre, Il l'a protégé de tous les maux. Alvin n'a pas besoin de s'adresser verbalement à son Créateur pour exprimer sa gratitude. Les sentiments qui lui emplissent le cœur suffisent.

Lorsqu'il regagne sa chaumière, ses chiens de chasse se précipitent vers lui. Ils l'encerclent en bondissant, aboient et battent de la queue comme des fous. Ils sont tellement excités de le revoir que c'est tout juste s'ils ne le font pas tomber. York s'accroupit pour se mettre à leur niveau, il leur caresse la tête pendant qu'ils lui lèchent les mains. Bientôt, il parcourra à nouveau avec eux les bois du Tennessee qui n'ont pas changé en son absence. Les sangliers continuent de remuer le sol de la forêt à la recherche de glands, les cloches des vaches carillonnent, les troènes fleurissent comme à chaque printemps. En revanche, le regard de York a changé. En effet, si ici tout est demeuré intact, il est devenu un autre. Il a vu le monde, il a affronté la mort. Son existence d'autrefois lui paraît infiniment lointaine, comme si elle appartenait à une autre époque. York est agité, des rêves, des images floues le tourmentent. Ce qu'il a vécu au cours des derniers mois doit avoir un sens ; ces expériences ne peuvent pas avoir été vaines. Il s'assied à flanc de coteau et rumine, se demandant ce qu'il a envie de faire de sa vie maintenant qu'il a survécu à la guerre.

Après le grand défilé des Harlem Hellfighters, Arthur Little piaffe d'impatience sous son uniforme. Pourquoi faut-il plus de temps pour être libéré de l'armée que pour y être admis ? Toutes ces vérifications, tous ces rapports… Pour chaque homme, il faut établir une attestation et signer un ordre de démobilisation. Le tout accompagné d'une interminable série d'allocutions et de cérémonies.

Trois jours après le défilé, le soldat Henry Johnson regagne enfin le camp, lui aussi. Après sa traversée triomphale de Manhattan, il lui a fallu raconter encore et encore son histoire aux reporters enthousiastes. Le soir, quand son régiment est retourné au camp, Henry Johnson avait disparu. Maintenant qu'il est rentré, Little est chargé de sanctionner le déserteur. Interrogé, Johnson explique qu'il a été invité à sortir par un groupe de messieurs bien habillés qui se sont montrés généreux et l'ont emmené dans les boîtes de nuit et les restaurants de la Cinquième Avenue. La nourriture était délicieuse et les boissons de choix. Les messieurs lui ont fourré des billets de banque dans la poche. Après toutes ces festivités, Little était épuisé et avait dormi jusqu'à une heure avancée dans un lit d'hôtel moelleux. Comment aurait-il pu refuser une offre aussi aimable ? N'aurait-il pas enfreint les règles de civilité du régiment ? Pour prouver sa bonne foi, il montre à Little une liasse de dollars, plus de 600 au total. L'officier ferme les yeux et renvoie le déserteur dans son unité.

Quelques jours plus tard, alors que Little est assis à remplir des papiers à n'en plus finir, on frappe à sa porte. C'est encore Henry Johnson. Cette fois, il tient à la main son ordre de démobilisation. « Je rentre chez moi, lui annonce-t-il, je vais reprendre mon ancien métier. Je suis venu vous dire au revoir. » Little sait que le reste de la troupe est déjà dans le train à destination de New York. Johnson a donc fait faux bond à ses camarades pour revenir au camp, en parcourant sur ses pieds mutilés les quelques kilomètres qui le séparent de la gare. Quand Arthur Little le regarde dans les yeux, il a la gorge serrée. Par la fenêtre, il contemple le camp évacué, qui s'étend, désert, sous le soleil. En cet instant, il comprend clairement que Johnson, le porteur de la gare d'Albany, est en train de lui donner un cours de rattrapage de bonne camaraderie. Little se lève et s'approche de Johnson, toujours sur le seuil, au garde-à-vous. Il a les yeux humides et ses lèvres tremblent au moment de prendre congé. « Au revoir, Henry, ne m'oubliez pas. » « Vous oublier ? répond Johnson, comment le pourrais-je ? Vous avez fait de moi un homme. »

Harry S. Truman revoit sa chère Bess dans le Kansas. Il ne l'aperçoit d'abord que de loin, car un dernier défilé y attend le 129e régiment d'artillerie. Trois jours plus tard, le 6 mai 1919, les soldats sont enfin libérés officiellement.

Après leurs retrouvailles, Bess et Harry se disputent pour la première et dernière fois de leur vie. Ils doivent décider si, après leur mariage, ils iront s'installer chez la mère de Bess, qui considère le fiancé de sa fille comme un mauvais parti. Harry s'y oppose, mais Bess finit par l'emporter. Quelques semaines plus tard, l'heure si longtemps attendue sonne enfin pour les deux tourtereaux. Le 28 juin 1919, jour de la signature du traité de paix de Versailles, il fait si chaud dans le Kansas que les fleurs se flétrissent dans l'église. On célèbre les noces de Harry S. Truman avec Bess Wallace. Sur les photos de la cérémonie, Truman arbore une expression solennelle qui dissimule mal son immense bonheur.

Après le mariage, Harry S. Truman doit se projeter dans son avenir de civil. Il a monté un projet avec un compagnon d'armes, Edward Jacobson. Il vend des bêtes de sa ferme et souscrit un crédit. Les deux hommes ont en effet décidé d'ouvrir un magasin de confection masculine au centre de Kansas City. Commercialement, leur idée tient la route : tous ces hommes qui reviennent de la guerre vont devoir s'habiller de neuf. La boutique « Truman & Jacobson » occupera le rez-de-chaussée de l'hôtel Mühlebach, une bonne adresse. Les commerçants en herbe ont l'intention de vendre des vêtements de qualité : chemises, chaussettes, cravates, ceintures, sous-vêtements et chapeaux de bon goût. Le nouveau magasin est inauguré avant même la fin de l'année 1919. Son nom s'étale en lettres de couleur au-dessus de la porte d'entrée, le sol carrelé a été astiqué et de grands ventilateurs électriques tournoient au-dessus des étalages. La boutique ouvre le matin à 8 heures et ferme à 21 heures. Truman et son associé se partagent le temps de présence. Au début, leurs anciens camarades passent les voir. On pourrait presque croire qu'ils regrettent la guerre, ou du moins la tutelle de celui qui fut leur commandant et à qui ils ont offert, en guise de souvenir, une coupe gravée de son nom. Même après la guerre, la « Battery D » reste très présente dans la vie de Truman. Il se fait couper les cheveux par un ancien camarade qui lui avait déjà rendu ce service sous un arbre, non loin de Saint-Mihiel.

Tous les rêves de ce printemps 1919 ne se réalisent pas aussi facilement. Certains ne voient pas surgir sous leurs yeux les images d'un avenir meilleur, plus pacifique, mais de terribles cauchemars. C'est le cas de Soghomon Tehlirian, qui – déclarera-t-il en tout cas plus tard devant un tribunal – est incapable de chasser de son esprit des souvenirs insupportables : la longue colonne d'expulsés quittant sa ville natale d'Erzincan, dans l'est de l'Anatolie, les soldats turcs qui arrachent aux déportés leurs objets de valeur et emmènent leurs sœurs, les coups de feu, les cris, les mères qui tombent à terre, la cognée qui fend le crâne de son plus jeune frère, le coup sur la tête qui le laisse inconscient, son réveil sous le cadavre de son frère aîné. Quand ces images reprennent vie dans sa tête, son corps est agité de convulsions et il perd connaissance.

Tehlirian est arrivé en février 1919 depuis Tiflis à Constantinople dans l'espoir d'y retrouver des membres de sa famille. Dans la capitale de l'Empire ottoman démembré par la guerre, il passe des annonces dans plusieurs journaux pour informer amis et parents de sa présence. Soghomon Tehlirian est arménien, il fait partie des rescapés du génocide de cette population, dont plusieurs centaines de milliers de membres ont été victimes de la violence des soldats et des civils turcs. Les annonces de Tehlirian restent sans réponse. Tous ses proches ont-ils réellement péri dans les massacres de 1915 ?

V

Une paix trompeuse

> Le pays des rêves du temps de l'armistice,
> où chacun [...] pouvait imaginer l'avenir
> sous un jour fantastique,
> pessimiste ou héroïque, est fermé.
>
> Ernst Troeltsch, *Spectator-Briefe,* 26 juin 1919.

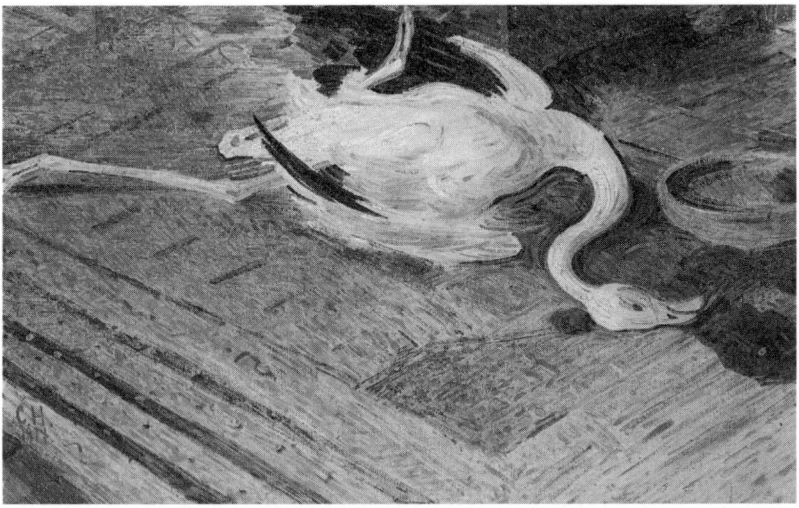

Curt Herrmann, *Flamant rose*, 1917

En avril 1919, Milan Štefánik rentre à Paris. Louise Weiss attend ce moment depuis si longtemps ! « Plus pâle qu'un mort », son amant entre dans son bureau, au siège de la revue, et se laisse tomber sur une chaise. Le récit des aventures qu'il a vécues au cours des derniers mois coule de sa bouche comme un torrent. Il a réussi à ramener de Sibérie une grande partie de ses hommes. En récompense de cet exploit, on lui a remis par moins 35 degrés la croix de la Légion d'honneur au cours d'une cérémonie durant laquelle le général français Maurice Janin a eu les oreilles gelées. Puis a commencé la traversée du Pacifique.

C'est à Kobé, au Japon, que Milan Štefánik a appris la signature de l'armistice. Son désir de regagner la France au plus vite n'en a été que plus vif. Il avait bien l'intention de jouer dans ses nouvelles fonctions un rôle brillant dans les négociations internationales de paix qui s'étaient ouvertes entre-temps à Paris et au château de Versailles. La question de la reconnaissance de l'indépendance tchèque était également à l'ordre du jour de ces discussions. Mais lorsque Štefánik atteint Paris, les pourparlers sont engagés depuis longtemps, d'autres hommes politiques – et notamment le nouveau Premier ministre tchèque, Karel Kramář, et le ministre des Affaires étrangères, Edvard Beneš – siègent à la table des puissants. Štefánik a beau chercher à convaincre le général Foch de lancer une opération pour secourir ses camarades encore en rade en Sibérie, personne ne l'écoute. Ce n'est pas ainsi que le général tchèque s'était imaginé son retour en Europe, après les efforts interminables et les dangers de cette dernière année ! Ici, à Paris, il est impuissant. À peine arrivé, il n'a plus qu'une idée en tête, rejoindre Prague dans les plus brefs délais pour y recevoir enfin un accueil digne du héros qu'il est. Le mieux serait, rêve Štefánik, de descendre littéralement du ciel dans sa patrie, et d'arriver à Prague en avion.

Ces récits et ces réflexions inspirent, jusque dans leur moindre détail, un intérêt brûlant à Louise Weiss. Elle n'a rien perdu de sa passion pour la cause tchécoslovaque ni pour l'homme qui l'incarne à ses yeux. Le moment est-il enfin venu où elle pourra lutter à ses côtés et l'aider à accomplir son rêve d'indépendance tchèque ? Quand Louise Weiss, qui rend visite à Milan dans son appartement de la rue Leclerc, oriente la conversation en opérant une prudente transition entre leurs projets d'avenir politique et leur avenir personnel, la mine de Milan s'assombrit et il la regarde fixement. Louise sent qu'il est sur le point de lui faire un aveu. Après une brève hésitation, il lui révèle l'accablante vérité : au mois d'avril 1918, à l'occasion du congrès des nations opprimées d'Autriche-Hongrie qui se tenait à Rome, il a fait la connaissance d'une jeune femme, la marquise italienne Giuliana Benzoni, dont il est tombé amoureux. Il l'a revue peu de temps après et ils se sont fiancés rapidement.

Louise n'en croit pas ses oreilles. « Et moi ? » demande-t-elle à celui qu'elle considère comme l'homme de sa vie. « Toi ?

[lui] répond-il en usant du tutoiement pour la première fois. Je voudrais que tu me dises que je suis libre. Je te dois beaucoup. [...] Trop ! Et puis, je ne serai jamais ton maître. » Muette de douleur, Louise reçoit les arguments insensibles de Milan comme autant de coups de poing : « Et puis, tu n'es pas innocente, innocente comme cette perle que je lui destine. » Il ouvre un écrin, et lui montre un bijou aux reflets mauves. Milan voit les larmes de Louise, mais ne trouve pas les mots pour la consoler. « Ton expérience est innée, étonnante, reprend-il. Tu te conduis comme un vieil homme d'État. [...] Tu réfléchis constamment. C'est une vierge que je veux présenter à mon peuple, une vierge de corps, mais surtout d'âme. D'âme ! Tu comprends. » Le silence s'appesantit. Louise sent que malgré tous ses talents elle n'a rien à mettre dans la balance pour lutter contre sa rivale. Elle n'essaie même pas : elle comprend que la jeune et belle aristocrate l'a emporté depuis longtemps et qu'elle contribuera, mieux qu'elle-même ne le pourrait jamais, à la légende de Štefánik – laquelle est d'une importance aussi capitale pour elle que pour lui. Mais Milan n'en a pas fini avec ses cruautés : « Je lui ai parlé de toi [...] comme de ma meilleure amie. Je lui ai recommandé, si jamais elle se trouvait dans la peine, de s'adresser à toi d'abord. Tu l'aiderais. Promets-le-moi. » Louise pleure. « Tu me restes indispensable », murmure-t-il. Louise sent soudain la colère l'envahir. « Vous n'épouserez pas Giuliana, lui jette-t-elle à la tête. Ni elle, ni moi, ni personne. Vous n'appartenez qu'à vous-même. » « Peut-être, ma chérie », répond Milan doucement avant de prendre congé. Il part pour l'Italie peu après.

Le printemps 1919 n'est pas seulement la saison des rêves qui s'épanouissent, mais aussi celle des rêves qui s'effondrent. C'est particulièrement le cas des innombrables espoirs liés aux négociations qui se tiennent à Paris et Versailles entre les anciens belligérants : les fantasmes de toute-puissance des nations victorieuses, les objectifs de liberté et d'indépendance nationales, la foi dans l'instauration d'un ordre mondial juste et pacifique, l'espoir muet des vaincus qui voudraient tant que les conséquences de la guerre soient moins rigoureuses qu'on ne le craint. Les grandes visions d'avenir s'épuisent progressivement au cours des mois d'été 1919, au fur et à mesure qu'approche la fin des négociations, ce jalon déterminant de l'après-guerre. Alors que l'éventail des possibilités se resserre, il faut bien voir la réalité en face. Lorsque les résultats des négociations ont tout d'espérances trahies, les attentes maintes fois déçues se transforment en colère. C'est ainsi que les traités de paix, censés mettre fin au conflit mondial, donnent un peu partout le coup d'envoi à de nouvelles tractations.

En 1917, l'artiste berlinois Curt Herrmann a peint un flamant rose au plumage éclatant. Mais au lieu de se pavaner sur ses longues pattes élégantes, le superbe oiseau est allongé à côté de son écuelle vide, le cou tordu, mort. Une flaque de sang rouge foncé s'est formée près de son bec. Réalisé durant la troisième année de guerre, ce tableau semble à première vue incarner la fin de tout espoir de victoire glorieuse et, plus généralement, la disparition de la Belle Époque, la chute du monde d'autrefois, des anciennes élites et de leur heure de gloire. De plus, au-delà du contexte historique singulier, le trépas d'une belle créature symbolise l'échec de quelque chose de somptueux, de gracieux, de trop délicat pour survivre dans la dure réalité. Tel fut le sort de bien des rêves durant le printemps et l'été 1919.

La guerre s'est accompagnée de tant de victimes, de tant de promesses aussi. D'où les attentes considérables qu'a fait naître l'ouverture des négociations, le 18 janvier 1919, dans le salon de l'Horloge du ministère français des Affaires étrangères, au bord de la Seine. La première phase, durant laquelle seuls les adversaires occidentaux de l'Allemagne et leurs alliés sont appelés à négocier, a tout de même réuni les représentants de trente-deux pays. La Grande-Bretagne, la France, l'Italie et les États-Unis, formant le « Conseil des Quatre », donnaient le ton. Pour souligner le nouveau rôle mondial de l'Amérique, le président Woodrow Wilson était arrivé à Paris dès le mois de décembre 1918 ; une délégation américaine de plus de mille membres l'a suivi dans la capitale française. Presque un an plus tôt, dans ses « quatorze points » de janvier 1918 qui sont restés son credo, Wilson avait déjà défini de nouvelles règles de politique internationale : le droit des peuples à l'autodétermination devait trouver sa place dans la politique internationale et s'appliquer même aux empires coloniaux ; de plus, tous les pays de la planète devaient se rassembler au sein d'une Société des Nations qui serait chargée de régler pacifiquement les querelles internationales. Il était indispensable de tirer ces leçons de la Grande Guerre si on voulait qu'elle mette véritablement « fin à toutes les guerres ». Ces réflexions, relayées en tout lieu par une campagne de propagande massive, ont fait de Wilson une figure messianique, porteuse de tous les espoirs.

Louise Weiss a rencontré personnellement le président américain et son épouse le 14 décembre 1918. Le messie américain lui a laissé une impression ambivalente. Elle lui a trouvé « un tempérament de pape », et il lui a fait l'effet d'un « Savonarole sans passé », écrit la journaliste dans ses Mémoires. « Il tranchait dans le magma humain selon des normes qui n'existaient que dans sa philosophie alors que les malheureux Européens – Anglais compris –, empêtrés de leurs traditions, de leurs intérêts, de leurs protégés et de leurs vassaux, en étaient à ajuster des combinaisons plus ou moins viables. » Le regard français sur la politique de Wilson, celui de Louise Weiss comme d'autres, reste lucide pendant la suite des négociations ; épuisée par la guerre, la France s'intéresse moins à ces nobles idéaux qu'à la question des réparations. Les espoirs que les quatorze points de Wilson éveillent tout particulièrement dans les populations de la périphérie des empires coloniaux sont une source de souci et d'irritation pour l'« Empire républicain ».

Au moment des négociations de paix, Nguyen Ai Quoc est toujours à Paris où il cherche à gagner sa vie comme photographe. Il a passé une petite annonce dans un numéro de *La Vie ouvrière* : « Si vous voulez un souvenir vivant de vos parents, faites retoucher vos photos par Nguyen Ai Quoc. Beau portrait, beau cadre pour 45 francs. » Mais la demande est faible et Nguyen a toujours du mal à joindre les deux bouts.

Les informations quotidiennes sur le déroulement de la conférence de la paix enfièvrent Nguyen et beaucoup d'autres immigrés originaires des colonies françaises et britanniques. À l'image de nombreux adversaires du système colonial, le Vietnamien a lu le programme de Wilson avec une vive attention. Ce sont les destinées du monde qui se jouent à Versailles et à Paris. Si, comme l'a proclamé le président américain, l'autodétermination est à l'ordre du jour, sa patrie, la colonie française d'Indochine, ne doit pas en être exclue. Nguyen considère ce printemps parisien comme une chance historique à saisir.

Avec d'autres activistes, il rédige une pétition au nom d'un « groupe de patriotes vietnamiens ». En s'inspirant des quatorze points de Wilson, ils dressent une liste de huit revendications. Ce texte ne parle pas d'« autodétermination » ni même d'indépendance. Il réclame simplement plus de droits pour les Vietnamiens : une justice équitable, la liberté de la presse, le droit à l'éducation et la liberté de réunion, une meilleure représentation démocratique du Vietnam à l'Assemblée nationale française, sans oublier la libération des prisonniers politiques. Autant de revendications qui devraient aller de soi dans la patrie des droits de l'homme. Pourtant, depuis la Révolution, la France a privé les peuples qu'elle gouverne à travers le monde des conquêtes qui font sa fierté et son identité. Mais aujourd'hui, le monde est en proie à un bouleversement qui pourrait provoquer l'effondrement des empires coloniaux, à un tremblement de terre qui fait surgir de nouveaux États indépendants et suscite des troubles dans des pays très éloignés les uns des autres : Égypte, Japon, Inde, Corée, Mexique. L'Empire français pourrait bien être, lui aussi, ébranlé par ces secousses, sinon entraîné dans l'abîme.

Nguyen ne se contente pas de signer les revendications de ses compatriotes vietnamiens ; il veut être sûr qu'elles parviennent à destination. On le voit ainsi dans les couloirs du château de Versailles distribuer personnellement des exemplaires de la pétition dans les bureaux des différentes délégations. Il voudrait même obtenir un rendez-vous avec Woodrow Wilson pour pouvoir s'entretenir avec lui et emprunte un costume correct à cette fin, mais il reste bloqué dans l'antichambre du président. Les réponses de plusieurs délégations révèlent cependant que l'exigence d'une réforme du régime colonial en Indochine a été entendue par les négociateurs. Le 18 juin 1919, Nguyen réussit également à faire publier les revendications du Vietnam par *L'Humanité*, les rendant ainsi accessibles à un vaste public francophone.

La police française commence alors à s'intéresser aux immigrés qui vivent dans la clandestinité. Nguyen n'est pas seulement expulsé du château de Versailles par les forces de sécurité ; les services secrets français l'ont désormais à l'œil. Un espion s'infiltre dans les milieux parisiens de la résistance vietnamienne, un poste d'observation est mis en place devant la porte de l'immeuble de Nguyen. Les préoccupations et les mesures policières sont pourtant totalement démesurées : la cellule vietnamienne fait chou blanc et le sort de l'Indochine n'est pas mis à l'ordre du jour des négociations de Versailles.

La France, puissance victorieuse, ne se laisse pas séduire par les belles idées d'un Woodrow Wilson – qui ne sont pas entièrement désintéressées. Elle est bien décidée à punir sévèrement son ennemie héréditaire, l'Allemagne, et à poursuivre le renforcement et le développement de sa domination sur la planète. Au demeurant, pour Wilson, la question coloniale n'a rien d'essentiel. Il craint même que les activités des combattants pour l'indépendance ne torpillent ses efforts de création d'un nouvel ordre mondial. Le mot d'« autodétermination » ne figure pas dans la première version des statuts de la Société des Nations que Wilson présente à la conférence le 14 février 1919.

« J'ai l'impression que tout le monde est ici en ce moment », écrit Thomas E. Lawrence à sa mère en janvier 1919. « Ici », c'est Paris, où les délégations se retrouvent pour la grande négociation de paix. Même le prince Fayçal, fils de Hussein Ier, roi du Hedjaz et compagnon de lutte de Lawrence, s'est rendu dans la capitale française. Lawrence fait de l'aviron avec lui sur la Seine pour échapper aux hordes de reporters trop empressés qui braquent leurs objectifs sur le prince hachémite aux longues robes blanches flottantes. Les deux hommes, qui ont traversé ensemble tant de dangers sur les champs de bataille du Proche-Orient, se lèvent dès 6 heures du matin. Depuis leur hôtel, le Continental, rue de Rivoli, ils se font conduire au bois de Boulogne pour leur partie de canotage.

La participation de Fayçal aux négociations en tant que représentant des peuples arabes est un succès que Lawrence a arraché aux Anglais. Il a plaidé pour la cause arabe dans les allées du pouvoir et dans l'opinion publique. Il écrit au directeur du *Times* le 17 novembre 1918 : « Les Arabes sont entrés en guerre sans avoir préalablement conclu de traité avec nous et ils ont toujours su résister aux tentations des autres puissances. Ils n'ont jamais eu d'agent auprès de la presse et n'ont pas cherché à faire de réclame pour leur cause, mais ils se sont battus aussi âprement qu'ils le pouvaient (je vous en donne ma parole) et, au cours de trois campagnes, ont supporté des épreuves et subi des pertes qui auraient contraint des troupes chevronnées à renoncer. » Or un seul motif les a poussés dans toutes ces entreprises : voir l'Arabie libre.

Les Britanniques ne sont pas entièrement fermés aux propos de Lawrence, alors que les Français considèrent la présence même de Fayçal avec méfiance. Le prince arabe est contraint d'expliquer à un négociateur français : « Je ne suis pas venu ici pour marchander mais pour montrer au monde que nous, les Arabes, n'avons pas échappé aux Turcs pour subir un nouvel esclavage ou pour être démembrés. Je tiens à vous faire savoir que je me suis battu pour être libre et souverain et que nous mourrons pour ces principes. Je ne suis pas prêt à livrer la moindre partie de mon pays à l'Angleterre ! » Mais la France exige le respect de l'accord anglo-français de 1916, sans tenir compte de la lutte d'indépendance arabe contre l'Empire ottoman. Les accords Sykes-Picot prévoient que l'Angleterre et la France se partageront la domination au Proche-Orient. Lawrence et Fayçal espèrent cependant convaincre les États-Unis de soutenir l'autodétermination des peuples arabes et la fondation de la Syrie.

Effectivement, le président Wilson fait frémir les Français en proposant d'envoyer en Syrie une commission chargée de prendre le pouls de la population arabe locale. La France ne ménage pas sa peine pour tuer ce projet dans l'œuf. Espérant pouvoir aplanir les divergences de vues, Lawrence réussit à organiser une rencontre entre Clemenceau et Fayçal. Son engagement est tel qu'il ne quitte même pas Paris lorsqu'un télégramme lui annonce la mort de son père. Il attend d'être assuré que cette entrevue aura bien lieu pour prendre une semaine de congé et aller consoler sa mère.

L'entretien entre Fayçal et Clemenceau qui a lieu à la mi-avril ne vaut pas tout le mal que Lawrence et Fayçal se sont donné. Clemenceau fait une prétendue concession en se déclarant prêt à accorder l'indépendance à la Syrie pourvu que Fayçal accepte que la Syrie indépendante soit placée sous mandat français. Un mandat et l'indépendance sont loin d'être la même chose, et les espoirs de Fayçal sont ainsi réduits à néant. Il quitte Paris – non sans avoir au préalable rédigé son testament – dans un avion de l'armée française.

Un peu plus tard, en mai, Thomas E. Lawrence monte dans un appareil britannique pour se rendre au Caire où il veut récupérer personnellement des documents du bureau arabe où il a travaillé pendant la guerre. Il est déçu, lui aussi, et écrit dans ses souvenirs : « La jeunesse pouvait vaincre, mais n'avait pas appris à conserver, et était pitoyablement faible devant l'âge. Nous balbutions que nous avions travaillé pour un nouveau ciel, une nouvelle terre, et ils nous ont remerciés gentiment et ont fait leur paix. »

Lors de l'escale à Rome, le pilote de l'appareil dans lequel se trouve Lawrence ne parvient pas à freiner à temps sur la piste d'atterrissage. Contraint et forcé, il remet les gaz mais, au moment où l'avion se redresse, il se prend dans les branches d'un arbre. L'appareil s'écrase au sol. Le pilote est tué sur le coup, le copilote succombe quelques jours plus tard à une fracture du crâne. On réussit à dégager Thomas E. Lawrence des débris fumants. Miraculeusement, il ne souffre que d'une fracture de l'omoplate et de quelques égratignures, et repart rapidement pour Le Caire. En juillet, il envoie à Frederik J. Daw, le technicien qui lui a sauvé la vie, une lettre accompagnée d'un chèque de 10 livres : « Voulez-vous bien vous acheter une babiole en guise de souvenir de notre atterrissage commun quelque peu brutal à Rome ? Je n'ai pas trouvé le moins du monde plaisant d'être suspendu dans cette épave. Et je vous ai été infiniment reconnaissant de m'en avoir extrait ! »

À cette date, la situation au Proche-Orient est tout sauf calme. La population arabe ne peut plus ignorer que les négociateurs de Paris sont parfaitement indifférents à ses intérêts. Les attaques arabes se multiplient non seulement contre les troupes britanniques stationnées dans la région, comme c'était déjà le cas, mais aussi contre les colons juifs établis en Palestine. Certes, Fayçal a affirmé clairement sa position à l'égard des sionistes pendant son séjour dans la capitale française ; en janvier, il a même signé avec leur responsable, Chaïm Weizmann, un accord assurant aux Juifs la fondation de leur État en Palestine. Mais cet accord n'a pas obtenu l'adhésion de la population arabe et n'est jamais entré en vigueur. Fayçal avait subordonné son approbation à la reconnaissance internationale de l'indépendance arabe.

En l'absence de Lawrence et de Fayçal, les positions françaises, britanniques et américaines commencent à se rapprocher. On élabore une solution transitoire qui semble accorder au camp arabe un succès au moins partiel : alors que les Britanniques se replient sur la Palestine, la France obtient le contrôle de Beyrouth et de la côte syrienne, tandis que les Arabes restent maîtres de l'intérieur de la Syrie. Damas, libérée au cours des combats, pourrait devenir la capitale d'un nouvel État arabe. Lorsque les premières nouvelles de ce compromis lui parviennent, Lawrence a du mal à y croire et rédige une lettre de remerciements à l'attention du Premier ministre britannique, David Lloyd George, dans laquelle il ne dissimule pas son étonnement : « Je dois vous avouer qu'au fond de moi, j'ai toujours été convaincu que vous laisseriez tomber les Arabes : aussi ai-je à présent beaucoup de mal à trouver comment vous remercier. Cette affaire me tient personnellement à cœur car, pendant les campagnes militaires, je leur ai assuré que nous tiendrions nos promesses et je leur en ai donné ma parole, pour ce qu'elle vaut. À présent, dans votre accord sur la Syrie, vous avez tenu toutes nos promesses et leur avez peut-être même accordé plus qu'ils ne méritent. Mon soulagement à l'idée de sortir de cette affaire les mains propres est immense. » Pendant un bref instant, l'indépendance arabe semble à portée de main.

Gandhi se reproche amèrement d'avoir commis une « erreur grande comme l'Himalaya » en appelant les Indiens à la désobéissance civile contre le régime colonial. Sa campagne contre les lois d'exception a provoqué rébellions, interventions policières et violences. Gandhi se sent coupable des morts et de la souffrance, ce dont il convient du reste ouvertement – suscitant ainsi l'étonnement et le mécontentement de ses auditeurs dans différentes villes du pays. Comment ses partisans peuvent-ils jeter des pierres, bloquer des trains et même blesser des gens alors qu'il les appelle à une résistance non violente ? Quant à lui, il est tourmenté par l'idée d'avoir poussé ses compatriotes à mettre la charrue devant les bœufs.

Après ces excès, il est de plus en plus convaincu qu'un processus de maturation interne doit précéder la résistance. Il faut attendre que les gens aient appris l'obéissance et la discipline, qu'ils soient prêts à respecter les lois de l'État et de la morale pour qu'ils puissent s'engager dans des actions collectives de désobéissance civile ciblées et soigneusement préparées contre certaines mesures, méticuleusement choisies, du pouvoir. C'est le seul moyen, estime désormais Gandhi, d'éviter que la contestation ne dérape et ne fournisse ainsi à l'autre camp le prétexte à des ripostes violentes.

La critique de Gandhi contre le pouvoir colonial est précise, ce qui ne l'empêche pas de savoir qu'il ne pourra changer le régime que s'il perfectionne son mouvement et sa faculté de mobilisation politique. Un premier pas en ce sens consiste à former un groupe d'activistes plus mûrs qui l'aideront à éduquer les masses à la *satyagraha,* la résistance non violente. Il choisit également de miser sur l'imprimé, moyen de communication de masse, notamment en éditant la revue *Young India.*

Gandhi n'est pas seul à se reprocher les explosions de violence de 1919 ; le camp adverse l'en rend également responsable. Devant la commission Hunter, chargée d'élucider les circonstances du massacre d'Amritsar, le général de brigade Reginald Dyer va jusqu'à mettre les débordements sur le dos de Gandhi – qui se trouvait pourtant à plusieurs centaines de kilomètres lorsque ces événements se sont produits. Dans sa déposition, l'homme qui a donné l'ordre de tirer sur des civils ne manifeste aucun remords. *A posteriori,* il ne juge pas répréhensible d'avoir ordonné aux troupes de continuer à tirer jusqu'à la dispersion complète de la foule, ni d'avoir refusé, après le massacre, de prendre la moindre disposition pour faire soigner les blessés. Cette tâche n'était pas de son ressort, les hôpitaux étaient là pour ça. Finalement jugé coupable de mauvaise interprétation de sa mission, Dyer est relevé de ses fonctions. Le mouvement d'indépendance n'est cependant pas satisfait des conclusions de la commission Hunter, car les victimes n'ont pas été entendues. Gandhi contribue à informer l'opinion publique de la version du camp adverse.

Quelques mois plus tard, il utilise pour la première fois l'expression de « non-coopération » dans un discours qu'il prononce devant des musulmans à Delhi. Il sent la colère et la peur de la foule. Il sait que ses auditeurs sont exaspérés non seulement par la situation qui règne en Inde, mais aussi par les négociations de paix de Versailles, qui ne permettent pas d'espérer une amélioration du sort des musulmans du pays. Le concept de « non-coopération » lui paraît mobilisateur. Il lui est venu à l'esprit alors même qu'il parlait, sans qu'il sache encore très bien ce qu'il voulait dire par là. Le terme semble inspirer son public. Quand il le prononce, les applaudissements éclatent. Au cours de ce discours et par la suite, cette notion se précise progressivement et apporte au mouvement de résistance civique la précision et la discipline dont Gandhi déplorait l'absence. La « non-coopération » implique essentiellement le refus des employés indiens de travailler dans l'administration coloniale et le rejet des marchandises anglaises au profit des produits locaux. Gandhi prône également la diffusion de métiers à tisser qui permettront de fabriquer par des moyens très simples des étoffes indiennes et offriront ainsi un revenu à ceux qui sont situés au plus bas de la société. C'est le début du mouvement Khadi.

Vu de Delhi, Paris semble à la fois très loin et très proche : Gandhi et d'autres représentants du mouvement national indien auraient dû assister à l'ouverture de la conférence de la paix en janvier 1919. Cette décision avait été prise à une séance du Congrès national indien de décembre 1918. Mais dans les faits, c'est le gouvernement colonial de l'Inde britannique qui a envoyé une délégation à Paris pour représenter les intérêts de l'Empire et réclamer une place pour l'Inde à la Société des Nations. La délégation était conduite par le secrétaire d'État britannique, Edwin Samuel Montagu. Il est vrai qu'elle comprenait également un représentant du Congrès national, appartenant toutefois à son aile modérée. Cela ne l'empêcha pas de rappeler que 1,2 million d'Indiens s'étaient battus au côté de l'Empire pendant la guerre et que cela méritait certainement une contrepartie.

Si Gandhi ne s'est pas rendu en Europe, c'est peut-être parce qu'il s'est douté qu'il pourrait obtenir beaucoup moins là-bas que s'il menait la lutte en Inde même. Il ne comptait pas parmi les combattants indiens pour la liberté qui espéraient l'« autodétermination » ; il s'efforçait au contraire de forger des concepts bien à lui, qui lui permettraient de s'affranchir entièrement des idéologies occidentales. Abstraction faite de ces réflexions tactiques, une autre raison a probablement incité Gandhi à renoncer à ce voyage : son vieux compagnon de lutte, Bal Bagadhar Tilak, était à Londres depuis octobre 1918 et cherchait, depuis la capitale anglaise, à exercer une certaine influence à Paris. Tilak, qui a alors 62 ans, est un politicien éprouvé qui joue depuis des décennies un rôle majeur dans la naissance du mouvement pour l'autonomie indienne.

En janvier 1919, Tilak s'est adressé aux responsables des Alliés, à Lloyd George, à Clemenceau, mais surtout au président américain Wilson, dont les promesses ont rencontré un écho largement positif en Inde : « Les espoirs de paix et de justice du monde reposent sur vous, qui avez proclamé le grandiose principe de l'autodétermination. » Il a joint à sa lettre son pamphlet intitulé « Autodétermination pour l'Inde ». Ce texte est illustré du dessin d'un grand paquebot à bord duquel ont embarqué des hommes de tous les continents pour entreprendre le voyage « de l'autocratie à la liberté ». Le commandant a les traits de Lloyd George. L'Inde, représentée par une femme en sari, voudrait bien être du voyage. Mais l'officier n'a pas de billet pour elle.

Wilson se contente de faire rédiger une réponse par son secrétaire particulier avec quelques remerciements et quelques paroles d'approbation plutôt tièdes. Jusqu'à son retour en Inde, en novembre 1919, Tilak est incapable d'obtenir du gouvernement britannique le passeport qui lui permettrait de se rendre de Londres à Paris. L'objectif de la délégation indienne officielle, obtenir une place à la Société des Nations, est néanmoins atteint. C'est une victoire paradoxale : des représentants de l'Inde peuvent ainsi s'exprimer sur l'indépendance d'autres peuples, sans que leur pays y accède lui-même.

Les délégations venues à Versailles défilent dans le bureau de Louise Weiss. Bien sûr, les grands hommes de la politique internationale ne lui rendent pas visite personnellement. Néanmoins, attirés par le nom de la revue et la réputation de son éditrice, des bataillons de conseillers, de collaborateurs et d'experts viennent la voir pour obtenir les informations les plus récentes et chercher à influencer l'opinion publique par l'intermédiaire de son périodique. On lui montre des cartes, on lui révèle des plans audacieux, on l'invite à dîner dans des restaurants discrets. Louise Weiss est incontestablement devenue une personnalité de poids du Paris politique, une des rares femmes que l'on écoute. Seule sa mère a du mal à accepter son ascension : « Quand elle se ralliait à mes initiatives, c'était par théorie, jamais par affection. Elle m'aurait voulue incrustée pour la vie dans une hiérarchie quelconque et sans doute supportait-elle mal que mon nom qui commençait à briller fût le sien. » C'est le prolongement d'un éternel drame mère-fille, qu'une tragédie bien plus grave vient soudain éclipser. Louise Weiss apprend l'affreuse nouvelle par la presse.

Le 4 mai 1919, Milan Štefánik prend l'avion en Italie pour rejoindre la Tchécoslovaquie. À l'atterrissage, tout près de Bratislava, le pilote perd le contrôle de l'appareil, qui s'écrase. Milan meurt au milieu des débris. Malgré son amertume passée, Louise voit tout son univers s'effondrer. Pour qui accomplira-t-elle désormais cet interminable travail, pour qui passera-t-elle ses nuits à l'imprimerie, ses dimanches à des réceptions politiques ? Comment pourra-t-elle vivre sans la pensée d'un ami, même s'il l'a profondément déçue ? En pleurant Milan, Louise pleure aussi sur elle-même. Elle a placé toute sa vie à son service et à celui de son œuvre. Qu'est-ce qui donnera désormais du sens à son existence ? Sa première impulsion est de ne plus se soucier que de son bonheur personnel, comme tant de femmes de son époque. Toute l'ambition qui l'a poussée au fil des ans semble l'avoir quittée. Soudain, la politique ne l'intéresse plus. Louise se sent « déclassée ». Doit-elle pour autant s'enfermer à jamais dans son chagrin et, au lieu de « dévorer la planète, [se] dévorer [elle]-même » ? Elle se renierait si elle agissait ainsi. Faut-il donc continuer à aller de l'avant ? Mais pourquoi, au nom de qui ? Louise serre les dents et se donne ce mot d'ordre : au nom du souvenir de Milan. « Résolue et désolée, je m'arrêtai à cette justification intérieure. »

Le soir même, Louise cherche vainement à trouver le sommeil quand une inconnue lui rend visite. Une belle créature aux yeux noirs étincelants entre dans son salon. Elle se jette dans les bras de Louise et lui dit dans un français délicat : « Je suis Giuliana. Milan m'a dit de venir te voir si j'avais du chagrin. Je suis venue de Rome tout exprès. Ah ! Je l'aimais. » Louise comprend immédiatement qui c'est. Elle devrait la mettre à la porte, mais la vision de la jeune femme éplorée l'attendrit. Elle lui offre le gîte, et une oreille attentive. Giuliana lui montre les cadeaux que Milan lui a rapportés du Japon. Jamais, affirme la jeune Italienne, elle ne se consolera de sa mort.

Au cours de son voyage vers l'est par le Transsibérien, Marina Yurlova a fait la connaissance de trois jeunes filles russes. Elles portaient des robes élégantes profondément décolletées et se présentaient comme des élèves de l'Institut Smolny de Saint-Pétersbourg, un établissement huppé avant la révolution. À bord du train, ces prétendues pensionnaires de l'école pour jeunes filles de la noblesse se sont laissé entretenir sans scrupules par un riche Russe et, à leur arrivée à Harbin, force est de constater qu'elles s'intéressent de très près à la population masculine de cette ville russo-chinoise.

« Il est déjà 9 heures ! » s'écrie Katia un soir, et comme piquées par une mouche, elles sautent toutes les trois sur leurs pieds et entreprennent de se changer. Marina n'a jamais vu de sous-vêtements d'une telle finesse. Pendant qu'elles se transforment en créatures de luxe, les trois filles lancent les jurons les plus orduriers. « Viens avec nous, suggère Nadia. On est invitées à un dîner chinois. Beaucoup d'amusement. » Marina n'a pas envie de passer toute la soirée seule dans le logis spartiate qu'elle partage avec ses nouvelles connaissances. Elle sort donc de son lit et commence à s'habiller ; mais elle n'a pas d'autre tenue que son uniforme de Cosaque.

Les quatre jeunes femmes parcourent les rues obscures de Harbin jusqu'à un restaurant respectable. Le portier les introduit dans une élégante salle à manger, où une table est richement dressée et décorée de fleurs. Un rideau s'écarte et cinq Chinois fort bien vêtus entrent dans la pièce. Marina est mal à l'aise dans sa lourde capote militaire. Un serveur leur verse des alcools forts, la conversation se fait en français. Commence ensuite le dîner. On leur apporte une interminable série de coupelles remplies de spécialités chinoises et européennes. Marina ne parle pas français, la fumée des cigarettes lui irrite les poumons et l'alcool lui fait tourner la tête. Lentement, elle laisse tomber sa tête lasse sur la table entre deux tasses à thé.

Quand Marina rouvre les yeux et se relève en titubant, la scène a complètement changé. Assise au piano, Nadia joue un tango, les hommes sont vautrés sur des coussins, adossés au mur, et Katia est en train de se dévêtir au son de la musique. Lascivement, elle évolue en combinaison rose, un de ses bas de soie gît au sol, ses cheveux dénoués encadrent son visage échauffé par la danse, pendant que les hommes lui jettent des billets de banque pour l'encourager.

Quand Sonia remarque que Marina est réveillée, elle s'approche d'elle avec la mine concentrée et soucieuse qui accompagne souvent l'ivresse. Elle la prend par la main, la conduit vers un gros homme et la pousse sur ses genoux. L'homme commence à peloter Marina des épaules jusqu'aux genoux, pendant qu'une marche s'élève du piano. Un deuxième homme les rejoint et s'évertue à défaire les boutons de l'uniforme de Marina, si habituée désormais à se faire passer pour un homme qu'elle ne s'attendait pas à ce qu'on perce son déguisement à jour. Redevenant ainsi elle-même, la Cosaque est complètement dégrisée. « Je ne veux pas de vous ! » crie-t-elle en se relevant d'un bond. « Laissez-moi partir ! » chuchote-t-elle à ses compagnes. « Petite chienne, tu ne sais pas ce qui est bon pour toi ! » fulmine Sonia. Mais elle la traîne jusqu'à une sortie où Marina trouve un pousse-pousse. Elle n'a plus qu'une idée en tête, repartir par le premier train pour Vladivostok.

Après sa démobilisation, James Reese Europe est en proie à une activité fébrile. Il sait qu'il a intérêt à exploiter son heure de gloire pendant les quelques mois qui viennent. Les Harlem

Hellfighters sont toujours les idoles des Américains, blancs comme noirs, leur orchestre reste la fanfare de la Victoire.

En mars 1919, quelques semaines seulement après le grand défilé de New York, l'ancien ensemble instrumental du 369e régiment entame une tournée de dix semaines sur la côte Est et dans le Middle West. Le concert d'ouverture se tient dans le décor distingué du Manhattan Opera House de l'homme d'affaires et imprésario Oscar Hammerstein. Le célèbre chanteur Noble Sissle interprète plusieurs solos. C'est un véritable triomphe. Le public déchaîné réclame des *bis* à n'en plus finir tandis que les journaux rivalisent d'éloges à propos de ces « échos de la vie de camp ».

Après New York, c'est Philadelphie, puis Boston où l'accueil est tout aussi enthousiaste. Les musiciens montent ensuite dans deux autocars et partent pour l'ouest où ils se produiront notamment dans les villes de Chicago, Buffalo, Cleveland et Saint Louis. Dans tous les lieux de la patrie du jazz, les compositions astucieuses, les coassements des cuivres bouchés, le talent et la joie contagieuse du « big band » déclenchent des tonnerres d'applaudissements. Ils interprètent un vaste répertoire : depuis des marches militaires françaises jusqu'à des chansons populaires américaines, en passant par le grand succès de la guerre composé par Reese, *On Patrol in no Man's Land,* qui reproduit avec des effets lumineux et sonores le fracas des bombes et le crépitement des mitrailleuses. Ils proposent même au public des versions syncopées d'œuvres de musique classique comme la *Suite de Peer Gynt.* Le *Chicago Defender* s'extasie : « Le travail des "Hellfighters" soutient aisément la comparaison avec les meilleurs orchestres. Ils les dépassent tous à maints égards : aucune autre formation au monde ne peut, c'est indéniable, se mesurer à celle-ci dans l'interprétation de "blues", de "jazz" et de "negro folk". »

Toutefois, lors d'un concert dans la petite ville de Terre Haute, quelques dissonances viennent ternir le remarquable succès de la tournée. Le directeur de l'opéra local insiste pour que – comme il est d'usage dans son établissement – les spectateurs noirs et blancs soient séparés. Le public réagit avec colère à cette mesure totalement contraire au message que cherche à communiquer la fanfare du régiment : l'émancipation des Américains noirs. Le soir de la représentation, des femmes furieuses se rassemblent devant l'opéra et distribuent des tracts protestant contre « l'ignominie de la discrimination raciale ». Finalement, James Reese Europe et sa fanfare se produisent devant deux cents auditeurs blancs et deux noirs, que la presse traite de « traîtres ».

Le concert de clôture de la tournée est prévu pour le 10 mai 1919 à Harlem. James Reese Europe peut se flatter d'avoir remporté un incroyable triomphe. À 39 ans, le compositeur et *band leader* est au zénith de sa gloire. L'ascension vertigineuse qu'il a connue pendant la guerre se poursuit en temps de paix. Il s'agit cependant du succès d'un musicien noir, et non d'un soldat noir et moins encore d'un citoyen noir.

Après son retour et le grand défilé de New York, l'Amérique déroule aussi le tapis rouge sous les pieds de Henry Johnson. Tout le monde veut voir le « *Black Death* », qui a aidé l'armée américaine à triompher sur les champs de bataille français. Un agent lui offre 10 000 dollars pour une tournée de conférences à travers l'Amérique. Mais Johnson refuse. Il ne fait pas confiance à un imprésario blanc.

Cela ne l'empêche pas de savourer cette heure de gloire. En mars 1919, il accompagne le colonel Hayward, le commandant de son unité, à une manifestation où l'on vend des « *Liberty*

Bonds[1] ». Un peu plus tard, il accepte de se rendre à Saint Louis pour 1 500 dollars. On doit y célébrer la contribution du Noir américain à la Victoire, en présence d'un vaste public. Johnson va chercher son cachet pendant que, sur scène, un prédicateur chauffe la foule. Il présente les exploits des soldats noirs comme un nouveau départ pour toute l'Amérique, en temps de guerre comme en temps de paix. Il trace le portrait d'un avenir où Américains noirs et blancs vivront ensemble en bonne intelligence et dans la reconnaissance de leurs mérites respectifs.

Lorsque Johnson, bardé de médailles, monte sur l'estrade en claudiquant, il est accueilli par des acclamations frénétiques. En cet instant, il paraît être l'incarnation de l'Amérique nouvelle. Il s'approche du micro. Dès ses premières phrases, les auditeurs découvrent que Johnson n'a pas l'intention de joindre sa voix au chœur de l'harmonie nationale. Il tient à parler clairement de la guerre. Il entreprend donc d'exposer au public les expériences qu'il a faites depuis sa mobilisation : la médiocrité de la formation, le manque d'équipement, le mépris des soldats blancs qui refusent de s'asseoir dans les tranchées à côté de leurs camarades noirs. Même sur le front, toute solidarité entre Blancs et Noirs était absente. Les soldats de Harlem ont été traités en inférieurs, tout juste bons pour effectuer des corvées et servir de chair à canon. On ne les a mobilisés pour le combat que lorsque la situation est devenue trop dangereuse pour les soldats blancs : « Envoyez les nègres au front, ça en fera autant de moins à New York », a-t-il entendu dire à un officier blanc. Incapable de se retenir plus longtemps, il donne libre cours à sa colère rentrée, aux humiliations et aux traumatismes accumulés tout au long de la campagne : « Oui, j'ai vu des morts. J'ai

1. Obligations émises par les États-Unis pour financer l'effort de guerre des Alliés et qui sont restées en vente jusqu'en avril 1919 (*N.d.T.*).

vu tellement de corps morts entassés que, quand j'en voyais un vivant, je n'arrivais pas à croire qu'il était vrai. »

Il se considère comme un héros, mais il ne veut pas être le faux héros des Blancs et doute de la reconnaissance de l'Amérique, malgré tous ses sacrifices : « Si j'étais blanc, je serais aujourd'hui gouverneur de New York », jette-t-il à ses auditeurs. Plus il parle, plus la mauvaise humeur gagne le public. Ce sont d'abord des chuchotements, puis des apostrophes et des sifflets. Quand Johnson se tait, l'indignation de la salle éclate. Les notables municipaux et les membres du clergé cherchent à calmer la foule et jouent les conciliateurs en lui demandant de bien vouloir excuser l'emportement de l'orateur.

Il faut attendre la fin de la manifestation pour que commencent à se faire entendre des voix restées jusque-là presque silencieuses. À la sortie, Johnson est accueilli par un tonnerre d'applaudissements et d'acclamations. Il est porté en triomphe, exposé comme un trophée à travers la ville. Les femmes le couvrent de fleurs et de baisers. Dans la salle, il était un traître, dans les rues de Saint Louis, il est un héros. Le lendemain, la presse accuse Johnson d'avoir provoqué des « troubles raciaux ».

Ce sera la dernière grande apparition publique de Henry Johnson. Après les sifflets de Saint Louis, aucun organisateur ne veut plus lui offrir de tribune. Il vit de petits boulots et entreprend de noyer dans l'alcool les souffrances qui accablent son corps fourbu et son âme traumatisée. Sa femme le quitte en 1923. À dater de ce jour, Henry Johnson, la « mort noire », reste seul avec ses souvenirs et ses blessures.

Un des derniers concerts de la tournée qui a conduit James Reese Europe à travers l'Amérique du Nord se tient le 9 mai 1919 à Boston. Le littoral est balayé par une vague de froid et de pluie. L'opéra de Boston étant déjà réservé, l'orchestre en est réduit à se produire dans le vieux Mechanics' Hall de la Huntington Avenue, traversé de courants d'air. Cela fait déjà quelques jours que James Reese Europe se sent grippé, mais il est bien décidé à respecter ses engagements jusqu'à la fin de cette tournée triomphale. Tout se passe bien lors du premier spectacle en matinée, et Europe serre les dents pour en donner un nouveau en soirée.

Nous connaissons la suite des événements grâce à un texte dactylographié rédigé par le ténor Noble Sissle : le concert se déroule comme prévu jusqu'à l'entracte. Mais au moment où les musiciens quittent la scène, deux percussionnistes, les jumeaux Steve et Herbert Right, se dirigent vers la loge de James Reese Europe. Ils sont furieux et Europe cherche à les calmer par des paroles apaisantes. Après un instant de silence, Herbert explose : « Je bosse pour vous comme un fou. Regardez mes mains, elles sont complètement enflées parce que je fais tout ce que je peux pour rester en mesure. Alors que Steve n'arrête pas de se tromper et vous ne lui dites jamais rien. » Herbert accepte les compliments d'Europe mais revient peu après, hors de lui. Il jette sa grosse caisse dans un coin de la loge d'Europe et crie : « Je vais trucider tous ceux qui ne me traitent pas bien. Jim Europe, je vais te trucider ! » Wright se jette alors sur Europe et lui plante un couteau dans le cou.

La chemise d'uniforme de James Europe se tache de rouge, on panse la plaie tant bien que mal avec un mouchoir et on appelle une ambulance. Le *band leader* a encore la force de demander que la soirée se poursuive sous la direction de son assistant. Sissle est chargé de s'occuper des préparatifs de la soirée du lendemain. Europe promet d'être là avant l'ouverture du rideau.

Le sort en décide autrement. Les médecins ne parviennent pas à enrayer l'hémorragie. Quand Noble Sissle se rend à l'hôpital à la fin du concert, on demande aux membres de l'orchestre de donner du sang pour leur chef. Mais il faut rapidement se rendre à l'évidence : ce geste sera inutile. James Reese Europe est mort.

Le jour de son mariage, Alvin York s'aperçoit qu'il est aussi devenu une sorte de héros dans ses montagnes natales. Plus de mille invités assistent à la fête et participent au plus grand banquet que le petit village de Pall Mall ait jamais vu. Les habitants de toute la région ont veillé à ce que les tables croulent sous des montagnes de rôtis de chèvre, de porc et de dinde, d'œufs, de pain de maïs, de lait, de confiture et de gâteaux.

Quand tous sont repartis, Alvin York se met au travail. Il a longuement réfléchi et il sait ce qu'il veut. Il a compris que ce n'est pas le hasard qui l'a conduit à faire la guerre et à partir dans le vaste monde, et il est persuadé qu'il n'a pas survécu pour rien. L'ancien pacifiste est arrivé à la conclusion que cette guerre avait un sens. Pas celui que les hommes politiques et les bellicistes cherchent à fourrer dans la tête des gens, mais un sens qui le concerne tout à fait personnellement. Dieu l'a mis en danger et l'en a préservé pour lui confier une mission : York a dû voir la mort en face pour comprendre le prix de la vie. Il a dû parcourir le monde pour apprendre combien l'univers d'où il vient est limité et borné. Il a dû comprendre qu'il ne comprenait pas grand-chose et en tirer les conséquences.

York se rend tout d'abord au service de la voirie de l'État du Tennessee et persuade les autorités de construire une route jusqu'à Pall Mall. Il avait toujours pensé jusque-là que les montagnes protégeaient les habitants des vallées de tous les dangers du monde. Il a désormais pris la mesure des influences majeures dont ses concitoyens ont été privés. La route, dont la construction commencera bientôt, marquera le début d'une ouverture.

Mais une autre prise de conscience joue un rôle encore plus important pour Alvin York : il s'est rendu compte qu'il était complètement perdu en quittant son petit univers étriqué. La guerre lui ayant permis de découvrir toute l'étendue de son ignorance et de son inculture, il souhaite offrir plus de chances aux enfants de son village. Il collecte de l'argent pour construire une nouvelle école et embauche des enseignants. Quelques mois plus tard, les bâtiments sont debout, les manuels sont livrés et les enseignants sont prêts. Alvin York invite les enfants de la région, dont beaucoup ne savent encore ni lire ni écrire, à fréquenter son école. Il a l'intention d'y ajouter plus tard un centre de formation professionnelle, une aire de jeux, une bibliothèque et d'assurer de surcroît des soins médicaux. Les élèves doivent acquérir des connaissances et apprendre à gagner leur vie grâce à un travail qualifié. Un jour, ils transformeront l'existence des habitants des montagnes grâce à des routes, à des maisons modernes, à des installations sanitaires et à l'électricité. Il veut leur garantir une vie meilleure que la sienne, il veut leur éviter de se sentir, comme lui, tout petit et très bête face à la démesure de la guerre, à la diversité des hommes qu'elle lui a fait rencontrer, face à Boston, Paris et New York. Voilà comment il désire traduire dans les faits le signe que Dieu lui a adressé à travers ce conflit.

Dans le palais de la résidence de Weimar où siège le gouvernement de la République allemande, Matthias Erzberger réussit à se rendre encore plus impopulaire qu'il ne l'était déjà depuis la signature de Compiègne. Certes, sa circonscription souabe l'a élu député de l'Assemblée nationale en janvier 1919 et il a été nommé ministre du cabinet de Philipp Scheidemann, mais son attitude lors des négociations de paix de Paris suscite l'indignation massive tant des milieux politiques que de l'opinion publique allemande. Les initiatives d'Erzberger sont d'un pragmatisme insupportable aux yeux de certains. Il a parfaitement compris, au plus tard depuis sa rencontre avec Ferdinand Foch, que l'Allemagne ne devait pas compter sur la magnanimité des vainqueurs. Les comptes rendus d'informateurs américains dignes de foi présents dans la capitale française confirment ses pires craintes. Ce qui se dessine, note Erzberger dans ses souvenirs, c'est que l'Allemagne sera condamnée à « un esclavage perpétuel » par les puissances victorieuses.

En mai 1919, les conditions de la paix sont communiquées à la délégation allemande à Paris. Ses membres regagnent Weimar avec dans leurs bagages ces documents qui imputent l'entière responsabilité de la guerre à l'Allemagne : « Lorsque les conditions de paix furent connues [...], écrit Erzberger, leur premier effet fut un effet de stupeur et pour ainsi dire de paralysie. Puis un cri d'indignation s'éleva contre des conditions qui violaient toutes les promesses, qui oubliaient les principes wilsoniens de la paix par le droit. » Le gouvernement de Weimar se divise sur l'accueil à faire aux propositions de Paris. Un camp, dont fait partie le chancelier Scheidemann, veut faire savoir que ces conditions sont « inacceptables » pour l'Allemagne. Le chancelier l'exprime sous une forme encore moins diplomatique à l'Assemblée nationale : « Quelle main ne se dessécherait pas qui se mettrait et nous mettrait de telles chaînes ? »

Erzberger, en revanche, souhaite que l'on présente ces conditions comme « insupportables et inexécutables ». Selon lui, le terme d'« inacceptable » obtiendra sans doute un « succès énorme mais transitoire » dans l'opinion publique allemande, et il craint qu'il ne faille le payer cher dans les semaines suivantes si – faute d'autres solutions politiques – l'Allemagne était tout de même contrainte de signer la paix.

Erzberger met tout son poids politique dans la balance et menace de démissionner si la paix n'est pas signée. Il détaille dans un mémorandum les raisons pour lesquelles il est favorable à la signature. D'une part, l'Allemagne n'est absolument pas en mesure de reprendre la guerre. D'autre part, une signature, estime Erzberger, permettra à la situation économique de s'améliorer et à la faim de régresser. Sans compter que si l'Allemagne se montre conciliante aujourd'hui, elle pourra plus facilement disposer demain d'une marge de manœuvre pour renégocier, tant sur les réparations que sur son rôle dans le monde, et plus particulièrement à la Société des Nations. Au cours des débats animés qui se poursuivent pendant des jours au sommet de l'État, Erzberger souligne que sa position est la seule sensée : « Si quelqu'un, m'ayant lié les bras et m'ayant présenté un revolver, exige de moi la signature d'un papier par lequel je m'engage à atteindre la lune en 48 heures, tout homme raisonnable, pour sauver sa vie, signera ce qu'on voudra. Il déclarera seulement qu'il ne peut pas remplir la condition qu'on lui impose. »

Les décideurs du palais de Weimar subissent de fortes pressions, qui n'émanent pas seulement de la presse de droite. Dans la nuit qui précède le retour de la délégation de Paris, des prisonniers s'évadent d'une prison de Weimar et tentent de s'introduire dans le palais de la résidence. On ne réussit à barricader solidement la porte du château qu'in extremis. Les fugitifs se mettent alors à tirer au pistolet en direction des fenêtres. Ils atteignent les chambres des ministres Noske et Bauer, situées juste sous l'appartement d'Erzberger, tout en hurlant qu'il faudrait pendre les ministres.

Le 19 juin 1919, Scheidemann dissout le gouvernement contesté et un nouveau cabinet est formé sous la houlette de l'ancien ministre du Travail, Gustav Bauer. Erzberger devient ministre des Finances. Il est parfaitement conscient que cette nomination le place au poste le plus ingrat sans doute de toute la politique allemande. C'est lui en effet qui, dans ce nouveau rôle, devra exiger des Allemands l'argent nécessaire pour payer les réparations. Jusqu'au bout, Erzberger espère au moins un allégement des conditions du traité – il avait bien réussi à Compiègne à arracher quelques aménagements de dernière minute. Mais deux nouvelles accablantes éclatent dans cette atmosphère déjà tendue.

La première vient du nord de l'Europe, des îles Orcades, et plus précisément d'une baie appelée Scapa Flow. En novembre 1918, la flotte allemande livrée aux vainqueurs y avait été placée sous surveillance par les puissances alliées. Le 21 juin 1919 à 11 heures, le contre-amiral allemand Ludwig von Reuter, qui commande toujours la flotte, ordonne à ses officiers de la saborder. On ouvre les prises d'eau avant de les détruire, on désamorce et on bloque les systèmes de sécurité. Pendant que les navires s'enfoncent dans l'eau peu profonde, les équipages rejoignent la rive dans des canots de sauvetage. Par cette mesure rebelle et autoritaire, Reuter réagit aux nouvelles qui lui sont parvenues sur le contenu du traité de paix et à sa signature imminente. Si la guerre reprend, il n'est pas question que les Anglais puissent disposer de la flotte allemande. Le moment n'aurait pu être plus mal choisi.

La deuxième nouvelle catastrophique aux yeux d'Erzberger vient de Berlin et se répand comme une traînée de poudre à travers le monde : lorsqu'on a appris dans l'ancienne capitale du Reich ce qui s'était passé à Versailles, on a fait brûler publiquement des drapeaux français pris au cours de la guerre franco-allemande de 1870-1871. Informées de ce geste, les puissances victorieuses annoncent que le temps de la réflexion est révolu. L'Allemagne doit accepter le traité sur-le-champ, faute de quoi les opérations militaires reprendront sans délai.

Face aux menaces d'intervention ennemie, une activité fébrile s'empare du gouvernement de Weimar. Les Alliés ne risquent-ils pas de commencer par lancer des attaques aériennes contre Berlin et Weimar ? Erzberger reçoit en même temps des signaux du corps des officiers indiquant que la Reichswehr ne protégera pas le gouvernement si celui-ci approuve le traité. Il reste à peine vingt-quatre heures pour se décider. Le 22 juin, l'Assemblée nationale se résout enfin à accepter la paix. Quelques instants auparavant, une grenade a été lancée contre une fenêtre que l'on croit être celle de la chambre d'Erzberger. Par mesure de précaution, on évacue le nouveau ministre des Finances de la poudrière de Weimar.

Après la mort de Milan, Louise Weiss cherche à surmonter ce deuil à sa manière : elle se noie dans le travail et s'investit avec une conscience professionnelle sans faille dans le numéro de *L'Europe nouvelle* consacré au traité de paix. Elle tient absolument à ce que ce numéro soit tel que Milan l'aurait souhaité. Il avait été un des inspirateurs d'une nouvelle Europe qui semble effectivement voir le jour. « Mon travail serait sa plus belle et secrète oraison funèbre. Peut-être même ce travail cicatriserait-il mes plaies ? » Louise Weiss n'est pourtant pas naïve. Si elle voue toutes ses forces au projet européen, elle sait fort bien que les hommes qui sont en train de fignoler le traité ne sont pas des saints. Ils défendent les intérêts de leurs pays, de leurs gouvernements, et ils sont prêts, pour parvenir à leurs fins, à ignorer les idéaux d'un monde meilleur. Dans sa revue, elle évoque également les tensions qui, dès le premier jour, ont interféré avec les négociations.

Louise Weiss veut à tout prix être présente lors de la signature du traité de paix avec le Reich allemand dans la galerie des Glaces de Versailles, là où le roi de Prusse Guillaume Ier a proclamé la naissance de ce même Empire allemand presque cinquante ans plus tôt pour humilier la France. Le 28 juin 1919, elle prend le train qui longe la Seine jusqu'à Versailles. Le temps est variable, des nuages blancs, quelques rayons de soleil et des gouttes de pluie se succèdent au-dessus du château de Louis XIV qui – par respect pour les vaincus – n'est orné d'aucun drapeau.

Ferdinand Foch n'assiste pas à la cérémonie. Il désapprouve certaines dispositions essentielles du traité. Pour lui, il est intolérable que le tracé de la frontière est de la France ne suive pas le Rhin. Tous les honneurs qui lui ont été accordés depuis la fin de la guerre n'ont rien changé à son attitude inflexible à l'égard de l'Allemagne. Par protestation, l'architecte de la victoire alliée ne met pas le nez à Versailles. Le texte du traité n'est pas tendre pour l'Allemagne : l'article 231 impute ainsi au Reich l'entière responsabilité du déclenchement de la guerre. Les paragraphes suivants prévoient la restitution à la France de l'Alsace et de la Lorraine, ainsi que la cession à la Pologne de la Prusse-Occidentale et de Poznán. La Sarre et ses gisements de houille sont placés sous mandat de la Société des Nations, la Rhénanie est occupée par les troupes alliées. Les effectifs de l'armée de métier allemande sont limités à cent mille hommes. Des réparations d'un montant encore à définir dédommageront les adversaires de l'Allemagne de leurs pertes.

Aux yeux de Louise Weiss, loin de faire un pas en direction d'un accord, cette paix est le prolongement de la guerre par d'autres moyens. Où réside vraiment la nouveauté de ce nouvel ordre mondial dont on fait tant de cas ? La même vieille politique d'intérêts, le trafic d'influence et le marchandage colonial ne continuent-ils pas à dominer le monde ? Les puissances mondiales ne persistent-elles pas à faire la pluie et le beau temps au conseil de la Société des Nations ? Cette institution pesante, privée de véritables organes exécutifs, pourrait-elle un jour être en mesure d'éviter une guerre ?

« Les Glaces reprirent leur rôle, multipliant pour un instant à l'infini les gestes de l'éphémère gouvernement du monde », écrit Louise Weiss. Les représentants de l'Empire allemand, contraints de signer le traité les premiers, lui font pitié. Grâce à la force économique croissante de l'Allemagne, « ces idiots » n'auraient eu qu'à attendre pour finir par dominer l'Europe sans avoir à livrer de guerre. Le président du Conseil français, Clemenceau, qui préside la séance, éveille lui aussi sa compassion. Malgré son triomphe, il ne sera jamais président de la République. Louise va jusqu'à se faire du souci pour Wilson. Pendant la guerre, quand on avait besoin de ses soldats, on l'écoutait. Mais à présent, on l'ignore, en même temps que ses projets ambitieux pour l'Angleterre et la France. Pour finir, Louise Weiss s'apitoie même sur le Premier ministre britannique, David Lloyd George. N'est-il pas sur le point de couper son île du continent au lieu de l'intégrer dans une nouvelle Europe ?

La « pitié » de Louise Weiss reflète l'ambivalence de cette paix : la politique d'intérêts à peine masquée des vainqueurs, le choc des vaincus qui ne peuvent plus ignorer en ce jour que la défaite aura pour eux des conséquences fatales ; les espoirs déçus de toutes les nations qui ont cru au « droit à l'autodétermination ». Les vainqueurs de la guerre, même ceux qui ont obtenu des réparations et ont pu consolider leur position dans le monde, ne se retrouvent-ils pas en fait parmi les perdants ?

N'ont-ils pas laissé passer la chance de se rapprocher les uns des autres dans un nouvel esprit d'équilibre constructif maintenant que les opérations militaires sont terminées ? Le rêve d'un ordre mondial plus juste et plus pacifique a été sacrifié sur l'autel de la raison d'État. Au lendemain de la signature du traité de Versailles, il n'existe toujours pas de solides mécanismes de protection de la paix ; en revanche, on sent s'envenimer des conflits d'où naîtront un jour les flammes d'une prochaine guerre.

Dans les mois qui suivent l'armistice, Virginia Woolf observe avec fascination la réapparition de produits qui avaient disparu des étals vers la fin de la guerre : petits fours, brioches aux raisins et montagnes de bonbons. L'offre n'a tout de même pas encore atteint la diversité des années d'avant-guerre. La conclusion de la paix marquera-t-elle le retour définitif à la normalité ?

Dans son journal, l'écrivaine n'évoque les événements de Versailles qu'incidemment et avec un certain retard. Les cérémonies de la paix ne l'inspirent guère et elle doute qu'il soit utile d'« étrenner une plume neuve » pour cela. Elle regarde par sa fenêtre le défilé de la Victoire organisé sous une pluie battante dans sa petite ville de Richmond. Elle se sent « abandonnée, poussiéreuse, désenchantée ». Ce n'est qu'après le dîner qu'elle a le courage de mettre le nez dehors. Entre-temps, la pluie a cessé. À la taverne du coin, des couples avinés valsent en chantant. Du haut d'une colline, Virginia et Leonard Woolf regardent les quelques feux d'artifice que l'on réussit à tirer malgré l'humidité. « Des boules rouges, vertes, jaunes, bleues s'élevaient lentement dans les airs, éclataient, s'épanouissaient en un ovale de lumière qui retombait en grains minuscules et expiraient. [...] Les fusées qui s'élançaient au-dessus de la Tamise, parmi les arbres, étaient belles. »

Virginia Woolf ne participe pas non plus aux festivités londoniennes et se contente de remarquer « la frange de détritus sur le parcours », après les cérémonies. En revanche, ses bonnes lui racontent, enthousiastes, ce qu'elles ont vu sur Vauxhall Bridge, un pont que « généraux, soldats, chars, infirmières, fanfares » ont mis deux heures à traverser. « C'était, dirent-elles, le plus beau spectacle qu'elles verraient jamais. » Virginia Woolf y voit un « festival pour domestique, un moyen de tranquilliser le peuple, de se le concilier [...]. On sent dans ces cérémonies de la paix quelque chose de calculé, de politique, d'insincère. De plus, il n'y a ni beauté ni spontanéité dans leur déroulement. Peu de drapeaux. [...] Hier à Londres, comme toujours en ces occasions, une masse poisseuse, épaisse de gens somnolents, engourdis comme les abeilles d'un essaim trempé, se rassemblait sur Trafalgar Square et oscillait en tous sens sur les trottoirs environnants ». Virginia Woolf se reproche un peu son humeur sombre et son esprit critique face à un événement d'une telle importance. Mais à quoi bon faire contre mauvaise fortune bon cœur comme à un anniversaire d'enfant où « les choses ont mal tourné » ?

Pendant ce temps, l'ancien prince héritier de Prusse essaie de se distraire de la monotonie de son exil hollandais en travaillant le fer. Le forgeron du village, Jan Liujit, qui lui apprend les rudiments de son métier, a été l'un des premiers habitants dont le représentant des Hohenzollern ait fait la connaissance sur l'île de Wieringen, où il vit déjà depuis plus de six mois. Il a également noué des relations amicales avec la famille du pasteur qui l'héberge. Guillaume lit et écrit un peu, il prend des bains de mer, il reçoit quelques visites de temps en temps. L'hostilité initiale des insulaires se relâche peu à peu. Le Kronprinz joue les hommes du peuple, il va jusqu'à porter des *klompjes*, les sabots hollandais, qu'il n'oublie pas de retirer avant de franchir le seuil d'une maison. Le pire ennemi de Guillaume est l'ennui, qui ne cède que devant l'inquiétude que les Hollandais n'accordent son extradition aux Alliés.

L'ancien héritier du trône allemand n'est pourtant pas un vacancier comme les autres, comme le prouve l'intérêt des chasseurs de souvenirs pour ses ouvrages de ferronnerie. Un Américain est le premier à proposer au forgeron 25 livres pour un fer à cheval que le Kronprinz a réalisé et a signé du W de Wilhelm, Guillaume en allemand. Le forgeron comprend immédiatement qu'il tient là un bon filon ; il est bientôt obligé de passer ses nuits à forger des fers de Guillaume pour satisfaire la demande croissante. Le Kronprinz se contente de secouer la tête : « Le monde veut donc persister, malgré tout, à encourager ceux d'entre nous qui s'y prêtent dans cette mégalomanie dont on nous fait même en même temps de si vifs reproches. Même ici, sur mon île au bout du monde, je ne suis guère à l'abri de ces encouragements irraisonnés. D'abord, c'était mes bouts de cigarettes que l'on ramassait avec ferveur, et maintenant un original offre pour un morceau de fer que j'ai martelé de ma main une somme suffisante pour sauver de la misère un pauvre de mon pays. Je ne m'étonne pas dans ces conditions de ce que plusieurs d'entre nous soient devenus ce que ce culte devait fatalement finir par faire d'eux ! » Ce commerce de souvenirs suscite cependant des critiques : le fils choyé des Hohenzollern qui a fait bombance toute sa vie sur le dos de ses sujets continuera-t-il donc à s'enrichir après sa déposition ? L'opinion publique n'apprend que plus tard que le produit de la vente des fers à cheval revient pour moitié au forgeron et pour l'autre à des familles nécessiteuses de Wieringen.

Dans le calme estival de la petite île de la mer du Nord, les nouvelles de la paix font l'effet d'un coup de tonnerre.

Guillaume est désespéré par le « diktat de Versailles », par le contenu du traité, cinglant comme un « coup de fouet », par « la soif de vengeance aveugle [qui nous] a ainsi ligotés [...]. Des exigences démesurées, irréalisables fût-ce avec la meilleure volonté du monde, des menaces brutales susceptibles de nous étrangler à la moindre défaillance. À quoi s'ajoute une bêtise sans égale – un document qui perpétue la guerre, la haine et l'amertume ».

La seule lueur d'espoir que contient ce traité est qu'il pourrait servir de fondement au retour de l'exilé dans sa patrie. Certes, l'ancien Kronprinz est parti en Hollande de son plein gré en novembre 1918, mais la possibilité de regagner sa patrie dépend du bon vouloir des Hollandais et du nouveau gouvernement allemand. Combien de temps encore devra-t-il lanterner sur cette île ? Et que trouvera-t-il dans sa patrie s'il y revient ? Le réalisme l'oblige à reconnaître que l'ordre nouveau ne tolérera sa présence que s'il renonce à tout rôle public.

Käthe Kollwitz sait gré au mois de mai des signes avant-coureurs du printemps qu'il envoie, mais elle désespère de voir ceux de la paix : « Les hirondelles sont là ! En revenant d'une séance de l'Académie, je suis passée par les Linden. [...] Tout était merveilleux, le ciel lumineux, le vert encore tendre, tout semblait transfiguré. Berlin était redevenu mon foyer. [...] Je connais cela depuis si longtemps. [...] Et maintenant où une paix si terrible nous menace. Le château n'a toujours pas été restauré, le balcon d'où jadis parlait l'empereur est à moitié détruit par les balles, les portails endommagés. Symboles de l'éclat disparu. » Les nouvelles en provenance de Versailles provoquent un regain de troubles à Berlin, qui vient à peine de retrouver une vie quotidienne plus ou moins normale. En mai, des foules confluent une nouvelle fois en direction du centre-ville. L'opinion publique est loin d'être à l'unisson. Certains manifestent pour l'acceptation des conditions de paix dictées par les Alliés, d'autres contre. Ces divisions et la charge émotionnelle du moment rendent les affrontements inévitables.

L'artiste berlinoise ne participe pas aux professions de foi publiques. Elle cherche à exprimer à travers son art le vécu de son époque : perte, mort, deuil et faim, tels sont les thèmes qu'elle aborde. Mais elle a un mal fou à travailler. Autrefois, elle arrivait à se concentrer pendant des heures, à s'abîmer littéralement dans sa création. Désormais, elle est agitée, inquiète, et tant qu'elle ne l'a pas achevée, chaque œuvre lui paraît médiocre.

Le 29 juin 1919, la presse annonce que le nouveau gouvernement du Reich a signé le traité de paix. Après avoir attendu cette heure si longtemps, Käthe n'éprouve plus qu'amertume. « J'avais tellement imaginé ce jour ! Des drapeaux à toutes les fenêtres. Je me demandais toujours quel drapeau j'accrocherais et j'avais décidé de mettre un drapeau blanc sur lequel figurerait en grosses lettres rouges : Paix. Avec des guirlandes et des fleurs autour de la hampe. Je pensais que ce serait une paix de rapprochement et que le jour où elle serait annoncée serait celui de “la reconnaissance dans les larmes”, le bonheur éploré que la *paix* soit revenue. » Si elle a effectivement envie de pleurer, ce n'est pas de joie.

Mais que peut-elle faire sinon poursuivre son chemin ? Son mari doit faire face à un nombre croissant de patients dont beaucoup souffrent de la misère plus que de maladie. Elle-même a des commandes. La vie continue. Elle entreprend de ranger la chambre de son fils mort pour pouvoir y installer sa mère atteinte de démence. « C'est un travail si mélancolique. » Dans l'armoire rouge, elle retrouve le matériel de peinture de Peter, ses carnets de croquis, témoignages de sa vivacité, de son talent. « Sa chambre était sacrée. » Elle devient maintenant profane.

Depuis la signature du traité de paix, s'il ne l'était pas déjà auparavant, Matthias Erzberger est devenu « le plus haï de tous les hommes politiques allemands », pour reprendre la formule d'un de ses contemporains, le théologien et philosophe Ernst Troeltsch. Le comte Harry Kessler, collectionneur d'œuvres d'art, raconte que pendant un voyage en train, il a entendu un vieux monsieur insulter violemment Erzberger et menacer de « balancer quelques grenades sous la voiture » du ministre des Finances.

Cependant, les attaques les plus virulentes viennent d'un certain Karl Helfferich, député du Deutschnationale Volkspartei, qui publie une longue série d'articles dans la *Kreuzzeitung*, un organe conservateur. Il ne critique pas seulement les décisions politiques des dernières années auxquelles Erzberger a été mêlé, il lui reproche également de s'être enrichi personnellement dans l'exercice de ses fonctions. Erzberger, qui, à son nouveau poste de ministre des Finances, doit consacrer toute son énergie à la plus grande réforme financière de l'histoire allemande, se défend bec et ongles contre le portrait de Helfferich qui le présente comme le principal responsable de la « paix honteuse », l'incarnation de tous les maux de la nouvelle République et qui va jusqu'à le traiter de « corrupteur du Reich » et même de « cancer ». En août 1919, les diatribes de Helfferich sont publiées dans une brochure intitulée *Fort mit Erzberger !* – « Erzberger, dehors ! ».

Peu après la signature du traité de paix, Arnold Schönberg reçoit dans son logement du quartier viennois de Mödling une lettre d'un certain M. Fromaigeat de Winterthur, en Suisse, qui l'invite à adhérer à un mouvement créé à Paris dans l'objectif de restaurer l'« Internationale de l'esprit » que les mobilisations artistiques et intellectuelles de la guerre ont détruite.

La réponse détaillée de Schönberg est marquée par la causticité cynique à laquelle il était enclin dès que quelque chose le prenait à rebrousse-poil – c'est-à-dire très fréquemment. Avec une feinte amabilité, le compositeur se dit heureux de constater qu'un mouvement de réconciliation prend sa source à Paris, dans la mesure où c'est « précisément là que tout a été fait, par le biais des mouvements les plus agressifs du début à la fin de la guerre et même au-delà, pour détruire cette Internationale, pour autant qu'elle concerne l'Allemagne ». Mais sa restauration n'est pas une mince affaire. Il n'est pas question de faire comme s'il ne s'était rien passé et de lancer une simple invitation « qui ressemblerait presque à la célèbre "admission" à la Société des Nations. Car il s'est passé quelque chose ! Il s'est passé [...] que Saint-Saëns et Lalo ont tenu des propos inadmissibles sur la musique allemande et qu'après l'armistice, un Claudel parlait encore des "boches" ». Schönberg reconnaît que l'Allemagne n'est pas entièrement irréprochable. « Mais jamais et nulle part on n'est allé aussi loin » qu'à Paris. Il n'acceptera de participer qu'à une initiative d'intellectuels qui prendraient expressément leurs distances avec les égarements du passé récent. Tous les autres doivent être exclus « d'une communauté dans laquelle il ne saurait y avoir qu'une guerre, la guerre contre la bassesse, et une seule arme, le rejet ». Arnold Schönberg n'entendra plus parler de M. Fromaigeat.

Lorsque, après la signature du traité de paix, Louise Weiss contemple la galerie des Glaces désertée et la pagaille des chaises abandonnées, elle comprend que quelque chose est parvenu à son terme, non seulement pour le monde, mais également pour elle, personnellement. Après cette conclusion décevante d'un printemps vibrant d'espérances, elle ne se voit plus passer le restant de ses jours dans l'exiguïté d'une salle de rédaction. Elle veut quitter Paris, pour découvrir de ses propres yeux le continent européen sur lequel elle a tant écrit. Elle veut comprendre le monde et œuvrer pour la paix à laquelle elle croit, à laquelle Milan croyait.

Louise Weiss n'a pas beaucoup d'économies mais il n'est pas question que cela contrarie ses projets de voyage. Elle est devenue une journaliste respectée et ne manque pas de relations. *Le Petit Parisien* se vend quotidiennement à plus d'un million d'exemplaires et son soutien peut jouer un rôle déterminant dans l'élection d'un homme politique. Louise Weiss rend visite au rédacteur en chef, Élie-Joseph Bois, à qui elle a été recommandée par le nouveau ministre tchèque des Affaires étrangères, Edvard Beneš. Bois lève à peine les yeux des dépêches qui encombrent sa table : « Qu'y a-t-il pour votre service ? » Louise Weiss sait que son temps est compté et qu'elle a intérêt à en venir immédiatement au fait : « Si vous me nommiez votre correspondante à Prague [...], *Le Petit Parisien,* qui est le premier ici, deviendrait le premier là-bas. » Bois quitte sa chaise, il arpente son bureau. Puis il la prend par les épaules : « Vous n'y pensez pas ! » dit-il. Il ne peut tout de même pas envoyer « une correspondante en jupons » dans une zone de guerre. Mais « moi, j'ai du talent », insiste Louise Weiss et Bois ne peut que lui donner raison. Il finit par céder : qu'elle parte ! « Je ne vous promets rien, ajoute-t-il. Envoyez-moi quelques articles. S'ils plaisent au patron, je les publierai. »

Le grand défilé du 14 juillet 1919 est l'une des dernières images de la capitale française que Louise Weiss emporte dans ses bagages. Les unités alliées défilent sur les Champs-Élysées depuis l'Arc de Triomphe en direction du Louvre.

C'est l'apothéose des maréchaux Joffre et Foch. Louise Weiss a honte pourtant en voyant les soldats noirs des colonies et les troupes indiennes appelés en Europe pour tuer et être tués au nom d'une cause qui ne les concernait pas. Elle est convaincue que cela doit changer, mais ne sait pas encore comment. Circonscrire la guerre, « la codifier, la limiter, soigner ses blessés, célébrer ses morts, en un mot l'humaniser, quelle comédie. Elle était inacceptable. Il fallait la supprimer ».

Par une chaude soirée d'août, Louise Weiss se rend à la gare de l'Est où elle monte dans un train pour Prague dont certains wagons sont encore blindés. La journaliste n'est « armée que de [ses] quinze cents francs d'économies, de [ses] vingt-six ans et de [sa] foi ». Personne ne l'accompagne à la gare ; ses parents eux-mêmes ne sont pas venus lui souhaiter bon voyage.

Le 21 octobre 1919, Virginia Woolf trouve au courrier six exemplaires justificatifs de *Nuit et jour*. « Suis-je inquiète ? Étonnamment peu ; plus émue et contente qu'inquiète. D'abord, le voilà sorti ; c'est chose faite, et puis j'en ai lu un peu et cela m'a plu ; et puis j'ai à peu près confiance que les personnes dont j'apprécie le jugement en penseront plutôt du bien, sentiment qui est très renforcé par la certitude que même s'il n'en est rien je m'en remettrai et commencerai une autre histoire à ma manière. »

Les premières réactions qui parviennent à Virginia Woolf par courrier sont encourageantes : « Indéniablement une œuvre absolument géniale », écrit son beau-frère Clive Bell. « J'avoue que cela me fait plaisir ; et en même temps, je ne suis pas convaincue qu'il en soit comme il dit. C'est tout de même là une preuve que j'ai raison de ne pas m'inquiéter. » Son nouvel ascendant dans les cénacles littéraires a une autre conséquence : elle ne peut plus guère se dérober aux commandes de critiques.

Elle tape sans désemparer sur sa machine à écrire et rédige parfois le compte rendu d'un roman par jour malgré de douloureux rhumatismes aux mains. Les premiers échos arrivent, certains sont élogieux, d'autres lui reprochent avec virulence de ne pas être à la hauteur de ses propres exigences artistiques. Pourra-t-elle un jour se passer de travaux alimentaires ?

Pendant que Leonard se remet d'une crise de paludisme, maladie qu'il a contractée jadis à Ceylan, et que Virginia constate une nouvelle fois combien elle dépend de lui, elle retrace sa propre ascension étape par étape, non sans ironie et doutes. Un peu plus tard, elle fait « ses débuts de petite célébrité » chez lord et lady Cecil. Outre le fils de ses hôtes, elle y rencontre le prince Antoine Bibesco et son épouse Elizabeth, la fille de l'ancien Premier ministre Herbert Henry Asquith. Tous veulent connaître l'écrivaine qui fait tant parler d'elle. Elizabeth, qui appartient à une excellente famille, paraît franchement inquiète à Virginia Woolf qui l'attire à l'écart pour bavarder. La jeune femme ne prend pas la peine de faire des réflexions particulièrement intelligentes, bien qu'elle soit extrêmement cultivée et qu'une de ses tantes écrive, elle aussi. Elle n'ose pas contredire Virginia Woolf, comme si elle désirait « se faire bien voir des intellectuels ». Virginia Woolf ne peut se défendre d'éprouver un agréable sentiment de supériorité. Sans doute est-ce cela, le succès.

En cette même année 1919, Rudolf Höss part pour les États baltes avec un millier de combattants du corps franc Rossbach. Certes, le gouvernement du Reich a explicitement interdit que de nouvelles unités allemandes participent aux combats qui se déroulent au sud de la Baltique. Le ministre de l'Armée, Gustav Noske, a même menacé de donner l'ordre de tirer sur tous ceux qui franchiraient la frontière avec les États baltes. Mais les unités illégales ignorent cette interdiction. Lorsque Höss et ses camarades arrivent à la frontière est du Reich, ils braquent leurs fusils-mitrailleurs sur les garde-frontières qui les saluent et les laissent passer. Ce genre d'initiatives rebelles finit par entraîner la dissolution du corps franc Rossbach, qui se réfugie alors dans la clandestinité.

Les corps francs rejoignent les unités de Russes, d'Allemands de la Baltique et d'Allemands du Reich de « l'Armée de libération de la Russie occidentale », qui luttent contre la République de Lettonie récemment fondée et veulent marcher contre la révolution russe. Höss se souviendra jusqu'à la fin de sa vie des combats livrés dans les pays baltes, en raison des atrocités infligées à la population civile, qu'il impute évidemment exclusivement à l'ennemi. Ces affrontements, écrit-il, se distinguent « par un caractère acharné et sauvage tel que je n'en ai connu ni pendant la Grande Guerre, ni même, par la suite, au cours des activités guerrières d'autres corps francs. Il n'y avait pas de front dans le sens précis du mot : l'ennemi était partout. Chaque engagement se transformait en massacre poursuivi jusqu'au complet anéantissement ». Höss voit des maisons incendiées, des habitants brûlés vifs. L'image de cabanes calcinées et de membres carbonisés le hantera jusqu'à la fin de ses jours. « J'étais encore, à cette époque, capable de prier, et je ne m'en privais pas. »

VI

La fin du commencement

Nous souffrions du mal de l'Allemagne.
La transformation qui s'opérait en elle,
nous la ressentions comme une douleur
physique. [...] Nous avions toujours été
au plus fort de la mêlée, nous avions toujours
été là où s'accomplissait la destruction [...].
Et pris ainsi entre deux ordres, l'ancien
que nous étions en train d'abolir et le nouveau
que nous aidions à construire, [...]
nous avions perdu la paix, nous étions devenus
des sans-patrie, porteurs maudits de forces
créatrices, puissants par notre volonté
de ne reculer devant aucune responsabilité.

Ernst von Salomon, *Les Réprouvés*, 1930,
trad. A. Vaillant et J. Kuckenburg.

Walter Gropius,
Monument aux « morts de mars », 1922

Le 26 janvier 1920 vers 14 h 30, Matthias Erzberger quitte le premier tribunal de grande instance du palais de justice de Berlin Moabit qui doit se prononcer sur les accusations que Karl Helfferich a portées contre lui. L'affaire a fait grand bruit. Erzberger se laisse tomber sur la banquette arrière de sa voiture quand un jeune homme bondit sur le marchepied du véhicule et tire deux coups de feu à bout portant contre le ministre des Finances. Une balle touche Erzberger à l'épaule, l'autre ricoche sur sa chaîne de montre. Après une seconde de stupéfaction générale, le criminel est maîtrisé. Erzberger, qui saigne abondamment, est conduit à l'hôpital. Il se remet de sa blessure, mais restera à jamais hanté par ce traumatisme, par la conscience de sa vulnérabilité.

Le même tribunal rend, le 12 mars 1920, son jugement dans le procès en diffamation que Matthias Erzberger a intenté contre Karl Helfferich. Ce dernier est condamné à une amende de 300 marks. Mais le véritable perdant est Erzberger, car le tribunal reconnaît que les reproches concrets de Helfferich contre lui sont partiellement fondés. Erzberger est désormais considéré comme un homme politique qui a tiré profit de sa situation pour lui-même et pour ses proches. Il décide de quitter ses fonctions de ministre des Finances jusqu'à ce qu'une nouvelle procédure judiciaire se prononce sur ces accusations. Son retrait provisoire de la vie publique est pain bénit pour la presse de droite. Käthe Kollwitz elle-même affirme qu'il « semblerait qu'Erzberger soit un fricoteur ».

Entre l'été 1919 et le début de l'année 1920, nous quittons le « pays enchanté de la période d'armistice » cher à Troeltsch, nous nous éloignons du noyau de la comète dont la chaleur torride avait fait naître des perspectives optimistes avant de les consumer. Un grand nombre de journaux intimes, de correspondances et de Mémoires témoignent d'un changement de climat après la signature des traités de paix à Versailles. Le quotidien reprend peu à peu ses droits. Néanmoins, surtout dans les pays où la fin de la guerre a entraîné de profonds bouleversements, c'est un quotidien soumis à des conditions instables, voire dangereuses. On a l'impression que les temps difficiles n'en finiront jamais.

Les rêves les plus noirs s'affirment de plus en plus franchement – des visions destructrices, haineuses, dont la réalisation repose sur une violence nouvelle et constamment renouvelée. Les idéologies totalitaires, qui se menacent réciproquement de destruction, se vouent une hostilité ouverte et mortelle. Le siècle des extrémismes s'annonce.

« Bouleversements, morts, vacarme, peur ». En mars 1920, Alma Mahler se rend à Weimar pour voir Walter Gropius, qui est encore son mari. Le 13 de ce mois, elle observe des scènes inquiétantes depuis les fenêtres de l'hôtel *Elephant* : « Devant moi, s'étend la place du marché. La nervosité grandit avec le crépuscule. Les jeunes hommes porteurs de casques à pointe du Kapp-Partei sont couverts de crachats par les travailleurs. Ils ne bougent pas. La foule beugle. » À Weimar, siège de l'Assemblée nationale allemande, Alma est également aux premières loges pour assister à la tentative de putsch contre la jeune République allemande. À Berlin comme ici, les corps francs ont pris le contrôle de la ville. La brigade de marine Ehrhardt est entrée dans l'ancienne capitale du Reich, de nombreux soldats ont dessiné à la peinture blanche une croix gammée sur leurs casques. Le gouvernement du Reich dirigé par Ebert se résout à fuir la capitale, tout en appelant à la grève générale. Un des meneurs du putsch, l'agent administratif Wolfgang Kapp, est déclaré chancelier du Reich par ses partisans.

Depuis la fenêtre de son hôtel, Alma Mahler assiste à la vaine tentative d'un délégué du gouvernement pour jouer les médiateurs entre putschistes de droite et contre-manifestants de gauche. La nuit tombe : « Pas une lumière. La masse est encore plus inquiétante dans l'obscurité que dans la lumière. Ici et là, une allumette flambe au bout d'une cigarette. [...] La peur du pillage nous noue le gosier. Nous osons à peine parler à voix haute. »

Par les temps qui courent, on ne se contente pas de clamer son opinion dans la rue : Alma Mahler se fait grossièrement insulter à cause de son « amour des Juifs » (allusion à Franz Werfel) par l'artiste russe en exil Vassily Kandinsky, qui sera bientôt nommé enseignant au Bauhaus. Kandinsky et sa femme la traitent de « servante des Juifs, etc. ». Il est paradoxal qu'on lui inflige pareil affront alors que – à l'image de Walter Gropius – elle ne fait pas mystère de son ressentiment pour les Juifs, tout en entretenant avec certains des liens non seulement d'amitié mais aussi conjugaux puisqu'au cours de sa vie, elle en épousera deux – Gustav Mahler et Franz Werfel.

Dès le lendemain, le 14 mars 1920, les effets de la grève générale, la plus massive de l'histoire allemande, commencent à se faire sentir : « Les ruisseaux ne sont plus curés, une puanteur règne dans les rues. On est obligé d'aller chercher l'eau au loin. Mais le pire est que les travailleurs s'opposent à ce que l'on enterre les morts. Des étudiants, qui s'étaient glissés nuitamment jusqu'au mur du cimetière où l'on déchargeait simplement les morts, furent dispersés par les travailleurs, bien plus nombreux qu'eux, qui montaient la garde en ce lieu. Les cadavres restèrent donc plusieurs jours privés de sépulture, à même le sol. Le 21 mars eut lieu l'enterrement des travailleurs tombés au combat. Le cortège passa sous ma fenêtre. Une suite ininterrompue d'emblèmes et de pancartes portant : Vive Rosa Luxemburg ! Vive Liebknecht ! Le corps des architectes était représenté au grand complet. Walter Gropius, qui vit quelques ministres dans le cortège, regretta de m'avoir écoutée en s'abstenant de le suivre. Mais moi, je voulais seulement qu'il évite de faire de la politique. Les officiers abattus ont été enterrés comme des chiens galeux. Ce n'étaient d'ailleurs que des esclaves payés. Oui, le monde est plein d'équité ! » Le putsch s'achève par un échec cinq jours plus tard, faute de soutien auprès de la population et surtout au sein de l'appareil d'État. Wolfgang Kapp a déjà pris la fuite pour la Suède.

Ces journées de mars auront tout de même prouvé qu'en Allemagne, la gauche n'est pas la seule à rêver de révolution. L'élan révolutionnaire, l'effet d'entraînement, la puissance d'un mouvement rigoureusement coordonné, la mobilisation des masses, la volonté de bouleversement – tout cela s'observe aux deux extrémités du spectre politique, en même temps que la conviction qu'une violence acharnée est tolérable pour anéantir un adversaire. La République de Weimar n'en a pas moins résisté à une nouvelle épreuve de force. Ce ne sera pas la dernière.

Käthe Kollwitz est à Berlin au moment du putsch contre la République de Weimar : « La contre-révolution s'est installée. Ce matin de bonne heure, des troupes fidèles au roi sont arrivées de Döberitz avec les drapeaux noir-blanc-rouge. Le gouvernement est en fuite, les bâtiments publics occupés, *Vorwärts* et *Freiheit* interdits. Dans les rues, les gens se rassemblent en groupes, chacun se sent condamné. Que va-t-il arriver ? De nouveau le mois des inquiétudes ! » L'artiste vit dans l'angoisse de nouvelles « luttes fratricides ». « Cela s'est posé sur ma poitrine comme du plomb lorsque j'en ai entendu parler, terriblement lourd. »

Quelques jours plus tard, elle discute avec Helene, une jeune amie. Elle a rarement eu l'occasion de parler aussi ouvertement avec une femme plus jeune qu'elle des fractures de leur monde commun. Helene n'est pas de ceux qui ont applaudi en voyant le vieux Reich s'effondrer sous les coups de la guerre et de la révolution. En ces temps troublés, elle regrette de n'avoir ni mari ni enfants. Elle réagit avec fatalisme, elle a l'intention de se laisser porter par les événements, de voyager peut-être, d'être le jouet des courants du temps. « Rarement une fille de cette génération m'a touchée aussi profondément, note Kollwitz dans son journal. Nous nous efforçons tous à notre façon de trouver notre chemin dans cette vie actuelle, compliquée et convulsive. » Bien qu'elle ne soit plus toute jeune, elle se trouve dans la même situation, mais au moins, songe-t-elle, elle conserve le souvenir de temps meilleurs. La guerre a fait de Käthe une pacifiste, la révolution a ranimé son espoir d'assister à la naissance d'une Allemagne qui serait tout à la fois socialiste, républicaine et humaine, d'une Allemagne plus juste. Il n'en reste plus rien désormais ; ne demeure que la nostalgie du passé.

La nouvelle du putsch de Kapp marque la fin de tous les espoirs de Guillaume, l'ancien Kronprinz, de pouvoir retourner prochainement dans sa patrie. Au début de l'année 1920, la vie politique allemande semblait s'être suffisamment apaisée pour que sa présence sur le territoire du Reich en tant que simple particulier puisse paraître tolérable. L'annonce du putsch réduit ce rêve en lambeaux. C'est une douloureuse déception, à laquelle le Kronprinz aurait pourtant dû s'attendre.

Il reste en effet une figure symbolique pour la droite allemande, ce qui explique que les instigateurs du putsch de Kapp aient pris contact avec lui bien avant la tentative de renversement de la République. Ils voulaient savoir si, une fois le putsch réussi et la monarchie restaurée, il serait disposé à en prendre la tête. Guillaume était convaincu – à l'instar des putschistes – que la République était une forme de gouvernement qui ne convenait pas à l'Allemagne. Il jugeait indispensable qu'un noyau de stabilité, autrement dit un roi ou un empereur, se situe au-dessus des luttes de partis. Et il se jugeait plus capable que son père de donner à l'État monarchique une légitimité et un visage nouveaux. En même temps, après les expériences de la guerre et de la révolution, il était conscient qu'une nouvelle monarchie ne devait pas se créer contre la volonté du peuple. Aussi avait-il répondu clairement en ce sens aux conjurés tout en doutant certainement par-devers lui que leur projet se concrétise.

Les Alliés aussi bien que les hôtes néerlandais de Guillaume étaient loin de sous-estimer le risque qu'incarnait le prince. Son retour en Allemagne était considéré comme un danger on ne peut plus réel – en effet, la rumeur faisait état de plans d'évasion, par bateau, par sous-marin ou par avion. Quand la nouvelle du putsch de Kapp se répand en Europe, un torpilleur prend même position au large de Wieringen et, au moment où le putsch éclate en Allemagne, son équipage tire effectivement sur un avion qui approche. On découvre ensuite qu'il s'agissait d'un appareil hollandais – ainsi victime d'un « tir ami ». Pour le prince héritier, la fin de tout espoir de retour prochain constitue « une des plus grandes épreuves de toute [s]a vie ».

Après avoir appris l'issue du putsch de Kapp, l'ancien héritier du trône contemple d'un œil nouveau le petit jardin qui s'étend devant la porte de son logis d'exilé. Jusqu'à présent, il ne s'est pas soucié de ce carré de terre qu'il a laissé en friche. Le premier soleil printanier éclaire des broussailles et des massifs envahis de mauvaises herbes. Sachant à présent qu'il risque fort d'être condamné à passer encore de longues années ici, Guillaume éprouve soudain le besoin de cultiver ce lopin. Prenant une bêche, il retourne le sol jusqu'à ce qu'il ait « mal au dos ».

Le 20 mars 1920, Terence MacSwiney apprend que les forces de sécurité ont abattu un de ses plus proches compagnons de lutte, son vieil ami Tomás MacCurtain. À l'aube, des hommes au visage barbouillé de noir ont fait irruption chez lui. Ils ont maîtrisé sa femme et ouvert le feu sur celui qu'ils recherchaient – le jour même de ses 36 ans. Le corps criblé de balles, le maire de Cork a dévalé l'escalier. Mort.

MacSwiney prend la relève, s'exposant ainsi encore plus qu'il ne l'était déjà. Il doit de surcroît participer aux opérations de représailles que le mouvement pour l'indépendance lance contre les assassins de MacCurtain. Ainsi commence, comme le déclare plus tard Michael Collins, un « cycle infernal, une course meurtrière » qui conduit les indépendantistes irlandais à ne pas s'en prendre seulement aux Britanniques mais aussi aux Irlandais fidèles à l'Angleterre.

Le 10 avril 1920, Virginia Woolf note dans son journal qu'elle se « propose de commencer *La Chambre de Jacob* ». Elle espère réussir à écrire enfin le roman moderne qui répondra à ses critères ambitieux – un roman capable de rendre véritablement la vie. Dans un carnet qu'elle inaugure pour l'occasion, elle note : « L'essentiel, me semble-t-il, est que ce soit libre. » Sous cette phrase, elle esquisse la première scène du roman, dans laquelle le lecteur découvre le personnage principal, Jacob, encore enfant.

Jacob se trouve dans une station balnéaire avec sa mère et son frère. Le petit garçon veut explorer la plage et la mer, observer les moules et les crabes, au grand déplaisir de sa mère qui, rongée d'inquiétude et furieuse de son escapade, part à sa recherche avec son frère. Cette idylle estivale laisse déjà transparaître quelques signes menaçants : vagues écumantes, rochers noirs et le crâne blanchi d'un mouton mort. Au fil du récit, la vie de Jacob se déroule telle une interminable succession d'obstacles imposés par la famille, les établissements scolaires et l'armée. La trace du jeune homme qui porte, ce qui n'a rien de fortuit, le patronyme de Flanders se perd finalement en 1914. Dans la dernière scène du roman, sa mère se désole dans sa chambre vide, rangée, où seule une paire de chaussures témoigne encore de l'existence de Jacob. Toute sa vie, il aura manqué d'espace, de place, de marge de manœuvre et toutes les pièces qu'il a habitées le long de son bref parcours auront été autant de prisons exiguës. En définitive, elles lui auront survécu.

Le 7 mars 1920, à Damas, Fayçal Ier est couronné roi de Syrie, après que le Congrès national syrien a déclaré l'indépendance de la monarchie arabe. Mais à cette date, les observateurs bien informés savent que la fenêtre d'espoir qui a paru s'ouvrir brièvement après l'accord parisien sur l'indépendance syrienne commence déjà à se refermer.

Peu après la lettre enthousiaste qu'il a adressée au Premier ministre britannique, Thomas E. Lawrence a compris que ses espérances étaient illusoires. Depuis qu'il a quitté Paris, il passe l'essentiel de son temps à Oxford. Mais sa mère, chez qui il loge, s'inquiète pour lui. Au sortir des épreuves de la guerre et de la paix agitée, Lawrence s'enfonce de plus en plus souvent dans la mélancolie. Après le petit déjeuner, il reste assis à la même place, immobile, le visage de marbre. À All Souls College, il lit et relit inlassablement un long poème de Charles Montagu Doughty intitulé *Adam Cast Forth,* qui parle d'Adam et Ève chassés du jardin d'Éden.

L'instabilité de Lawrence est encore aggravée par un secret de famille longtemps soigneusement gardé, que sa mère lui a confié après la mort de son père, en 1919. Il a ainsi appris ce qu'il pressentait depuis longtemps : son père n'était pas celui qu'il prétendait être. Son véritable nom était Thomas Robert Tighe Chapman. Issus de la noblesse anglo-irlandaise, les Chapman étaient à la tête d'importantes propriétés foncières aux environs de Dublin. Étant le fils aîné, le père de Lawrence avait, jeune homme, toutes les chances de vivre dans l'aisance. Il avait épousé Edith Sarah Hamilton, comme lui de haute extraction, qui lui avait donné quatre filles. Mais cette union ne fut pas heureuse. Tandis que le zèle religieux d'Edith étouffait tout son entourage, Chapman commença à sombrer dans l'alcool et devint de plus en plus maussade. Son humeur ne s'améliorait que lorsque leur gouvernante écossaise, Sarah Lawrence, entrait dans la pièce. Ils nouèrent une liaison et, en 1885, la domestique tomba enceinte. Chapman chercha à éviter que l'affaire s'ébruite en louant pour Sarah et son nouveau-né une chambre à Dublin, où il leur rendait régulièrement visite. Mais lorsque son épouse découvrit l'adultère et cette naissance illégitime, elle obligea Thomas à choisir. Chapman eut certainement du mal à se décider, mais il finit par renoncer à son élégante demeure pour mener une existence beaucoup plus austère en compagnie de l'ancienne bonne, issue d'un milieu modeste. Ils ne se marièrent jamais, vécurent dans l'anonymat et la simplicité dans différentes localités et eurent neuf enfants, dont six atteignirent l'âge adulte. L'un deux était Thomas E. Lawrence, qui ne comprit qu'en 1919 pourquoi son père avait rarement travaillé, allait volontiers à la chasse, parlait couramment le français et était remarquablement cultivé. Lawrence prit alors conscience de la source de ses déchirements intérieurs : il était à la fois fils de noble et bâtard.

C'est dans cet état d'esprit qu'il apprend les nouvelles bouleversantes concernant le Proche-Orient. Le destin du royaume de Syrie est scellé à la conférence de San Remo qui se tient en avril 1920 et définit la future organisation du pouvoir dans les régions situées à l'est de l'espace méditerranéen. Celle-ci repose sur ce qu'on appelle le « système des mandats ». Créé par la toute nouvelle Société des Nations, il établit une forme de compromis entre l'exigence d'autodétermination nationale formulée par Wilson (et reprise par de nombreux peuples de la planète) et les revendications de pouvoir des grandes puissances. On évite ainsi d'avoir à partager les territoires des empires effondrés entre les vainqueurs de la guerre sans accorder pour autant leur indépendance à ces pays. Ils sont censés évoluer sous la protection de la Société des Nations jusqu'à ce qu'ils aient atteint la « maturité » nécessaire à l'autonomie.

La Société des Nations accorde des « mandats » à différents États, chargés de contrôler les pays concernés. La France doit ainsi exercer un mandat sur la Syrie et le Liban, tandis que la Grande-Bretagne se voit confier la Palestine et la Mésopotamie, le futur Irak. La France ne fait pas mystère de la manière dont elle conçoit son rôle de protectrice. Peu après la décision de San Remo, elle intervient en Syrie, attaque le nouvel État arabe, illégitime aux yeux de la communauté internationale, et remporte une victoire décisive à la bataille de Khan Mayssaloun. À peine couronné, le roi Fayçal perd son trône et s'exile en Grande-Bretagne. C'est un jalon déterminant pour le Proche et le Moyen-Orient, pour toute cette conjonction d'espoirs et de convoitises encore présente aujourd'hui. Si Thomas E. Lawrence nourrissait encore quelque espoir de concrétisation du rêve arabe, il les perd en cet instant.

Entre-temps, l'été est arrivé sur Wieringen. Toujours prisonnier de son îlot néerlandais, Guillaume de Prusse vit en ermite dans sa chambre. Dans l'indolence de ces chaudes journées, une autre nouvelle amère lui arrive de Potsdam : son jeune frère, Joachim, s'est suicidé dans la villa Liegnitz, située dans le parc du château de Sanssouci. Après l'échec du putsch de Kapp, Joachim, déjà sujet à des états dépressifs, a perdu toute foi dans une restauration des Hohenzollern et a estimé que la vie ne valait plus d'être vécue. Le 18 juin 1920, il se tire une balle, s'infligeant une grave blessure à laquelle il succombe peu après.

Malgré cette épreuve, Guillaume ne peut que constater que son appétit de vivre reste intact. Il préfère encore exister en ces temps nouveaux que tout envoyer valser. En dépit de l'avènement de la République, les Hohenzollern n'ont pas perdu l'intégralité de leurs anciennes possessions. La famille a conservé beaucoup de ses biens et Guillaume une petite étincelle d'espoir. Peut-être l'avenir verra-t-il s'imposer d'autres temps. Peut-être la révolution de 1918 n'était-elle pas la dernière.

En août 1920, les proches de Terence MacSwiney ne peuvent que constater que le nouveau lord-maire de Cork est à bout de forces. Son travail pour le Parlement irlandais indépendant, ses activités simultanées dans sa région natale et la crainte constante d'une arrestation ou d'un attentat l'ont épuisé. Cela fait des mois qu'il n'a plus passé une nuit dans son lit. L'IRA a installé une unité de protection devant son bureau. Sa fille Maíre ne connaît de lui qu'une voix au téléphone, ou presque ; chaque fois que l'appareil sonne, la petite s'empare du combiné, ravie. Mais la menace ne cesse de se rapprocher. La rumeur de son propre décès parvient même aux oreilles de MacSwiney. Ses médecins lui conseillent de partir se reposer.

Il est déjà trop tard. Le 12 août 1920, des unités militaires fortes de plus de cent hommes encerclent l'hôtel de ville de Cork où est également situé le bureau de MacSwiney. Celui-ci cherche à fuir par une sortie dérobée, mais il est arrêté au moment où il quitte le bâtiment. On le conduit à la caserne Victoria. Là, on le dépouille de tous ses effets personnels. La police locale prétend avoir trouvé sur lui un code de décryptage qui serait la preuve de ses activités illégales. Peu après, Muriel MacSwiney reconnaît son mari sur le plateau d'un camion de l'armée qui doit le conduire devant le tribunal militaire chargé de le juger. Elle a appris par des combattants de l'IRA libérés que, juste après son arrestation, son mari a demandé à ses codétenus d'entreprendre une grève de la faim. Elle le connaît assez pour savoir que, quelle que soit la décision de ses camarades, il aura refusé depuis toute nourriture. L'image de son visage émacié et son impuissance à elle la mettent au supplice. Même si elle lui jetait un morceau de pain, il ne le mangerait pas. « Dès le jour où j'ai appris que mon mari faisait une grève de la faim, j'ai été convaincue qu'il mourrait. »

Le 16 août 1920, le procès de Terence MacSwiney, qui est désormais une personnalité de premier plan, s'ouvre sous les regards attentifs de la presse irlandaise et britannique. Muriel peut profiter des interruptions de séance pour échanger quelques mots avec son mari en irlandais. Bien qu'au bout de cinq jours, sa grève de la faim ait visiblement commencé à l'affaiblir, sa volonté paraît intacte. Quand il se lève pour répondre aux accusations, il affronte ses juges sans crainte et rappelle que toute la procédure engagée contre lui est illégale à ses yeux. « La République irlandaise existe » : tel est son leitmotiv. Les représentants de l'ancien régime irlandais ne devraient pas se permettre de faire le procès des représentants de la République.

Lorsque le jugement est prononcé – deux ans de prison –, MacSwiney reprend la parole : « Quelle que soit la décision de votre gouvernement, je serai libre dans un mois. » Il a défini lui-même ses conditions de détention en faisant la grève de la faim depuis cinq jours et fixe aussi lui-même le terme de sa captivité.

Le 18 août 1920, Moina Michael lit dans le journal *The Atlanta Constitution* un entrefilet qui va changer sa vie. Dix-huit mois se sont déjà écoulés depuis son départ de New York et les premiers succès de sa campagne des *Remembrance Poppies.* Cependant, malgré tous ses efforts et malgré les initiatives du designer Lee Keedick qui a investi de grosses sommes dans une opération nationale de communication, le coquelicot peine à s'épanouir. Moina Michael commence à se décourager et envisage de laisser tomber les anciens combattants pour ne plus se consacrer qu'à son métier.

Cet article de presse lui remonte le moral. Elle ignorait jusque-là qu'avant même d'avoir quitté le sol français, les anciens combattants américains avaient commencé à s'organiser au sein de l'American Legion. Moina apprend alors que la Légion va se réunir à Augusta, à quelque 150 kilomètres de sa ville natale d'Athens. C'est une lueur d'espoir, et elle n'hésite pas un instant. Prenant sous son bras une caisse de coquelicots en tissu et les poèmes illustrés de John McCrae qui l'avaient inspirée autrefois, elle se rend à Atlanta, où trois délégués de l'American Legion s'apprêtent à partir pour Augusta. Elle réussit à convaincre l'un d'eux de présenter sa résolution en séance.

Moina Michael vit les journées suivantes dans un état de fébrilité extrême. Enfin, une nouvelle exaltante lui parvient d'Augusta : la division géorgienne de l'American Legion a adopté le coquelicot comme symbole officiel de la commémoration des victimes de la Première Guerre mondiale. L'assemblée a également décidé de profiter de la prochaine réunion du Congrès national de l'American Legion pour faire du *poppy* le symbole de ses activités dans tout le pays. Au même moment, des contacts sont pris avec d'autres pays. En effet, Anna Guérin, fondatrice de l'American and French Children's League, assiste à cette réunion. Depuis la fin des hostilités, elle a lancé aux États-Unis une collecte de dons au profit des enfants des territoires français ravagés par la guerre. Anna Guérin a compris l'immense potentiel du coquelicot. Elle fait confectionner par des enfants français des insignes en forme de coquelicots qui seront vendus en Amérique et dont les bénéfices seront reversés en France aux indigents.

Grâce à Anna Guérin, la campagne des coquelicots remporte un succès mondial : l'année suivante, elle envoie à Londres des Françaises pour participer à une opération de vente. Elle persuade également Douglas Haig, président de la British Legion, de présenter cette fleur aux Britanniques sous un jour attrayant. Par l'intermédiaire de délégués, elle réussit à mobiliser en faveur de la fleur des champs de bataille de Flandre tous les dominions du Commonwealth, avec en tête le Canada, l'Australie et la Nouvelle-Zélande. Bientôt, la quasi-totalité du monde anglophone s'unit autour du symbole du coquelicot, en tout cas lors des cérémonies annuelles de commémoration qui se tiennent au mois de novembre à partir de 1921. La vision que Moina Michael a eue en novembre 1918 est devenue réalité. La marche triomphale du *Remembrance Poppy* a commencé.

Après avoir traversé la mer d'Irlande et le Pays de Galles, Terence MacSwiney est conduit à la prison de Brixton, au sud de Londres, où il est hospitalisé sous le matricule 6794. Ce voyage l'a épuisé, d'autant plus que cela fait une semaine qu'il fait la grève de la faim et n'a absorbé que de l'eau. Peu après son arrivée, un journal annonce que MacSwiney ne passera peut-être pas la nuit. Le personnel de la prison lui apporte régulièrement des plats appétissants, auxquels Terence MacSwiney ne touche pas. Le prisonnier passe presque tout son temps au lit pour ménager ses forces. Il veut rester en vie aussi longtemps que possible. Il espère en effet que le gouvernement anglais finira par se raviser, et tient à continuer à attirer l'attention des médias et de l'opinion publique sur son cas.

Mais les conséquences de la dénutrition commencent à se faire sentir. La peau de MacSwiney est devenue extrêmement fragile et il a des plaies ouvertes en plusieurs endroits du corps. Ses articulations sont enflées et douloureuses, tandis que son organisme puise dans la masse musculaire les substances nutritives indispensables. On fait venir un prêtre pour prier avec MacSwiney et administrer l'extrême-onction au prisonnier affaibli.

L'Irlandais se révèle pourtant plus coriace que les médecins ne l'auraient cru. Quatre semaines après son arrestation, il est encore en vie et fait quotidiennement les gros titres de la presse irlandaise, anglaise et américaine. Depuis Dublin, Michael Collins commence à faire franchir la mer d'Irlande à des combattants de l'IRA et prépare une opération d'évasion. Au même moment, des témoins oculaires affirment que Terence MacSwiney est désormais incapable de bouger. Il ne prononce plus que les mots absolument indispensables et chaque jour est une nouvelle lutte contre la mort.

Les pétitions affluent chez le roi George V, l'implorant d'user de son droit de grâce. Mais le gouvernement britannique reste inflexible. Ce n'est pas la première grève de la faim d'un indépendantiste irlandais et la Grande-Bretagne refuse de céder au chantage. En effet, MacSwiney a clairement fait savoir qu'il ne mettrait fin à sa grève qu'à une condition : sa libération immédiate. Le gouvernement n'en est pas moins soucieux ; toutefois, la santé d'un homme qui a consacré sa vie à lutter contre l'Empire le préoccupe moins que la situation irlandaise. Les autorités craignent en effet que la mort de MacSwiney ne fasse basculer l'Irlande du Sud dans la rébellion ouverte et que le maire de Cork ne devienne un martyr de la cause irlandaise. Début septembre, un cortège de quatre mille ouvriers dublinois s'est déjà formé pour aller assister à une messe donnée pour le lord-maire. À l'inverse, on peut également craindre que sa libération ne fasse perdre confiance aux forces de l'ordre irlandaises fidèles à l'Angleterre qui risquent d'hésiter à continuer à travailler pour la Couronne et pour l'Empire et pourraient même se mobiliser pour manifester violemment. Lorsque arrive la mi-septembre, l'état de Terence MacSwiney s'est tellement dégradé qu'on ne peut même plus envisager de le maintenir en vie en l'alimentant de force, comme on l'a fait lors de précédentes grèves de la faim.

Le 11 octobre 1920, après de douloureuses années de détachement et de longs mois de négociations par avocats interposés, le divorce entre Walter Gropius et Alma Mahler est enfin prononcé. On a inventé un délit d'adultère pour accélérer la procédure et permettre au tribunal de rendre un jugement sans équivoque. Au mépris de la vérité, un détective engagé à cette fin prétend avoir surpris Walter Gropius en flagrant délit en compagnie d'une maîtresse dans une chambre d'hôtel. Le tribunal se laisse abuser et ce mariage de guerre, qui a rapidement battu de l'aile, prend fin.

Walter Gropius ne sort pas indemne de ce divorce qui entraîne également pour lui la perte de la garde de leur fille, Manon. Bien qu'il ait noué une relation à distance avec une jeune artiste mariée, il se sent seul et est sujet à de brusques sautes d'humeur. Dans ses lettres, il se présente souvent comme une « étoile filante » : « J'ai retracé une grande boucle à travers l'espace et suis encore remonté de quelques éons. Voilà comment je risque ma vie qui figure toujours sur une carte et s'efface ainsi entre des détonations de dynamite. J'ai déjà explosé dix fois depuis mais les lambeaux d'âme restent vivants et gagnent même en force. Entre-temps, je me suis séparé de ma femme en plein amour. [...] Je suis à présent plus que jamais une étoile nomade au firmament et je me tiens sans limites dans l'autre sexe. »

En même temps, le Bauhaus requiert toute son attention. Gropius parcourt le territoire de la République en quête de fonds pour la construction du campus. De graves tensions internes se manifestent dès la phase de fondation de la nouvelle école d'art. Le peintre suisse Johannes Itten, nommé enseignant au Bauhaus, rassemble autour de lui un cercle d'élèves fidèles. Il se pose en chef charismatique et introduit les doctrines de

Zarathoustra dans son travail artistique. Il impose à ses étudiants un mode de vie rigoureusement ordonné, qui inclut un régime à base d'ail, de la méditation et de l'eurythmie. Ils doivent se raser le crâne et porter un froc de moine qu'il a lui-même dessiné. Soutenu par ses disciples, il cherche à s'imposer comme la figure dominante du Bauhaus aux dépens des autres enseignants, ce qui ne peut que provoquer des conflits. Gropius est obligé d'intervenir : « Le groupe judéo-spirituel Singer-Adler ne se gêne vraiment plus et, malheureusement, il a sérieusement influencé Itten. En usant de ce levier, ils cherchent à prendre en main tout le Bauhaus. Les Aryens s'y sont opposés très naturellement. » « Juifs » contre « Aryens », et ce au Bauhaus, pourtant si progressiste ! Cette fois, Gropius réussit à trouver un compromis.

Début octobre, cela fait six semaines que Terence MacSwiney a commencé sa grève de la faim et ses partisans sont tout prêts à crier au miracle. Quant à ses adversaires, ils le soupçonnent de s'alimenter en cachette. Mais les médecins constatent qu'il n'a jamais besoin du bassin. Il se trouve, certes, dans un état physique qui lui sera indéniablement fatal, mais il est toujours en vie, il peut remuer très légèrement et a les idées claires. Aussi a-t-il certainement conscience que son corps est en train de déclarer forfait. Des œdèmes se sont formés dans son dos, son pouls est faible. MacSwiney se plaint de picotements et de fourmillements dans les bras ; les médecins ont en outre diagnostiqué une tuberculose.

Le 17 octobre 1920, au bout de soixante-six jours de jeûne, Terence MacSwiney apprend le décès d'un de ses camarades arrêtés en même temps que lui et qui avait également entrepris une grève de la faim. En Irlande, les affrontements violents entre les indépendantistes et la police se multiplient. Le nombre de morts augmente dans les deux camps.

Terence MacSwiney s'enfonce désormais dans un délire dont les médecins de la prison profitent pour lui faire ingurgiter un bouillon fortifiant. Le 24 octobre 1920 au soir, le soixante-treizième jour de sa grève de la faim, son frère Seán et son curé sont autorisés à passer la nuit dans l'enceinte de la prison. Arrivant le lendemain matin de bonne heure au chevet de MacSwiney, ils le trouvent allongé, immobile et inconscient, les yeux ouverts. Le prêtre murmure des prières à son oreille. Les médecins cherchent à ranimer le mourant par une injection de strychnine. Mais son corps émacié ne réagit plus, et quelques minutes plus tard, son souffle, déjà imperceptible, s'arrête. La dernière phrase de MacSwiney qui entrera dans l'histoire est la suivante : « Vous devez témoigner que je suis mort en soldat de la République. Vive l'Irlande ! »

Le monde entier réagit au décès du lord-maire de Cork. Des défilés sont organisés à sa mémoire dans plusieurs villes d'Amérique du Nord, à Paris et à Belfast. Le 1er novembre 1920, il est enterré en présence d'un grand nombre de partisans au cimetière Saint-Finbarr de Cork. Ses camarades détenus dans la prison de Cork et qui ont commencé une grève de la faim avec lui continuent à refuser de s'alimenter.

Bouleversé, lui aussi, par la mort de MacSwiney, Nguyen Ai Quoc admire également l'inflexibilité de ses convictions. Mais à cette date, Nguyen suit une autre voie dans sa lutte pour l'indépendance. Après l'échec de Versailles, il est de plus en plus réceptif aux doctrines de l'idéologie marxiste-léniniste et, ayant adhéré au parti socialiste, il considère le colonialisme comme une forme d'exploitation capitaliste. Ses possibilités d'action à Paris sont limitées, car les services secrets français ne le lâchent pas d'une semelle. Son passeport lui ayant été confisqué, il ne peut pas quitter le pays. De surcroît, plusieurs espions se sont infiltrés dans les milieux de la résistance vietnamienne. Chaque fois que Nguyen et ses camarades publient des textes révolutionnaires, les services de renseignements en achètent systématiquement une très grande partie. Surveillé, isolé et loin de la patrie pour laquelle il a pris fait et cause, Nguyen place tous ses espoirs dans le déclenchement de la révolution mondiale dont on parle aussi bien dans la Russie révolutionnaire qu'au sein de la gauche française. Le jour où les opprimés de tous les pays se soulèveront, pense-t-il, le Vietnam obtiendra également la liberté.

Au début du mois de décembre 1920, Soghomon Tehlirian arrive à Berlin après un séjour à Paris et une étape à Genève. Il loge – déclarera-t-il plus tard au tribunal – chez un compatriote, au 51 Augsburger Strasse et affirmera dans sa déposition de police être venu faire des études de mécanique dans la capitale du Reich allemand.

En février 1921, revenant du jardin zoologique, il entend soudain des voix qui parlent turc. Le mot « pacha » revient à plusieurs reprises. Quand il se retourne, Tehlirian reconnaît Talaat Pacha, l'ancien ministre de l'Intérieur de l'Empire ottoman, celui à qui l'on impute le massacre des Arméniens. Il prend le groupe en filature jusqu'à un cinéma. Au moment d'entrer dans la salle, Tehlirian est pris d'un malaise, les images du massacre ressurgissent à son esprit. Il est obligé de sortir. Mais cette fois, il échappe aux convulsions qui ont marqué ses précédentes crises ; il réussit à rester debout. Depuis qu'il a perdu connaissance en pleine rue quelques semaines auparavant, il est suivi par le professeur Cassirer.

Dans les premiers jours de mars 1921, les souvenirs reviennent hanter Tehlirian avec une acuité sans précédent. Il se sent plus mal que jamais. « Les images du massacre, écrit-il, réapparurent à mon regard. Je vis le cadavre de ma mère. Ce cadavre se leva, s'approcha de moi et me dit : "Tu sais que Talaat est ici et tu ne fais rien ? Tu n'es plus mon fils !" » En cet instant, affirmera Tehlirian à son procès, il aurait décidé de tuer Talaat Pacha qu'il tient pour responsable de l'extinction de toute sa famille. Il prend une chambre au 37 Hardenbergstrasse, juste en face du domicile de Talaat Pacha. Mais maintenant qu'il a sa victime sous les yeux, les doutes l'envahissent : « Je suis devenu soucieux ; je me suis dit : comment peux-tu tuer un homme ? [...] Je me suis dit : je ne suis pas capable de tuer un homme. » Il renonce alors à son projet d'assassinat et reprend ses activités habituelles : ses cours de langue chez Fräulein Beilenson, de temps en temps une sortie au théâtre ou au cinéma, la lecture des journaux.

À Prague, Louise Weiss a rapidement trouvé un logement chez un antiquaire juif. Le nouveau régime a mis à sa disposition un officier chargé d'assurer sa protection et de lui servir de guide. C'est un représentant typique de la Belle Époque, baisemains galants compris, bien décidé à faire principalement découvrir à la jeune Parisienne les beautés naturelles de sa patrie. Au bout de quelques semaines de promenades en forêt et de visites de châteaux ornés de trophées de chasse, Louise Weiss n'en peut plus. Elle veut pouvoir enfin se consacrer aux tâches pour lesquelles elle est venue à Prague : tracer le portrait d'une Tchécoslovaquie en pleine mutation.

Comme elle a défendu l'ancien gouvernement tchèque en exil et a été proche de Milan Štefánik qui, depuis sa mort, ne gêne plus personne, les portes du nouveau pouvoir s'ouvrent devant la correspondante venue de Paris. Le président Masaryk l'accueille dans sa résidence, le château de Kolodĕje, dont les murs viennent d'être passés à la chaux et débarrassés de leurs décors habsbourgeois. Louise Weiss trouve que l'ancien palais ressemble désormais à un « couvent démocratique ». Tomáš Masaryk y siège, incarnation de la sobriété, encore très semblable au professeur qui s'était exilé à Paris en 1915. Mais il y a un monde entre une vie d'universitaire et la direction d'un nouvel État et, dans son exil, Masaryk n'a pas pris conscience de la tâche qui l'attendait. « Sa Tchécoslovaquie, déplore Louise Weiss, il ne la connaissait que théoriquement. Il lui fallait en dénombrer d'urgence les richesses économiques et humaines. »

Une armée de nouveaux fonctionnaires doit être recrutée pour établir des budgets en Bohême, en Moravie, dans la Slovaquie slave et dans la Ruthénie jadis rattachée à la Hongrie. Cette dernière région notamment est habitée par des paysans pauvres comme Job ainsi que par des Juifs et des Tziganes qui ont du mal à trouver leur place dans cette nouvelle République. Au moment de l'armistice, raconte le président à la journaliste, la famine régnait en Ruthénie. Des trains chargés de vivres, et notamment de chocolat en poudre américain, avaient été expédiés dans ces contrées de l'Est. Les paysans, dans leur ignorance, s'étaient servis de cette poudre brune pour repeindre leurs isbas. Et partout, le nouveau chef d'État s'est heurté à la résistance d'une administration qui n'a guère changé depuis le Moyen Âge. Louise Weiss s'était fait une image bien différente de la révolution.

À Paris, tout le monde parle des articles que la journaliste envoie de Prague. Philouze tient absolument à ce qu'elle réintègre *L'Europe nouvelle*. Il est prêt à oublier les conflits du passé. Louise Weiss est disposée à céder, mais à certaines conditions : que Philouze lui verse enfin le salaire promis, qu'elle ait une voix au conseil d'administration, obtienne le titre de « rédacteur en chef », puisse contrôler les abonnements et avoir un droit de regard sur la comptabilité. En outre, elle exige que la présidence du conseil d'administration soit confiée à son père. Philouze, qui a d'abord blêmi, reprend des couleurs lorsqu'elle présente cette dernière condition. Paul Louis Weiss est un homme fortuné qui pourra renflouer la revue sur ses deniers personnels. *L'Europe nouvelle* a en effet perdu de nombreux lecteurs depuis la signature du traité de Versailles.

Louise Weiss retrouve ainsi son bureau bleu parisien, bien décidée à ne plus laisser personne lui manger la laine sur le dos. Elle dirige la rédaction d'une main de fer, met de l'ordre dans la pagaille de dossiers qui traînent partout, prend conscience de l'état désastreux des finances, reprend la comptabilité en main et rétablit la discipline dans l'équipe de rédaction qui a pris ses aises et se montre dans les bureaux aussi rarement que possible. Elle se rend bientôt compte que l'argent sort des caisses du journal et file « on ne sa[it] où ». Philouze fait tout ce qu'il peut pour continuer à tirer les ficelles en coulisses. Mais cette fois, Louise Weiss est résolue à ne pas se laisser berner. Constatant la guéguerre qui recommence à faire rage au sein de la rédaction, elle perd patience. Elle n'ignore pas que l'avenir de la revue dépend de ses commanditaires, et notamment de son propre père, et qu'elle dispose ainsi d'un moyen de pression sur l'ancien fondateur qui l'a bien trop longtemps tenue en lisière. Cette fois, c'est elle qui est à la barre et, au cours d'une scène spectaculaire, elle met Philouze à la porte.

Louise retourne plus tard à Prague et, de là, gagne Budapest avant de se rendre à Vienne et Bucarest. Elle ne peut que constater partout la même chose : ce qu'elle a pris, de Paris, pour l'envol de jeunes nations libres vers un avenir meilleur se révèle, vu de près, une farce – ou plutôt une tragédie. Ce ne sont pas de nouveaux États radieux qui voient le jour, mais des structures fragiles, ébranlées par les crises. À partir de l'automne 1919, l'enthousiasme qu'elle exprimait dans ses articles du temps de l'armistice s'efface dans ses nouveaux textes devant un réalisme amer, parfois proche du cynisme.

Soghomon Tehlirian est déchiré intérieurement entre les reproches de sa mère, qui l'accompagnent dans tous ses rêves éveillés, et la voix de sa conscience. Le 15 mars 1921, il fait les cent pas en lisant dans sa chambre lorsqu'il remarque que l'ancien ministre de l'Intérieur de l'Empire ottoman sort de l'immeuble d'en face. En cet instant, tout défile devant son œil intérieur : le convoi, les coups de feu, ses sœurs, la hache et puis l'image de sa mère et ses paroles d'exhortation, de menace, presque. Tehlirian s'était acheté un revolver dès 1919 à Tiflis, pour pouvoir, le cas échéant, se défendre contre de nouvelles agressions turques. À Berlin, il sort l'arme qu'il avait dissimulée au fond de sa valise parmi des vêtements. Revolver en poche, il se précipite dans la rue où il voit Talaat Pacha disparaître en direction du jardin zoologique. Il le prend en chasse sur le trottoir d'en face jusqu'à ce que, arrivé tout près de la Knesebeckstrasse, il se trouve au même niveau que sa cible. Il traverse alors les rails du tram dans la Hardenbergstrasse et s'approche de Talaat Pacha par-derrière. Posant le canon de son arme directement contre l'occiput de l'ancien ministre, il tire.

Le coup de feu fait exploser la boîte crânienne de sa victime qui tombe par terre, la tête la première, le visage couvert de sang. Alors que les badauds s'attroupent, Tehlirian jette son arme et, comme en transe, s'apprête à prendre la fuite. Il ne va pas loin. Un témoin l'appréhende dans la Fasanenstrasse et il est rapidement entouré par une foule qui le maîtrise. Quelqu'un le frappe sur le crâne avec une clé, un autre le fouille, craignant qu'il n'ait une autre arme sur lui. On lui demande des explications. Il se contente de répondre : « Moi Arménien, lui Turc. Pas de mal pour l'Allemagne ! » Plus tard, lorsqu'on le conduit au poste de police du jardin zoologique, il allume une cigarette. À ce moment-là, il a repris ses esprits. Considérant ce qu'il vient de faire, il éprouve « une satisfaction du cœur ». Il avait rêvé de se venger ; c'est chose faite.

En juillet 1921, Arnold Schönberg est en villégiature dans le petit village autrichien de Mattsee. Même s'il lui arrive de faire quelques promenades dans la région, le compositeur aspire surtout au calme nécessaire à son travail, dont il manque tant dans la capitale. Comme en témoignent ses invités, Schönberg apprécie visiblement ses vacances.

Sans doute ignore-t-il encore que Mattsee fait partie des villages autrichiens qui essaient d'attirer des visiteurs en refusant explicitement la présence de touristes juifs. Lors de la saison 1920, Mattsee a pour la première fois imposé des restrictions de séjour. La commune a décidé que désormais, elle n'accueillerait comme estivants que des « Aryens allemands ». La *Salzburger Chronik* de juillet 1921 attire l'attention sur le succès de cette directive grâce à laquelle Mattsee peut être considérée comme *judenrein,* « sans Juifs », « bien qu'il soit difficile, en raison du comportement entreprenant notoire des Juifs, de les tenir à distance ». Mais peut-être après tout Schönberg a-t-il entendu parler de ces mesures et a-t-il pensé qu'elles ne s'appliquaient pas à lui puisqu'il s'est converti au christianisme depuis longtemps. De surcroît, son logement a été réservé par sa belle-sœur, dont le père a été un moment maire de Salzbourg.

Certains notables de Mattsee considèrent la présence des Schönberg et de leurs invités comme un affront. Ils n'ont évidemment aucun moyen légal d'expulser les vacanciers viennois indésirables. Ils décident donc de recourir à l'intimidation et placardent dans le village une affiche reproduisant le compte rendu d'une séance du conseil municipal sur la question des visiteurs juifs : « La représentation communale adresse donc à l'ensemble de la population de Mattsee la requête pressante d'appliquer docilement la décision [...] afin d'éviter à notre joli village de Mattsee les conséquences d'une éventuelle judaïsation, et de mettre locataires et loueurs à l'abri des tracasseries de la population allemande aryenne. »

En voyant cette affiche, Arnold Schönberg est ébranlé. Il décide de partir immédiatement. Cette résolution est encore renforcée par une demande écrite que lui adresse la commune, lui enjoignant de prouver qu'il n'est pas juif. Il souhaiterait prendre la route sur-le-champ, mais préfère ne pas attirer l'attention. L'opinion publique ne doit pas être informée de cet incident. Une intervention du père de sa belle-sœur apaise provisoirement les remous et le convainc de retarder son départ. On pourrait même croire un moment que la famille pourra poursuivre son séjour jusqu'à la date prévue. Mais un quotidien viennois se fait l'écho de ce qui s'est passé, prétendant que Schönberg s'est déjà éclipsé. Sur ces entrefaites, la *Neue Freie Presse* prend la défense de l'artiste et demande comment un petit village de vacances peut se permettre de contourner les lois autrichiennes. La presse de droite s'en mêle, elle aussi. Le *Volksruf* de Salzbourg publie un article intitulé « La colonie juive de Mattsee », qui menace presque ouvertement de violences les estivants juifs de cette ville balnéaire. D'autres publications lui emboîtent le pas sur le même ton et, le 5 juillet, Schönberg reçoit une carte postale adressée au « célèbre compositeur Arnold Schönberg, qui malheureusement réside actuellement à Mattsee ».

Dans ces conditions, Schönberg et ses proches ne peuvent plus rester dans ce village où il avait espéré trouver un lieu de retraite et de calme. La famille ayant prévu d'y séjourner plusieurs mois, il y a de nombreux bagages à préparer. Le 14 juillet, les Schönberg et les élèves qui les accompagnent arrivent à Traunkirchen, où le compositeur demeurera jusqu'à l'automne, cherchant à se remettre du choc provoqué par son expulsion de Mattsee.

Dans le courant de l'été 1921, Matthias Erzberger entreprend un voyage, lui aussi. Il a envie de s'aérer encore une fois – en compagnie de sa femme et de sa fille Gabriele – avant de revenir à la politique après une longue abstinence. À la suite du procès contre Helfferich et de son renoncement provisoire à toute responsabilité politique, il s'est battu âprement pour sa réhabilitation. De nouvelles procédures judiciaires ayant infirmé un grand nombre des reproches qu'on lui avait faits, il a repris confiance et a décidé de redescendre dans l'arène de la politique allemande. Mais avant cela, il souhaite passer quelques semaines paisibles avec sa famille.

Les Erzberger s'installent dans le petit village de Bad Griesbach, en Forêt-Noire, où ils louent un logement dans un établissement thermal catholique. De là, ils entreprennent de longues promenades. Le 26 août, Carl Diez, un camarade de parti, leur rend visite depuis Constance. À son arrivée, la famille Erzberger est attablée pour le petit déjeuner. C'est le jour du départ et Mme Erzberger se charge de préparer les bagages pendant que les deux hommes décident d'aller faire un tour, malgré le mauvais temps. Sur la route de Kniebis, Diez remarque deux jeunes gens bien habillés qui les suivent, les rattrapent et les dépassent sans les saluer.

Les deux hommes politiques ne peuvent pas se douter que ces randonneurs appartiennent à l'« Organisation Consul », un réseau clandestin de droite qui s'est donné pour mission de « lutter contre tout ce qui est antinational et international, contre les Juifs, la social-démocratie, les partis d'extrême gauche » et contre « la Constitution antinationale de Weimar ». Les corps francs, dont Heinrich Tillessen et Heinrich Schulz avaient fait partie jusque-là, ont été dissous à la suite du putsch de Kapp. Comme de nombreux anciens combattants, les deux hommes sont alors entrés dans la clandestinité. Depuis, ils travaillent à Munich dans une société-écran d'exploitation forestière. À leurs yeux, Erzberger n'est pas seulement l'incarnation du « traître à la patrie répugnant » et de l'« *Erfüllungspolitik* », la « politique d'exécution des traités » honnie par la droite, ils sont également persuadés qu'il a été « attelé devant la voiture de Judas » par « la franc-maçonnerie dirigée par les Juifs ». Un jour, ils ont reçu une lettre de leur supérieur, un lieutenant en retraite. Tillessen en a retracé plus tard la teneur : « À la suite du tirage au sort effectué par la direction, vous avez été [...] choisis pour éliminer l'ancien ministre des Finances Erzberger. La méthode reste à votre discrétion. Inutile de nous faire un rapport sur l'exécution. [...] Frères, si vous deviez être découverts, vous pouvez compter sur le soutien de l'ordre. »

Quand Erzberger et Diez font demi-tour pour rentrer, les deux hommes les imitent. Les dépassant à nouveau, ils se retournent pour faire face aux deux politiciens. L'un des prétendus promeneurs sort un revolver de sa veste, vise le front d'Erzberger et tire. Une deuxième balle touche Erzberger à la poitrine. Il se plie en deux, et tombe à terre lourdement. Lorsque Diez attaque le tireur avec son parapluie, l'homme dirige son arme contre lui. Touché, Diez s'affaisse lui aussi et, pendant qu'il est à terre, il entend d'autres coups de feu, assourdis comme si le canon de l'arme était enfoncé dans une étoffe. Le silence retombe. Diez est blessé au bras, il a un os fracturé et la balle s'est enfoncée dans un de ses poumons, près de la colonne vertébrale. Quand il réussit à lever la tête, Erzberger est invisible. Diez se redresse tant bien que mal et remarque une large trace de sang qui descend sur une trentaine de mètres au-delà du talus bordant la route. Erzberger gît au pied d'un sapin, le visage couvert de sang. Il ne respire plus.

Diez reprend à grand-peine le chemin du village. En route, il croise une femme à qui il explique ce qui s'est passé et demande de l'aide. Mais elle le rembarre : « Comment avez-vous pu aller vous promener avec Erzberger ? » Bandant ses dernières forces, Diez réussit à atteindre Bad Griesbach et demande à un ami de la famille Erzberger de bien vouloir annoncer avec ménagement l'affreuse nouvelle à l'épouse du défunt. Diez ne se rend chez un médecin qu'ensuite.

Erzberger est enterré dans sa ville natale de Biberach, mais des manifestations sont organisées au même moment à travers tout le pays. Des milliers d'Allemands tiennent à exprimer leur sympathie et à protester contre la terreur politique. Malgré tous les reproches qu'on peut lui faire, ils sont nombreux à reconnaître qu'Erzberger a cherché à représenter les intérêts de l'Allemagne dans le monde avec réalisme, en honnête courtier et en partenaire digne de confiance. Mais le chagrin des partisans d'Erzberger est couvert par les cris de colère de ses adversaires, qui ne dissimulent pas leur satisfaction à l'idée d'être débarrassés de lui, fût-ce par un meurtre. L'*Oletzkoer Zeitung* écrit : « Erzberger, ce traître à la patrie qui a imposé à l'Allemagne la paix honteuse de Versailles, a reçu le salaire qu'il méritait. »

Les mois qui ont suivi l'ouverture du magasin de confection pour hommes de Harry S. Truman lui ont rapporté de confortables bénéfices et l'ont incité à repousser aimablement une offre de reprise de son commerce florissant. Mais en janvier 1920, le bref essor économique qui a suivi l'armistice aux États-Unis ralentit. Les conséquences du retour massif sur le marché de l'emploi des hommes en âge de travailler qui avaient été mobilisés sur les champs de bataille européens se font sentir aussi durement que la diminution brutale de la demande liée à la production de guerre. Pendant dix-huit mois, les États-Unis sont secoués par une violente crise économique. Le produit national brut enregistre une baisse inquiétante. Alors que de nombreux pays européens doivent faire face à d'importants taux d'inflation, les États-Unis subissent une réévaluation monétaire progressive, accompagnée d'une chute des prix supérieure à 30 %. Cette situation oblige un détaillant comme Truman à vendre ses articles moins cher qu'il ne les a achetés. Ses vieux compagnons d'armes continuent à venir bavarder dans sa boutique, mais les clients n'ont plus les moyens de se payer une chemise en soie ou une cravate. Et s'ils le font, c'est à perte pour Truman.

Celui-ci cherche à racoler la clientèle par de la publicité et des contacts personnels. Il participe aussi activement à la fondation de l'American Legion, l'organisation d'anciens combattants. En novembre 1921, il aide à mettre sur pied une immense cérémonie à l'occasion de l'inauguration d'un monument aux morts dans le Kansas. Ferdinand Foch, qui est alors en visite aux États-Unis, y assiste. Plusieurs centaines de milliers de personnes affluent au Kansas pour le défilé des anciens combattants. Harry S. Truman a l'honneur de présenter les étendards de l'American Legion aux commandants alliés.

Bien que les pires mois de la crise économique soient déjà passés, en septembre 1922, « Truman & Jacobson » sont contraints de mettre la clé sous la porte. Truman, héros de la guerre, a 12 000 dollars de dettes. Il refuse pourtant de se déclarer en faillite et s'efforce tous les mois de rembourser les intérêts exorbitants que lui réclament ses créanciers. Il lui faudra dix ans pour régler toutes ses dettes, ce qui l'oblige à renoncer provisoirement à son rêve de bonheur en famille, à l'intimité d'une maison et aux voyages dans sa Ford personnelle.

Ses séjours à Prague et à Budapest ont déçu Louise Weiss. Cette idéaliste avait cru avec une telle ferveur à l'avenir des révolutions nationales, à la liberté et à l'autodétermination pour les pays de l'ancienne monarchie des Habsbourg, avant d'être obligée d'admettre les réalités de cette laborieuse mutation ! Mais nulle part sa désillusion n'est aussi amère qu'à Moscou, où elle se rend en 1921. Dans la « ville torturée », gouvernée par la méfiance, elle perd définitivement sa foi, jadis si puissante, dans la force de la révolution. Depuis l'ambassade de Tchécoslovaquie, la journaliste parisienne s'efforce de se faire une image de la situation qui règne à Moscou. Malgré toutes les mises en garde, elle reste persuadée que les services secrets, la Tcheka, ne s'intéresseront pas à elle.

Un soir, elle se rend chez une certaine Vera B., dont elle a fait la connaissance dans le train parti de Riga. Vera habite une chambre spartiate, divisée en deux par un rideau. Derrière celui-ci, on entend geindre un bébé. « Le pauvret, explique Vera, ne peut pas s'habituer à la nourriture de Moscou. Regardez ! » Vera brandit un récipient contenant un liquide tiède qui sent le chou.

Elles s'installent devant le samovar et Vera annonce qu'elle attend des amis. Il est déjà tard mais la jeune femme est sûre qu'ils viendront ; ils savent en effet qu'elle a rapporté des vivres de Lettonie. Bientôt, la chambre commence à se remplir. « Ce sont des camarades », dit Vera, de bons communistes que Louise Weiss a rencontrés, pour certains, à Paris.

Pourtant, subitement l'ambiance change. La conversation ne porte plus sur des questions ordinaires mais sur le séjour de Louise à Moscou. Celle-ci a soudain l'impression de se trouver devant un tribunal et comprend que sa présence n'est pas plus fortuite que celle des autres. La tension est palpable, et pour la première fois depuis son arrivée, elle sent que sa liberté pourrait être en péril.

« Camarade ! » Une femme dont elle a fait la connaissance à Paris s'adresse à elle. « Je ne suis pas votre camarade, madame ! réplique sèchement Louise Weiss. Veuillez vous adresser à moi sur le même ton qu'à Paris. » Elle se tourne ensuite vers un certain Moghilevski, qu'elle a déjà rencontré à la mission soviétique de Riga : « Je vous prie d'établir la vérité. Vous avez vu mon passeport à Riga. Nous avons discuté de mon travail ici. Vous n'ignorez pas qui je suis. » Moghilevski l'invite à se présenter elle-même, ce qu'elle fait en ces termes : « Messieurs, mesdames, vous avez en face de vous une bourgeoise qui, par surcroît, représente un grand journal bourgeois, *Le Petit Parisien*. Vous connaissez ce journal, puisque tous, vous parlez si bien le français. » « Vous êtes donc notre ennemie ! » lance une femme. « Constatez plutôt que je respecte trop votre idéologie et le malheur actuel de la Russie pour mentir… » Louise Weiss se lève, sort ostensiblement un tube de rouge à lèvres de son sac à main et commence à se farder. « Pour mentir, madame », reprend Louise Weiss en s'adressant à nouveau à la femme qu'elle connaît, « comme vous. » Bien que revenue tout récemment de Paris, cette femme a répandu à Moscou l'idée que la révolution est sur le point d'éclater en France et dans d'autres pays d'Europe. Pourquoi ne dit-elle pas la vérité, pourquoi ne reconnaît-elle pas qu'en France, la bourgeoisie est sortie victorieuse de la guerre et que rien n'indique qu'elle soit prête à renoncer à sa victoire ? Louise Weiss juge dangereux de diffuser de telles idées ici, à Moscou, et d'attiser ainsi l'espoir que la moitié de la planète ne va pas tarder à rejoindre le camp de la Russie.

Alors qu'on la soupçonne encore d'être une espionne, Louise Weiss a mis le doigt sur un point névralgique. Des chaises remuent, des regards lourds de sens sont échangés et voilà que s'engage entre les participants une discussion animée sur l'opportunité pour la Russie d'imposer une révolution mondiale, et sur les moyens à employer. En effet, selon la théorie de Lénine, la révolution russe n'aura atteint son but que lorsque le prolétariat aura pris le pouvoir sur toute la planète. La stratégie de Louise Weiss est audacieuse, mais efficace. D'accusée, elle se transforme en accusatrice et réussit à détourner l'attention de son cas personnel. Enfin, un « camarade » propose de la raccompagner chez elle. En cours de route, elle éprouve encore une seconde d'effroi quand son chauffeur s'arrête devant un bâtiment qu'elle ne connaît que trop bien : le siège de la Tcheka. « C'est la fin de la balade ! » lui dit-il avec un sourire sadique, se repaissant de sa peur avant de redémarrer.

De retour à Paris, Louise Weiss retrouve un collaborateur chez Latinville, une pâtisserie réputée du quartier Saint-Augustin. Alors qu'elle est assise devant un chocolat chaud, les souvenirs de son long voyage à travers l'est de l'Europe lui reviennent à l'esprit. Ne pouvant les supporter, elle fond en larmes. Les clientes qui croient à un chagrin d'amour ne sont pas très éloignées de la vérité : « J'avais quitté des hommes inoubliables en lutte avec une détresse affreuse, un peuple merveilleux que j'aimais pour son courage et sa grandeur, une doctrine dont les fins idéales me laisseraient une nostalgie inguérissable... » Louise pleure ses rêves brisés de révolution, de nouvelle Europe, d'un nouveau monde de paix et de liberté. Qu'Élie-Joseph Bois publie tous les jours à la une du *Petit Parisien* les articles qu'elle a envoyés à Paris ne lui apporte qu'une maigre consolation.

Le 8 février 1922, Gandhi, qui est alors à Bardoli, reçoit des nouvelles qui le font souffrir physiquement et moralement : dans la ville provinciale de Chauri Chaura, le mouvement de non-coopération a trouvé d'emblée de nombreux partisans et a appelé à une marche pour protester contre l'arrestation de militants. Une foule s'est massée devant la prison municipale et a exigé la libération des prisonniers politiques ; elle a ensuite défilé dans le centre-ville en scandant des slogans antigouvernementaux. Les forces de l'ordre locales ont perdu leur sang-froid et se sont mises à tirer sur la foule. Mais sans se laisser intimider, les manifestants sont passés à l'attaque et ont repoussé les policiers dans leur corps de garde. Ils ont ensuite mis le feu au bâtiment. Vingt-trois hommes ont péri dans les flammes.

Gandhi constate, désespéré une fois de plus, que sa stratégie de non-coopération a des conséquences catastrophiques. Il se reprend à douter que le peuple indien possède la maturité indispensable à une forme de résistance aussi exigeante. Lui-même affirme sa désapprobation par six jours de jeûne. Le Congrès national indien décide peu après de suspendre le mouvement de non-coopération. Le gouvernement colonial proclame l'état d'urgence à Chauri Chaura et, un mois plus tard, Gandhi est appréhendé – pour écrits séditieux – et condamné à six ans de prison. La réalisation de son rêve, prendre la tête d'une résistance pacifique contre le régime colonial britannique, semble remise à un avenir lointain.

L'inauguration du *Monument aux morts de Mars*, que Walter Gropius a conçu en hommage aux dix ouvriers tués à Weimar en luttant contre les corps francs lors du putsch de Kapp, a lieu le 1er mai 1922, au cimetière historique de la ville. La formule de « morts de Mars » évoque également un épisode de la révolution de 1848 où les troupes royales ont tiré sur les insurgés. De nombreux spectateurs associent la forme de ce monument à un éclair. Mais Gropius interprète autrement cette ligne en zigzag. Cette sculpture monumentale en dents de scie ne se dirige pas de haut en bas, mais du sol vers le ciel.

Gropius s'oppose à tous les efforts de la gauche pour la présenter comme un symbole de la dynamique du socialisme. Il souhaite qu'on y voie un monument pour les humains, et non pour les idéologies. Pendant l'hiver 1918, il appelait encore de ses vœux une révolution politique, sociale, architecturale et artistique. Après d'amères expériences personnelles, professionnelles et politiques, il conserve tout de même l'espoir que l'être humain aspire au bien, et continue à rechercher des formes nouvelles pour une société nouvelle.

Dans le courant de l'été 1922, George Grosz accompagne l'écrivain danois Martin Andersen Nexø, à qui l'on a commandé la rédaction d'un livre d'éloges sur la Russie soviétique. Grosz, qui passe pour un esprit révolutionnaire, en réalisera les illustrations. L'art participe ainsi à la lutte qui s'engage entre le monde occidental et la future Union soviétique – dans les deux camps : aux États-Unis, *The New Moon* est récemment sorti sur les écrans. Ce film raconte l'histoire, nourrie par des rumeurs à propos de la Russie, de la princesse Maria Pavlovna qui, au milieu des troubles révolutionnaires, lutte pour sa liberté et pour celle des milliers de femmes russes obligées de se faire enregistrer comme « propriété d'État » et de devenir les maîtresses complaisantes des membres de la Nomenklatura.

Les deux artistes choisis pour chanter les louanges de la révolution se retrouvent au Danemark, d'où ils gagnent Vardø, à l'extrémité nord de la Norvège. Nexø est convenu avec le nouveau gouvernement russe qu'un bateau à moteur viendra le chercher avec Grosz et les conduira à Mourmansk, dans le nord de la Russie. Ils attendent plusieurs semaines tout au bout de l'Europe sans apercevoir ne fût-ce que les feux de position d'un bateau russe. Un beau jour, trouvant décidément le temps trop long, ils se décident à se rendre en Russie par leurs propres moyens. Ils payent un pêcheur qui fait route vers l'est et est disposé non seulement à les prendre à bord mais à faire un détour pour les déposer. Ils embarquent, munis de chocolat, de biscottes et d'eau-de-vie.

Le bateau de pêche atteint la baie de Kola en pleine nuit. Il jette l'ancre dans le port de pêche de Mourmansk où l'arrivée des deux artistes semble tout d'abord n'intéresser personne. Au petit jour, Grosz et Nexø se rendent compte que le lieu où ils s'apprêtent à débarquer n'est pas un vrai port. La construction de nouvelles installations portuaires a commencé, certes, mais elle a été interrompue en cours de route. « Des barques étaient presque immergées ou gisaient dans l'eau, quille en l'air, on distinguait une jetée à moitié construite, des sacs de ciment durs comme de la pierre, tandis que des morceaux de métal tordus, rouillés, se dressaient un peu partout. Une balise était renversée par terre, à côté de la grue censée la mettre à l'eau. Plus loin, nous avons aperçu un sous-marin au grand complet, quille en l'air, comme un gros poisson, plein de moules, couvert de varech et dont la peinture était écaillée. Des barques en bois à demi coulées, chargées de pierres et englouties dans l'eau croupie ; des empilements de bidons de pétrole vides ; des rangées entières de wagons de chemin de fer, la plupart sans roues, mais habités. On se serait cru dans un immense dépotoir. »

C'est le décor irréel d'une pièce de théâtre tout aussi irréelle qui commence à se jouer dès que le soleil se lève. Soudain, une foule se masse autour du bateau de pêche dans lequel les deux artistes sont arrivés et où ils ont passé la nuit dans l'inconfort le plus total. Mais surtout, ils voient surgir deux hommes en vestes de cuir neuves et en hautes bottes, coiffés de casquettes militaires ornées de la faucille et du marteau. Ils sont accompagnés par un matelot qui jette des regards mauvais aux deux étrangers et braque un revolver sur eux.

Les deux commissaires discutent avec les pêcheurs puis se retirent en confiant les suspects à la garde du matelot et en emportant leurs documents de voyage. Les choses en restent là pendant un long moment, parce qu'« en Russie, il faut toujours attendre très longtemps ». Arrive ensuite une interprète qui n'est pas très optimiste : la vérification de leurs papiers peut prendre plusieurs jours. Quelques heures plus tard, on leur annonce qu'ils sont attendus au soviet local.

« J'avoue, écrit Grosz dans ses Mémoires, qu'il était difficile à l'époque de trouver quoi que ce soit de positif en Russie. En 1922, elle se remettait à peine d'une longue guerre. Tout le pays, où que nous allions, se trouvait dans un état de délabrement effroyable selon les critères européens. » Ils traversent en train des forêts d'épicéas, de sapins et de pins.

À Petrograd, l'accueil est plus cordial. Grosz est invité à rejoindre un collectif d'artistes internationaux chargé de créer un périodique qui fera connaître à toute l'Europe la supériorité de l'art soviétique. Un jour où il se rend au restaurant, Grosz prend conscience du luxe dans lequel vivent les fonctionnaires du régime : il contraste fondamentalement avec les conditions de vie des gens ordinaires qu'il a pu observer au cours de son voyage.

Grosz fait également la connaissance de Vladimir Tatline, un des chefs de file de l'art constructiviste soviétique. Celui-ci lui montre la maquette, haute de 5 mètres, d'une tour : le *Monument à la Troisième Internationale*. Sous sa forme achevée, cet édifice sera plus grand que la tour Eiffel, plus grand même que le Woolworth Building de New York, alors le plus élevé du monde. Cet hommage à la révolution doit être mobile et pivotant, pour reproduire l'énergie du changement. Malheureusement, Trotski, le plus apprécié des chefs de la révolution, n'est pas convaincu par ce projet monumental. Quand il voit la maquette, au lieu de s'enthousiasmer, il pose des questions embarrassantes : « Pourquoi ce machin-là doit-il tourner, et toujours en rond, sur lui-même et sur place ? » Comment une telle construction pourrait-elle symboliser la révolution permanente et le progrès ? C'est ainsi que ce projet gigantesque et Tatline, avec ses puissantes visions pour l'art soviétique, passent à la trappe.

S'il n'avait fallu qu'une expérience pour dégrader définitivement l'image que Grosz se fait de la jeune Union soviétique, la réception à laquelle il est invité au Kremlin en tant qu'hôte étranger aurait suffi. Lénine en personne est là et il salue l'assistance sans façons. Il prononce son allocution en allemand. Grosz remarque des chuchotements dans l'entourage de Lénine. Il s'interroge jusqu'à ce qu'un journaliste lui explique que ces derniers temps, le grand chef révolutionnaire est affaibli et souffre de trous de mémoire. Aussi des proches ont-ils pris l'habitude de lui souffler quelques mots clés de ses discours quand il risque de perdre le fil.

« Mon voyage en Union soviétique n'a pas été un succès », résume Grosz en évoquant ses aventures russes. Il ne pensait pas seulement au livre qu'il aurait dû réaliser avec Nexø et qui n'a jamais été écrit. Pour lui, l'échec concerne bien davantage ce qu'il a pu observer en Union soviétique, c'est-à-dire l'essence même de ce pays. En 1921, quand le journaliste américain Lincoln Steffens s'était rendu en Russie, il avait déclaré, vibrant d'enthousiasme : « *I have seen the future, and it works* » (« J'ai vu l'avenir, et ça marche »). Grosz a vu l'avenir, lui aussi, mais cet avenir avait l'aspect d'un restaurant pour riches apparatchiks, d'un projet de construction mégalomane et absurde et d'un dictateur malade. À ses yeux, l'avenir soviétique ne fonctionnait pas ; pas plus que, tout bien considéré, l'avenir en général. Mais que pouvait-on attendre d'autre d'un dadaïste ? Avait-il jamais cru réellement à la révolution ?

Le mois d'octobre 1922 voit la sortie du roman de Virginia Woolf, *La Chambre de Jacob*, dans sa propre maison d'édition, Hogarth Press. Elle attend avec inquiétude les premières réactions du public : « Quant à mes prévisions sur l'accueil fait à *Jacob*, qu'en dire ? Je pense que nous vendrons cinq cents exemplaires, et qu'ensuite, la vente se ralentira, pour arriver à huit cents en juin. Dans certains milieux, le livre s'attirera de grands éloges pour sa "beauté" ; ailleurs, il sera dénigré par les gens qui demandent des personnages bien humains. [...] Je ne puis supporter d'être publiquement démolie. [...] Mais je suis parfaitement sincère lorsque je dis que rien n'ébranlera ma décision de continuer, rien n'altérera mon plaisir, et donc, quoi qu'il arrive, bien que la surface puisse être agitée, le tréfonds demeure imperturbable. » Elle a sous-estimé les chiffres de ventes, mais les échos de la presse sont plus unanimes qu'elle ne l'imaginait. Elle se fait proprement éreinter, bien que le jugement de ses amis hommes et femmes de lettres soit extrêmement positif. Les membres de l'avant-garde littéraire la confirment dans l'idée que *La Chambre de Jacob* marque un nouveau départ dans son œuvre. La société londonienne s'arrache Virginia Woolf.

Autant que le succès de son livre, une rencontre va bientôt changer sa vie. « Rubiconde, moustachue, bariolée comme une perruche, possédant toute la souple aisance propre à l'aristocratie, mais non l'esprit de l'artiste » : voilà en quels termes elle décrit l'écrivaine Vita Sackville-West à l'issue de leur première rencontre à un dîner, qui lui laisse « les idées trop brouillées pour rapporter quoi que ce soit ». Devant la force de cette femme – « un vrai grenadier – elle est dure – belle – virile – a tendance au double menton » –, Virginia se sent « vierge, timide, semblable à une écolière ». Cette rencontre est elle aussi un nouveau départ, un nouveau pas dans des sphères encore inconnues pour l'artiste et la rénovatrice du roman, la découverte d'une passion différente à tous égards des sentiments que Virginia éprouve pour Leonard Woolf. La relation entre les deux femmes va connaître des hauts et des bas extrêmes, elle durera plusieurs années et, en s'y engageant, Virginia Woolf quitte définitivement les « chambres » de l'acceptabilité sociale dans lesquelles sa vie s'était cantonnée jusque-là.

Nguyen Ai Quoc arrive en Union soviétique en juin 1923. Il n'a pas été facile d'échapper à l'œil vigilant de la police secrète française. Ce n'est que grâce au réseau international des gauches qu'il a pu quitter Paris, traverser l'Allemagne en train puis franchir la Baltique en bateau. Il a laissé à ses amis et camarades parisiens des lettres d'adieu révélant clairement qu'il n'a pas l'intention de revenir. Aux enfants d'un ami, sa « nièce » et son « neveu », auxquels il s'est profondément attaché, il écrit : « Vous ne verrez plus l'oncle Nguyen pendant longtemps. Vous ne pourrez plus grimper sur mes genoux ou sur mon dos comme vous l'avez toujours fait, et beaucoup de temps s'écoulera avant que je revoie mon Alice et mon Paul. Quand nous nous reverrons, je serai probablement vieux et vous serez aussi grands que votre maman et votre papa. [...] Quand vous serez grands, vous vous battrez pour votre pays comme vos parents, comme l'oncle Nguyen et comme d'autres oncles. »

Le combattant de la liberté s'était fait une autre image de son arrivée dans la Russie de la révolution. Dès qu'il débarque, il est arrêté par les bolcheviks et la vérification de son identité prend plusieurs semaines. Il ne peut poursuivre sa route vers Moscou qu'une fois la confiance établie. Il avait prévu de ne passer que quelques mois dans la capitale de la révolution russe. Il y restera plus d'un an. Un an au cours duquel il apprend à vivre au milieu des âpres conflits, souvent mortels, qui agitent le parti communiste, un an au cours duquel ses convictions se renforcent encore. Son ascension dans le cercle intérieur du parti est régulière et il apprend à mieux connaître Lénine.

Nguyen ne se lasse pas de rappeler à ses camarades que le peuple vietnamien est soumis à un double joug : d'abord en tant que peuple de travailleurs qui subit le même sort que les travailleurs du monde entier, ensuite à cause de sa race, que les Blancs considèrent comme inférieure. La lutte d'indépendance des Vietnamiens – et de tous les autres peuples coloniaux – représente à ses yeux un élément de la révolution mondiale communiste qui succédera à la révolution des peuples. En 1924, Nguyen réussit enfin à convaincre le parti de l'envoyer en mission en Chine. Muni d'un billet de train et d'un peu d'argent, il prend le Transsibérien à destination de Canton.

En avril 1923, Vassily Kandinsky, qui a quitté Moscou pour Weimar, invite Arnold Schönberg à se porter candidat au poste de directeur de l'École supérieure de musique de Weimar qui va se libérer. Mais « on » – c'est-à-dire probablement Alma

Mahler et Erwin Ratz, élève de Schönberg – a rapporté à celui-ci que l'environnement de cet établissement réformateur n'était pas à l'abri des sentiments antisémites. Au demeurant, Kandinsky lui-même aurait tenu des propos désobligeants sur les Juifs. Depuis l'expérience de Mattsee, Schönberg ne s'est jamais exprimé par écrit à ce sujet, mais cette fois, il explose et passe à la contre-offensive. Il écrit le 20 avril 1923 à Kandinsky qu'il n'est pas près d'oublier ce qu'il a été contraint d'apprendre l'année précédente, et qu'il a enfin compris. À savoir qu'il n'est ni un Allemand ni un Européen, « peut-être à peine un être humain (du moins les Européens préfèrent à moi les plus mauvais de leur race), mais que je suis juif. [...] J'ai entendu dire que même un Kandinsky ne voit que mal dans les actes des Juifs et dans leurs mauvaises actions que le fait qu'ils soient juifs, et alors je renonce à tout espoir d'entente. C'était un rêve. Nous sommes des hommes de deux espèces. Définitivement ! ».

Kandinsky répond immédiatement, il se dit « bouleversé » et cherche à calmer Schönberg. Sa lettre confirme pourtant que Schönberg n'a pas tort de l'accuser d'antisémitisme. Car Kandinsky finit par évoquer le « problème juif » et par présenter les Juifs comme une « nation possédée », précisant que, fort heureusement, « c'est une maladie qui peut être soignée. Mais elle révèle deux effroyables caractères : la force négative (destructrice) et le mensonge qui agit lui aussi de façon destructrice ». Kandinsky ajoute qu'il aurait bien aimé en discuter avec Schönberg. Celui-ci aurait dû lui écrire dès qu'il a entendu parler des « propos » tenus à Weimar. À part cela, rien de ce qu'on peut penser et dire en général des Juifs ne concerne la figure exceptionnelle du compositeur viennois, son ami Arnold Schönberg.

Schönberg répond à nouveau, et accuse encore plus brutalement son collègue artiste : « Comment un Kandinsky peut-il

[...] renoncer à combattre une conception du monde qui a pour objectif des nuits de la Saint-Barthélemy ! » Comment peut-il oser avancer les plus exécrables de tous les arguments, à savoir que s'il rejette les Juifs, il fait une exception pour Schönberg en raison de ses mérites artistiques exceptionnels ? « À quoi l'antisémitisme doit-il conduire, si ce n'est à la violence ? Est-ce difficile de se l'imaginer ? Il vous suffit peut-être de priver les Juifs de leurs droits. Il faudra alors sûrement supprimer Einstein, Mahler, moi-même et beaucoup d'autres. » Schönberg ne viendra pas à Weimar. Alors que son expérience de la guerre et de sa conclusion lui avait inspiré une religiosité nouvelle, il subit désormais l'exclusion sous prétexte qu'il appartient à une communauté religieuse dont il s'est en réalité détourné depuis longtemps.

En cette même année 1923 qui le voit refuser l'offre de la nouvelle capitale du Reich, Schönberg publie sa révolutionnaire « Méthode de composition avec douze sons n'ayant pas de rapport de domination entre eux ». Il donne ainsi un fondement théorique à sa forme de musique dodécaphonique qui s'annonce déjà dans *L'Échelle de Jacob* et dont il fait une utilisation plus marquée dans ses *Cinq pièces pour piano*. Il cherche ainsi à mettre la musique atonale à l'abri du reproche d'arbitraire qu'on a pu lui faire. Les séries dodécaphoniques et leurs transformations systématiques au cours de l'œuvre ancrent la musique de Schönberg, d'une écoute indéniablement exigeante, dans un concept qui rend chaque mesure, chaque note analysable et explicable. Schönberg est convaincu d'avoir ainsi créé un mode de composition révolutionnaire et d'avoir donné des bases nouvelles à l'écriture musicale. Dès juillet 1921, il a écrit à son élève Josef Rufer à propos de la musique dodécaphonique : « Aujourd'hui, j'ai découvert quelque chose qui assurera la suprématie de la musique allemande pour les cent ans à venir. »

Dans la nuit du 31 mai 1923, Rudolf Höss et ses camarades sont à Parchim dans le Mecklembourg, au nord-est de l'Allemagne. Les membres du « groupe de Rossbach » sont ivres, et fous de rage. Quelques jours auparavant, un des leurs, Albert Leo Schlageter, a été condamné à mort et exécuté par l'armée française d'occupation en Rhénanie. On lui reprochait des actes de sabotage et surtout des attentats à l'explosif contre le régime d'occupation. Les hommes du corps franc pensent avoir démasqué le délateur : c'est un certain Walter Kadow, un membre de leur groupe que les autres n'apprécient guère et qu'ils tiennent pour un espion. Les anciens combattants n'éprouvent que mépris pour la République et ses forces de l'ordre. Ils sont certains que le nouveau gouvernement, qui collabore avec les Français, ne cherchera pas à élucider les dessous de l'affaire Schlageter. Ils ont donc décidé de « rendre justice par leurs propres moyens [...] sur le modèle d'antiques institutions allemandes ».

Assis avec quelques compagnons dans une auberge de Parchim, Kadow est en train de boire copieusement. Höss et quelques-uns de ses camarades y voient une bonne occasion de flanquer au traître une solide dégelée. À leur arrivée à la taverne, ils trouvent Kadow, ivre, affalé sur un canapé. Höss est armé d'un revolver, les autres de coups-de-poing et de matraques en caoutchouc. Ils embarquent Kadow et le jettent dans leur véhicule avant de prendre la route de la forêt où ils le font descendre brutalement. Il cherche à fuir mais Höss l'immobilise en tirant en l'air. Les hommes entreprennent alors de passer Kadow à tabac. Höss le frappe même à la tête avec un jeune arbre qu'il a déraciné.

Que faire de l'homme ensanglanté, à moitié mort ? Faut-il laver ses plaies et le conduire à l'hôpital ? Höss a une autre idée.

Il ordonne à ses compagnons d'enterrer Kadow dans les bois. Ils hissent la victime, enveloppée dans sa pèlerine, à l'arrière du véhicule et s'enfoncent plus profondément dans la forêt. Lorsqu'ils arrivent à un endroit approprié, ils déposent Kadow au sol. Un des hommes lui tranche la carotide d'un coup de couteau. Comme il bouge encore, Rudolf Höss l'achève d'une balle dans la tête. Les assassins recouvrent sommairement le corps et nettoient le véhicule. Ils reviennent sur les lieux le lendemain matin pour enterrer correctement le cadavre et effacer toute trace de leurs activités nocturnes. Dans ses Mémoires rédigés en détention après 1945, Höss revient sur ce crime et expose sa motivation : « Aujourd'hui comme hier, je suis fermement convaincu que le traître avait mérité la mort. Puisque de toute façon aucun tribunal allemand ne se serait décidé à le condamner, c'est nous qui l'avons jugé, selon une loi non écrite que nous nous étions donnée à nous-mêmes, en nous conformant aux exigences de l'heure. »

Épilogue

La queue de la comète

La mort n'est pas un événement de la vie.
On ne vit pas la mort.

Ludwig Wittgenstein,
Tractatus logico-philosophicus, 1918.

George Grosz,
Hitler, le Sauveur, 1923

À l'automne 1919, Marina Yurlova échappe enfin à la guerre civile russe que l'Union soviétique ne remportera définitivement qu'en 1922. Depuis le pont d'un bateau en partance pour le Japon, elle voit s'effacer à l'horizon les toits de Vladivostok, terminus oriental du Transsibérien. C'est au Japon que Marina Yurlova quitte son uniforme de soldat pour redevenir une jeune femme exerçant des emplois féminins classiques. Elle travaille d'abord comme bonne d'enfants, puis comme secrétaire, avant de découvrir sa vocation en suivant des cours particuliers : elle se fait connaître comme danseuse en se produisant dans des soirées privées, ce qui lui permettra d'obtenir un visa d'artiste pour les États-Unis où elle jouira d'une certaine notoriété à San Francisco et à New York. Elle meurt en 1984.

Terence MacSwiney n'est qu'une des nombreuses victimes de la guerre d'indépendance irlandaise. En effet, pendant qu'au Parlement irlandais, le Sinn Féin pose les fondations d'un nouvel État, l'Irish Republican Army se livre à une guérilla contre les représentants de l'autorité britannique. C'est une guerre quotidienne, sans lignes ni fronts clairement définis, une guerre qui n'épargne pas la population. Agressions, cambriolages et attentats suivis de représailles se multiplient. Quelques semaines après la mort de MacSwiney, cette escalade atteint un nouveau sommet, en novembre 1920, au cours du « Dimanche sanglant » de Dublin. Mais les indépendantistes ne réussissent pas plus à atteindre de façon décisive les Britanniques et leurs partisans que l'Empire ne parvient à mettre fin aux violences irlandaises. En juillet 1921, on commence à se rendre à l'évidence : la guerre peut encore durer des années sans apporter la victoire à un camp ou à l'autre. Une trêve, préalable à l'indépendance de l'Irlande du Sud, est signée. Terence MacSwiney devient un héros national. En 1964, son buste en bronze est érigé devant la mairie de Cork.

En juin 1921, la cour d'assises de Berlin juge le terroriste arménien Soghomon Tehlirian. Son procès provoque un vaste débat sur la politique que l'Empire ottoman, allié du Reich allemand pendant la Grande Guerre, a menée à l'égard des Arméniens. Les médias prennent en majorité fait et cause pour les victimes des massacres et pour Tehlirian. Le procès s'achève par un acquittement, principalement grâce à une expertise du neuropsychiatre Richard Cassirer qui confirme les propos de l'accusé affirmant n'avoir pas commis un crime prémédité, mais avoir agi sous le coup de l'émotion et sous l'effet d'un traumatisme.

On ne saura que plus tard que Soghomon Tehlirian était un des conjurés de l'opération Nemesis, montée par une organisation secrète dans l'objectif de faire exécuter par un commando spécial les principaux responsables du massacre des Arméniens. L'assassinat de Talaat Pacha n'était pas le premier commis par Tehlirian, qui avait déjà fait couler le sang à Constantinople au nom de la vengeance arménienne. De plus, contrairement à ce qu'il a affirmé devant le tribunal, il n'avait pas assisté au massacre de sa famille. Au cours des mois et des années qui suivront, d'autres conjurés commettront de nouveaux attentats à Rome, Berlin, Tiflis et Constantinople dans le cadre de l'opération Nemesis.

Après l'assassinat de Matthias Erzberger en août 1921, Schulz et Tillessen, ses meurtriers, réussissent à fuir à l'étranger. Ils y restent jusqu'à ce que le nouveau régime instauré en 1933 leur permette de regagner l'Allemagne. Leur procès n'aura lieu qu'après 1945. L'Allemagne d'aujourd'hui tend de plus en plus à considérer Erzberger comme l'architecte de la démocratie parlementaire allemande et va jusqu'à lui rendre hommage en tant que « martyr de la démocratie allemande ». En 2017, un bâtiment du Bundestag à Berlin prend le nom de « Matthias-Erzberger-Haus » en son honneur.

Après l'échec de sa lutte pour une Arabie indépendante, Thomas E. Lawrence prend la résolution de ne plus intervenir dans les destinées du monde. À partir de 1923, deux ans après que les Britanniques ont confié le trône d'Irak à son ami Fayçal, il s'engage comme simple soldat dans l'armée de l'air britannique sous une fausse identité. Il meurt le 13 mai 1935 des suites d'un accident de moto.

Ferdinand Foch rend l'âme le 20 mars 1929 après une longue maladie. On lui accorde des funérailles nationales et sa dépouille est inhumée aux Invalides, près du cercueil de Napoléon Ier . Cet honneur ne peut cependant cacher qu'au lendemain de son triomphe de novembre 1918, Foch a rapidement vu pâlir son étoile. Après avoir quitté l'armée, il a encore exercé une fonction de conseiller auprès de plusieurs gouvernements. Mais les opinions de ce jusqu'au-boutiste s'étaient peu à peu éloignées de la ligne officielle de son pays, qui œuvrait pas à pas pour un rapprochement avec son ancienne ennemie, l'Allemagne. Si le maréchal avait pu jouer un rôle héroïque dans la phase ultime de la guerre, il n'en avait pas moins perdu la bataille pour la paix.

C'est en cette même année 1929 que meurt Henry Johnson dans la solitude d'un hôpital de Washington. Le mutilé, qui n'a touché régulièrement de pension d'invalidité qu'à partir de 1927, n'a pas été capable après la guerre de se refaire une place dans la société civile. Alcool, pauvreté, solitude et tuberculose ont eu raison de lui. Il faudra attendre 2015 pour que le président Obama accorde à ce héros de la guerre la *Medal of Honor* à titre posthume.

Harry S. Truman rembourse jusqu'au début de 1930 les dettes de sa boutique. Peu après ce revers, il se lance néanmoins dans une carrière politique en s'appuyant, cette fois encore, sur les relations qu'il s'est faites dans l'armée. Il devient d'abord *county judge* et gravit peu à peu les échelons jusqu'à devenir, en 1945, trente-troisième président des États-Unis, fonction qu'il exerce jusqu'en 1953. Parmi les décisions présidentielles de cet ancien officier d'artillerie qui affirmait encore en 1918 qu'il ne tirerait plus un coup de feu de sa vie figure le largage de la bombe atomique sur Hiroshima et Nagasaki.

Le 21 mars 1933, en cette « journée de Potsdam », l'ancien prince héritier Guillaume se tient à côté d'Adolf Hitler dans l'église de la Garnison de cette ville de Prusse. Guillaume de Prusse a regagné l'Allemagne à la fin de 1923 comme simple particulier. Quelques semaines après la prise de pouvoir des nationaux-socialistes, on pourrait croire que le Führer a l'intention de tenir sa promesse d'instaurer un « Troisième Reich » qui rendra leur trône aux Hohenzollern.

Mais le rêve est de courte durée. En réalité, Hitler n'a guère d'estime pour les anciens souverains de l'Allemagne, qui ont perdu la guerre et ont été trop faibles pour résister à la révolution. Il ne lui déplairait pas que l'empereur déposé passe la fin de ses jours en exil en Hollande. Guillaume, le premier-né, ne trouve pas davantage grâce à ses yeux : il lui reproche de ne s'intéresser qu'aux femmes et aux chevaux. Aussi le spectacle en apparence si lourd de symboles qui se déroule dans l'église de la Garnison de Potsdam n'aura-t-il pas de suite pour les Hohenzollern ; l'ancien Kronprinz ne jouera aucun rôle dans les hautes sphères du pouvoir nazi. Son père, le dernier empereur allemand, ne mettra plus jamais les pieds dans sa patrie. Celui qui, depuis 1918, ne s'appelle plus que « Frédéric Guillaume de Prusse » meurt en 1941 en exil aux Pays-Bas.

La détention de Rudolf Höss n'a duré que quatre ans au lieu des dix auxquels il avait été condamné pour le meurtre de Walter Kadow ; l'ancien membre d'un corps franc est ensuite libéré dans le cadre d'une amnistie générale. Il vivote de travaux agricoles et reprend du service dans des organisations d'extrême droite.

L'arrivée de Hitler au pouvoir en 1933 marque un véritable changement dans sa vie. Höss devient membre de la SS, puis de ses « Totenkopfverbänden », ses unités à tête de mort. Il est affecté dans différents camps de concentration avant de se voir confier en 1940 le commandement du camp d'extermination d'Auschwitz. À ce titre, Höss est responsable de la mise en œuvre de « la solution finale de la question juive ». Il ordonne la construction des chambres à gaz dans lesquelles plus d'un million d'êtres humains, dont une majorité de Juifs, trouveront la mort, asphyxiés au Zyklon B.

En 1946, Höss, qui s'est dissimulé sous un faux nom à la fin de la guerre, est appréhendé et extradé en Pologne pour y être jugé. Il est condamné à mort à l'issue de son procès qui se tient l'année suivante à Varsovie. Quatorze jours après le jugement, l'ancien commandant d'Auschwitz est pendu devant son ancienne résidence dont la vue donnait sur le camp de concentration.

Quand les nationaux-socialistes prennent le pouvoir en Allemagne, George Grosz se trouve aux États-Unis. Il s'est rendu à New York avec une bourse d'une association artistique et décide le 12 janvier 1933 de tourner définitivement le dos à sa patrie. Adolf Hitler est nommé chancelier du Reich quelques semaines plus tard. Le nouveau régime fait donner l'assaut à l'atelier de Grosz dans l'intention de l'arrêter. Mais l'oiseau s'est envolé. Peu après, Grosz est déchu de sa nationalité, ses tableaux restés en Allemagne sont taxés d'« art dégénéré ». L'Amérique, en revanche, lui réserve des succès égaux à ceux qu'il a connus en Europe et il ne se décide à regagner l'Allemagne qu'en 1959, sur l'insistance de sa femme, Eva. Quelques semaines seulement après son retour, Grosz, qui souffre de dépression et d'alcoolisme, fait une chute mortelle dans un escalier.

Arnold Schönberg, professeur de composition à Berlin dans les années 1920, quitte l'Allemagne en 1933. À Paris, il revient au judaïsme avant de se réfugier aux États-Unis. Après avoir fait étape à New York et à Boston, il obtient une chaire d'enseignant en Californie. Il devient citoyen américain en 1941 et s'installe à Beverly Hills, non loin du domicile des Mahler-Werfel. Il succombe à un infarctus en 1951.

En 1938, quand Moina Michael part à la retraite à 69 ans, elle peut rétrospectivement dresser un bilan remarquable de sa vie. En un temps où les femmes diplômées étaient encore rares, elle a fait une belle carrière d'enseignante, débutant comme institutrice de village pour finir professeur d'université. Son idée de coquelicots artificiels vendus au profit des anciens combattants de la Grande Guerre a remporté un succès exemplaire dans l'ensemble du monde anglophone et au-delà. Aux États-Unis, en Grande-Bretagne et dans cinquante-deux autres États du monde, on vend tous les ans, le 11 novembre, des coquelicots que les gens épinglent à leur boutonnière. Entre 1921 et 1940, la vente mondiale des petites fleurs rouges rapporte sept millions de dollars par an, une somme distribuée aux anciens combattants dans le besoin. Quelles pensées ont pu agiter cette dame jadis vigoureuse mais affaiblie par l'âge en voyant une nouvelle fois des millions de jeunes gens perdre la vie ou la santé sur les champs de bataille de la Seconde Guerre mondiale ? Moina Michael n'aura pas assisté à la fin de ce nouveau massacre. Elle meurt le 10 mai 1944.

En 1941, après avoir terminé son roman intitulé *Entre les actes,* Virginia Woolf s'enfonce à nouveau dans une profonde dépression. Leonard la conduit à Brighton chez une femme médecin. Mais l'écrivaine n'a plus la force nécessaire pour surmonter ce nouvel accès de mélancolie pathologique. Le 28 mars, elle se suicide en se noyant dans l'Ouse. Cette bonne nageuse a pris la précaution d'enfoncer une lourde pierre dans la poche de son manteau. Elle a laissé une lettre d'adieu à Leonard dans laquelle elle écrit : « Je ne sais plus rien, si ce n'est la certitude de ta bonté. Je ne peux pas continuer à gâcher ta vie plus longtemps. Je ne pense pas que deux personnes auraient pu être plus heureuses que nous l'avons été. »

En 1933, Käthe Kollwitz est témoin de la prise de pouvoir des nationaux-socialistes, qui déclarent son art « dégénéré ». Son mari tant aimé, Karl, meurt en 1940. Cette pacifiste convaincue assiste à une seconde guerre mondiale, mais pas à une seconde paix. Fuyant les bombardements, elle se rend à Moritzburg, près de Dresde, où elle meurt le 22 avril 1945, quelques jours avant la capitulation allemande.

Après avoir quitté Moscou, Nguyen Ai Quoc passe plusieurs années en Chine, où il inculque les principes de la politique socialiste à de jeunes Vietnamiens dans un établissement d'enseignement progressiste. Comme à Paris et à Moscou, il se prépare ainsi à réaliser le but de sa vie : l'indépendance vietnamienne. L'occasion ne se présentera pourtant que pendant la Seconde Guerre mondiale, lorsque les rebelles vietnamiens réussiront à vaincre militairement et à chasser de leur pays la France de Vichy et son allié le Japon. Le 2 septembre 1945, Nguyen, qui a entre-temps adopté le nom de Hô Chí Minh, proclame l'indépendance du Vietnam, qui mène un an plus tard à la guerre d'Indochine. Devenu président de la République démocratique du Vietnam, il prendra la tête de la lutte contre les États-Unis pendant la guerre du Vietnam.

Mohandas Gandhi doit attendre 1947 pour voir s'accomplir l'objectif de sa vie : l'indépendance de l'Inde. Malheureusement, elle s'accompagne de la partition du pays que Gandhi avait cherché à éviter, donnant ainsi naissance à une Inde principalement hindouiste et à un Pakistan majoritairement musulman. Quelques mois après la fondation de l'État à laquelle il a œuvré toute sa vie, le 30 janvier 1948, la balle d'un terroriste, Nathuram Godse, abat le responsable politique de 78 ans. Ce nationaliste hindou reproche à Gandhi la division de l'Inde et est convaincu que le Mahatma a trahi les intérêts des hindous.

À l'image de Schönberg et de Grosz, Walter Gropius est contraint de fuir le national-socialisme qui s'en prend au Bauhaus, présenté comme « l'église du marxisme ». Via l'Angleterre, il arrive aux États-Unis, où il obtient une chaire d'architecture à l'université Harvard. Walter Gropius ne recommence à réaliser des projets en Allemagne qu'à partir des années 1950. Un immeuble résidentiel à façade concave construit dans le quartier berlinois de Hansa représente sa contribution à l'exposition internationale du Bauhaus en 1957. Gropius meurt à Boston en 1969.

À cette date, cela fait déjà cinq ans qu'Alma Mahler, son ancienne épouse, n'est plus de ce monde. Dans les dernières années de sa vie, alors que sa beauté avait subi les outrages du temps et de l'alcool, Alma Mahler, plusieurs fois veuve, vivait à New York. Franz Werfel et elle avaient quitté leur Vienne natale peu avant le rattachement de l'Autriche à l'Allemagne nazie en 1938. Son amour pour Werfel a poussé Alma à choisir l'exil avec lui. Après une première étape, ils ont franchi les Pyrénées à pied pour rejoindre Barcelone, poursuivant leur voyage par Lisbonne jusqu'à Los Angeles où s'était déjà constituée une colonie de réfugiés. Alma Mahler est restée fidèle à Werfel jusqu'à la mort de celui-ci. En 1951, elle est allée s'établir à New York où elle a passé les dernières années de son existence.

Au lendemain de la Seconde Guerre mondiale, Richard Stumpf vit à Heiligenstadt en Thuringe, en zone d'occupation soviétique. Après la Grande Guerre, il a retrouvé du travail, il s'est marié et a eu quatre fils. Il a continué à écrire, une activité qu'il a découverte pendant la guerre en tenant son journal, et a publié des textes sur la marine et sur des questions politiques. À la suite d'un passage par les corps francs, Stumpf s'est rapproché de la gauche modérée et a pris position contre l'ascension des nationaux-socialistes. Aussi a-t-il eu des difficultés à trouver un emploi correct après 1933. La version imprimée de son journal de la Grande Guerre, dont la publication avait connu un certain succès sous la République de Weimar, a été brûlée par les autorités. En 1953, quand les ouvriers descendent dans la rue pour protester contre le régime de la RDA, Richard Stumpf est à leurs côtés. Cela lui vaut de se retrouver en prison et d'être désormais soupçonné d'être un adversaire du régime. Il meurt en 1958, toujours citoyen de la RDA.

Alvin C. York pousse son dernier soupir en 1964 au Veteran's Hospital de Nashville. L'école qu'il a fondée est devenue entre-temps un établissement public de l'État du Tennessee. Aujourd'hui encore, une autoroute du Tennessee, dont la construction s'était faite jadis à l'initiative de l'ancien combattant, porte le nom d'Alvin C. York Highway. Il a fini par renoncer à s'opposer à l'adaptation filmée de son action héroïque. Dans *Sergent York* (1941), son rôle est interprété par Gary Cooper, à qui il vaut un Oscar.

En 1979, après avoir fait une carrière de journaliste et avoir défendu inlassablement l'Europe unie et les droits de la femme,

Louise Weiss est élue députée du Parlement européen sur la liste gaulliste. Cette Européenne de la première heure a alors 86 ans. Elle sera jusqu'à sa mort, le 26 mai 1983, la doyenne du Parlement européen, dont le bâtiment strasbourgeois porte son nom depuis 1999.

Considérations finales

Grâce à Dieu, on ne peut pas photographier
les souvenirs. [...] Non, franchement : même
si j'avais devant moi toute la documentation
– notes de la Première Guerre mondiale,
correspondance, passeports, photos de famille,
lettres d'amour, tout ce qui au cours d'une vie
animée s'accroche à vous comme des moules à
la quille d'un bateau –, même dans ce cas,
je n'en aurais pas fait l'usage que l'on attend
ici. [...] Oui, j'aime la pénombre. Et je vous en
prie, ne confondez pas la pénombre avec
le flou ou l'imprécis.

George Grosz,
Ein kleines Ja und ein grosses Nein, 1946.

Le sixième chapitre de cet ouvrage s'achève par le regard rétrospectif que porte Rudolf Höss sur l'assassinat d'un présumé traître qu'il a commis en 1923. Était-ce déjà la fin du renouveau, la fin de ce temps des comètes qui avait commencé par le flamboiement de 1918 ? Au demeurant, ces six années constituent-elles une période bien définie ? 1923 marque-t-elle une réelle césure ? Cette hypothèse est confirmée par la décision qu'ont récemment prise des historiens comme Robert Gerwarth, que l'on retrouvera dans la bibliographie du présent ouvrage, de regrouper les années situées entre 1917 et 1923 dans une même entité chronologique, qu'ils font débuter par la révolution russe et s'achever par le retour d'une certaine stabilité dans de nombreux pays du monde au lendemain des crises et des révolutions de l'après-guerre.

À première vue, l'image du funambule du dessin de Paul Klee, évoquée au début de ce livre, ne convient pas très bien à un homme comme Rudolf Höss. Pourtant, même s'il n'a rien d'un équilibriste qui, porté par l'inspiration, plane au-dessus de l'abîme, les parallèles ne manquent pas : Höss est grisé par les prémices d'une idéologie totalitaire et par l'expérience de la violence meurtrière qu'il a découverte à l'armée. Son acte criminel esquisse l'évolution d'une paix trompeuse vers la dictature et la guerre. La Seconde Guerre mondiale n'aura pas seulement été plus de trois fois plus meurtrière que la précédente ; elle s'est également caractérisée par des massacres systématiques de civils d'une ampleur et d'une forme inconnues durant la Première Guerre mondiale.

On aurait tort pourtant de ne considérer ce temps des comètes qu'à partir du point de fuite de 1939. Les rêves et les idéaux nés en 1918 ont eux aussi continué à produire des effets dans l'avenir immédiat et lointain. Même si la République de Weimar, pour laquelle s'était battu le pragmatique Matthias Erzberger, a été broyée et balayée par les mouvements totalitaires, son héritage n'a pas été négligeable dans la République fédérale d'après-guerre – ne fût-ce que comme repoussoir dont il convenait de se démarquer. Et même si la Société des Nations n'a pas su empêcher l'aggravation des conflits internationaux qui ont fini par entraîner une nouvelle guerre, l'Organisation des Nations unies a pris sa succession à maints égards. L'émancipation tant attendue par les Noirs américains au lendemain de leur participation à la Première Guerre mondiale a connu des succès décisifs dans la seconde moitié du XXe siècle. Les espoirs de liberté et d'indépendance des peuples encore irréalisés en 1919, dont ceux des Irlandais, des Indiens ou des Vietnamiens, ont fini par se concrétiser. L'évolution de la société dans l'entre-deux-guerres a elle-même joué un rôle déterminant, en premier lieu avec les idées de plus grande liberté dans les relations amoureuses et sexuelles incarnées par Alma Mahler ou la vision d'égalité entre l'homme et la femme défendue par Louise Weiss.

La réalisation de ces rêves issus d'un carnage pourrait apparaître comme un message réconfortant qu'adresserait 1918 au présent bouleversé que nous vivons un siècle plus tard. Depuis 1989, le monde n'a cessé de voir se succéder des révolutions porteuses d'espoir et des crises fondamentales, tandis que des projets d'avenir aussi lumineux que dévastateurs surgissaient au firmament. Mais même si certains nouveaux départs actuels aboutissent dans l'abîme, même s'il semble parfois qu'à travers le monde, des forces dangereuses et délétères – régimes autoritaires, mouvements populistes, fanatisme religieux, terrorisme, nouvelles guerres, capitalisme de plus en plus incontrôlé – l'emportent, cette évolution n'est ni écrite dans les astres, ni inévitable – comme nous l'apprend cet instant particulièrement lumineux de 1918. En dernière analyse, tout dans l'histoire et dans la vie n'est-il pas toujours en renaissance, chaque état n'est-il pas temporaire et les comètes ne courent-elles pas – comme sur le tableau de Klee – en rond après leur propre queue ?

Un des défis du *Temps des comètes* consistait à déterminer dans quelle mesure un historien peut céder à la subjectivité – celle des témoins de l'époque et la sienne, qui s'exprime inévitablement dans toute étude du passé. J'ai décidé en toute conscience de placer au cœur de mon propos les déclarations des protagonistes et de leur accorder même parfois la priorité sur les réalités confirmées – dans l'esprit de la phrase de Grosz citée plus haut : « Grâce à Dieu, on ne peut pas photographier les souvenirs. » J'ai procédé ainsi même avec des personnages tels que Marina Yurlova et George Grosz, qui ont de toute évidence enjolivé leurs souvenirs et en ont accentué *a posteriori* le caractère spectaculaire, ou dans des textes comme celui sur Hô Chí Minh dont la paternité n'est pas claire, ou encore avec des figures comme celles du prince héritier Guillaume, du terroriste Soghomon Tehlirian ou de Rudolf Höss qui, pour justifier leurs actes, ont présenté les faits sous un jour partial lorsqu'ils ne les ont pas délibérément déformés. Au lecteur de décider si le prix de la densité narrative, à savoir le risque que l'éclairage relativement flatteur de la représentation de soi ne fasse apparaître des personnages ambivalents sous un jour trop positif, est excessif ; à lui aussi de choisir de concéder ou non à l'auteur les petits espaces de liberté que celui-ci a accordés à son imagination dans la restitution des scènes décrites dans les sources. Il ne faut certainement pas aborder ce livre comme une représentation objective de faits historiques, mais plutôt comme un collage de témoignages, tels qu'un groupe bigarré d'acteurs qui ont vécu les années situées autour de 1918 en ont gardé le souvenir, les ont présentés, interprétés et décrits à partir de leur point de vue éminemment personnel.

J'ai donc tenu à dresser la liste des ouvrages dont s'inspire ce livre afin que le lecteur puisse d'une part se reporter aux sources utilisées, de l'autre les comparer aux études scientifiques qui s'attachent à transmettre des connaissances historiquement confirmées. Je souhaite également, à travers cette bibliographie, reconnaître tout ce que je dois à ces études richement documentées – par exemple au livre de Reginald Isaac sur Walter Gropius, à la biographie de Terence MacSwiney rédigée par Francis Costello ou au recueil des « rencontres » de son père que l'on doit à Nuria Nono-Schönberg – qui m'ont fait découvrir plus intimement les personnages historiques qui peuplent ce livre.

Remerciements

La première impulsion déterminante de la genèse de ce livre m'a été donnée par le producteur de films Gunnar Dedio. Il ne m'a pas seulement invité à contribuer à un grand projet dont il était l'initiateur sur l'histoire de l'entre-deux-guerres ; je lui dois également d'avoir découvert, au cours des années de travail commun sur des scénarios, un autre mode d'écriture, qui accorde une large place à la scène. Les échanges avec l'équipe qui a travaillé, pendant la rédaction de ce livre, sur la série télévisée en huit parties intitulée *Krieg der Träume* (« La Guerre des rêves ») qui traite de thèmes et de leitmotive apparentés, ont été remarquablement stimulants. J'en remercie le réalisateur et scénariste Jan Peter, le scénariste Frédéric Goupil ainsi que la productrice Regina Bouchehri.

Dans mes premiers pas sur le terrain encore vierge d'un mode d'écriture différent, d'une autre approche de l'histoire, j'ai bénéficié de l'inspiration et du soutien de Tobias Schönpflug. Mon agente Barbara Wenner a accompagné la création de ce livre du début à la fin avec la sensibilité qui la caractérise.

Je tiens à remercier les éditions S. Fischer, mon éditeur en Allemagne, pour la confiance qu'elles ont placées dans mon travail et pour le soin remarquable qu'elles ont apporté à ce livre depuis les premières esquisses jusqu'à la version finale – je citerai seulement, en guise de représentantes, la directrice éditoriale Nina Sillem et l'éditrice Tanja Hommen. Heureux l'auteur qui peut compter, chez son éditeur, sur des échanges intellectuels aussi fructueux et sur un authentique travail éditorial !

Le travail dans le cercle d'esprits exceptionnels du Wissenschaftskolleg de Berlin a nourri ce livre. Je remercie les Fellows des années 2015-2017 ainsi que mes collègues pour leur inspiration et leur soutien, surtout dans la phase finale de la rédaction. La bibliothèque de cet établissement m'a rendu d'inestimables services, en me procurant dans des délais très brefs les publications même les plus extravagantes, et en soutenant mes recherches.

Une grande partie du manuscrit a pu être rédigée grâce à une bourse du Centre canadien d'études allemandes et européennes de l'université de Montréal, et ce livre doit beaucoup aux échanges vivifiants avec les chercheurs locaux. Je remercie de tout cœur le directeur du centre, Laurence McFalls, ainsi que les chercheurs Till van Rahden et Barbara Thériault.

Des collègues historiens ont lu des fragments du manuscrit et m'ont fait profiter de suggestions et de critiques constructives. Je remercie à cet égard Stephan Malinowski, Barbara Kowalzig et Torsten Riotte. Leurs commentaires m'ont été infiniment précieux et ont amélioré cet ouvrage – tout comme la vérification critique du manuscrit à laquelle se sont livrées Nicola Willenberg et Karin Hielscher. Je suis seul responsable des défauts subsistants. Je tiens à rendre tout particulièrement hommage à mon père, Wolfgang Schönpflug, dont les conseils irremplaçables ont soutenu ce livre et le nouveau départ qu'il incarne.

Sources et bibliographie

Beaupré, Nicolas, *Le Traumatisme de la Grande Guerre, 1918-1932/33* (Histoire franco-allemande, vol. 8), Villeneuve-d'Asq, 2012.

Becker, Jean-Jacques, et Serge Berstein, *Victoire et frustrations, 1914-1929* (Nouvelle Histoire de la France contemporaine, 12), Paris, 1990.

Best, Nicolas, *The Greatest Day in History. How, on the Eleventh Hour of the Eleventh Day of the Eleventh Month, the First World War Finally Came to an End*, Londres, 2008.

Blom, Philipp, *Die zerrissenen Jahre. 1918-1939*, Munich, 2014.

Boittin, Jennifer Anne, *Colonial Metropolis. The Urban Grounds of Feminism and Anti-Imperialism in Interwar Paris*, Lincoln, 2010.

Burbank, Jane, *Intelligentsia and Revolution. Russian Views of Bolshevism 1917-1922*, New York/Oxford, 1989.

Churchill, Winston, *The World Crisis*, vol. 4 : *The Aftermath 1918-1922*, Londres, 1929.

Cooper, John Milton, *Breaking the Heart of the World. Woodrow Wilson and the Fight for the League of Nations*, Cambridge/New York, 2001.

Englund, Peter, *La Beauté et la douleur des combats : une nouvelle histoire de la Première Guerre mondiale*, trad. Rémi Cassaigne, Paris, 2011.

Fitzpatrick, Sheila, et Yuri Slezkine (éd.), *In the Shadow of Revolution. Life Stories of Russian Women from 1917 to the Second World War*, Princeton, 2000.

Gerwarth, Robert, *Les Vaincus : violences et guerres civiles sur les décombres des empires, 1917-1923*, trad. Aurélien Blanchard, Paris, 2017.

Hagedorn, Ann, *Savage Peace. Hope and Fear in America 1919*, New York, 2007.

Hughes, Gordon, et Philipp Blom (éd.), *Nothing but the Clouds Unchanged. Artists in World War I*, Los Angeles, 2014.

Jannik, Allan, et Stephen Toulmin, *Wittgenstein's Vienna*, Chicago, 1996.

Janz, Oliver, *Das symbolische Kapital der Trauer. Nation, Religion und Familie im italienischen Gefallenenkult des Ersten Weltkriegs*, Tübingen, 2009.

Jones, Mark, *Founding Weimar. Violence and the German Revolution of 1918-1919*, Cambridge, 2016.

Julien, Élise, *Paris, Berlin. La mémoire de la guerre, 1914-1933*, Rennes, 2009.

Kershaw, Ian, *L'Europe en enfer : 1914-1949*, trad. Aude de Saint-Loup et Pierre-Emmanuel Dauzat, Paris, 2017.

Kyvig, David E., *Daily Life in the United States 1920-1939. Decades of Promise and Pain*, Westport, 2002.

Leonhard, Jörn, *Die Büchse der Pandora. Die Geschichte des Ersten Weltkriegs*, Munich, 2014.

Lowry, Bullitt, *Armistice 1918*, Ohio, 1996.

Machtan, Lothar, *Die Abdankung. Wie Deutschlands gekrönte Häupter aus der Geschichte fielen*, Berlin, 2008.

MacMillan, Margaret, *Paris 1919. Six Months that Changed the World*, New York, 2002.

Malinowski, Stephan, *Vom König zum Führer. Deutscher Adel und Nationalsozialismus*, Francfort/Main, 2010.

Manela, Erez, *The Wilsonian Moment. Self-Determination and the International Origins of Anticolonial Nationalism*, New York, 2007.

Müller, Tim B., *Nach dem Ersten Weltkrieg. Lebensversuche moderner Demokratien*, Bonn, 2014.

Pedersen, Susan, *The Guardians. The League of Nations and the Crisis of Empire*, Oxford, 2015.
Peukert, Detlef, *La République de Weimar. Années de crise de la modernité*, trad. Paul Kessler, Paris, 1995.
Pieper, Ernst, *Nacht über Europa. Kulturgeschichte des Ersten Weltkriegs*, Berlin, 2013.
Radkau, Joachim, *Das Zeitalter der Nervosität. Deutschland zwischen Bismarck und Hitler*, Munich, 1998.
Raphael, Lutz, *Imperiale Gewalt und mobilisierte Nation. Europa 1914-1945*, Munich, 2011.
Reichardt, Sven, *Faschistische Kampfbünde. Gewalt und Gemeinschaft im italienischen Squadrismus und in der deutschen SA*, Vienne, 2009.
Schlögel, Karl, *Petersburg. Das Laboratorium der Moderne 1909-1921*, Francfort/Main, 2009.
Tooze, Adam, *Le Déluge, 1916-1931. Un nouvel ordre mondial*, trad. Christine Rimoldy, Paris, 2015.
Weipert, Axel, *Die Zweite Revolution. Rätebewegung in Berlin 1919/1920*, Berlin, 2015.
Wirsching, Andreas, *Vom Weltkrieg zum Bürgerkrieg ? Politischer Extremismus in Deutschland und Frankreich in Berlin und Paris im Vergleich*, Munich, 1999.

Matthias Erzberger

Domeier, Norman, « Der Sensationsprozess Erzberger – Helfferich : Die Verquickung politischer und wirtschaftlicher Interessen in der Weimarer Republik », *in* Christopher Dowe (éd.), *Matthias Erzberger. Ein Demokrat in Zeiten des Hasses*, Karlsruhe, 2013, p. 158-183.
Dowe, Christopher, *Matthias Erzberger. Ein Leben für die Demokratie*, Stuttgart, 2011.
Erzberger, Matthias, *Erlebnisse im Weltkrieg*, Berlin, 1920 [*Souvenirs de guerre*, Paris, 1920].

Erzberger-Prozess, Der, *Stenographischer Bericht über die Verhandlungen im Beleidigungsprozess des Reichsfinanzministers Erzberger gegen den Staatsminister a. D. Dr Karl Helfferich*, Berlin, 1920.
Haehling von Lanzenauer, Reiner, *Der Mord an Matthias Erzberger*, Karlsruhe, 2008.
Helfferich, Karl, *Fort mit Erzberger !*, Berlin, 1919.
Jasper, Gotthard, « Aus den Akten der Prozesse gegen die Erzberger-Mörder », in *Vierteljahrshefte für Zeitgeschichte*, 10 (1962), p. 430-453.
Marhefka, Edmund (éd.), *Der Waffenstillstand 1918-1919. Das Dokumentenmaterial der Waffenstillstandsverhandlungen von Compiègne, Spa, Trier und Brüssel*, Berlin, 1928.
Sabrow, Martin, « Organisation Consul (O.C.) 1920-22 », in Historisches Lexikon Bayerns : https ://www.historisches-lexikon-bayerns.de/Lexikon/Organisation_Consul_%28O.C.%29,_1920-1922

Ferdinand Foch

Foch, Ferdinand, *Mémoires pour servir à la mémoire de la guerre*, 2 vol., Paris, 1931.
Greenhalgh, Elizabeth, *Foch in Command. The Forging of a First World War General*, Cambridge, 2011 [*Foch, chef de guerre*, trad. Simon Duran, Paris, 2013].
Mordacq, Henri, *L'Armistice du 11 novembre 1918. Récit d'un témoin*, Paris, 1937.
Mordacq, Henri, *Le Ministère Clemenceau. Journal d'un témoin*, vol. 2, Paris, 1931.
Notin, Jean-Christophe, *Foch. Le mythe et ses réalités*, Paris, 2008.
Weygand, Maxime, *Le Onze Novembre*, Paris, 1958.

Mohandas Karamchand Gandhi

Fischer, Louis, *The Life of Mahatma Gandhi*, vol. I, Stuttgart, 1953 [*Vie du Mahatma Gandhi*, trad. Eugène Bestaux, Paris, 1955].
Gandhi, Mohandas Karamchand, *Autobiographie ou mes expériences de vérité*, trad. Georges Belmont, Paris, 1950.
Parvate, T. V., *Bal Gangadhar Tilak*, Ahmedabad, 1958.
Rothermund, Dietmar, *Gandhi. Der gewaltlose Revolutionär*, Munich, 2003.
Vidwans, M. D., *Letters of Lokamanya Tilak*, Poona, 1966.

Walter Gropius et Alma Mahler-Werfel

Isaacs, Reginald R., *Walter Gropius. Der Mensch und sein Werk*, Berlin, 1983.
Gropius, Walter, *Idee und Aufbau des Staatlichen Bauhauses Weimar*, Munich, 1923.
Hilmes, Oliver, *Witwe im Wahn. Das Leben der Alma Mahler-Werfel*, Munich, 2004.
Mahler, Alma, *Mein Leben*, Francfort/Main, 1963 [*Ma vie*, Paris, 1985].

George Grosz

Blumenfeld, Erwin, *Einbildungsroman*, Francfort/Main, 1998.
Flavell, Mary Kay, *George Grosz. A Biography*, New Haven/Londres, 1988.
Grosz, Georges, *Ein kleines Ja und ein großes Nein*, Hambourg, 1955.
Hecht, Ben, *Revolution im Wasserglas. Geschichten aus Deutschland 1919*, Berlin, 2006.
Hess, Hans, *George Grosz*, Dresde, 1982.
Jentsch, Ralph, *Georges Grosz*, Cologne, 2013.

Lewis, Beth Irwin, *George Grosz. Art and Politics in the Weimar Republic*, Princeton, 1971.

Guillaume de Prusse, prince héritier

Cecilie, Kronprinzessin, *Erinnerungen an den Deutschen Kronprinzen*, Biberach, 1952.
Jonas, Klaus W., *Der Kronprinz Wilhelm*, Francfort/Main, 1962.
Rosner, Karl (éd.), *Erinnerungen des Kronprinzen Wilhelm. Aus den Aufzeichnungen, Dokumenten, Tagebüchern und Gesprächen*, Stuttgart/Berlin, 1922.
Wilhelm, Kronprinz, *Meine Erinnerungen aus Deutschlands Heldenkampf*, Berlin, 1923 [*Mémoires du Kronprinz*, Paris, 1922].

The Harlem Hellfighters : Arthur Little, Henry Johnson, James Reese Europe

Badger, Reid, *A Life in Ragtime. A Biography of James Reese Europe*, New York/Oxford, 1995.
Barbeau, Arthur E., et Florette Henri, *The Unknown Soldiers. Black American Troops in World War I*, Philadelphie, 1974.
Gero, Anthony F., *Black Soldiers of New York State. A Proud Legacy*, Albany/New York, 2009.
Grant, Colin, *Negro with a Hat. The Rise and Fall of Marcus Garvey*, Oxford, 2010 [*Le Nègre au chapeau : l'ascension et la chute de Marcus Garvey*, trad. Hélène Lee, Paris, 2013].
Little, Arthur, *From Harlem to the Rhine. The Story of New Yorks Colored Volunteers*, New York, 1936.
Sissle, Noble, *The Memoirs of Lieutenant Jim Europe*, manuscrit dactylographié, ca. 1942 : *http://memory.loc.gov/cgi-bin/ampage?collId=ody_musmisc&leName=ody/ody0717/ody-0717page.db&recNum=0&itemLink=r?ammem/aaodyssey:@*

eld(NUMBER+@band(musmisc+ody0717))&linkText=0 (consulté le 18.5.2017).
Slotkin, Richard, *Lost Battalions. The Great War and the Crisis of American Nationality*, New York, 2005.
Williams, Chad L., *Torchbearers of Democracy. African American Soldiers in the World War I Era*, Chapel Hill, NC, 2010.

Rudolf Höss

Höß, Rudolf, *Kommandant in Auschwitz. Autobiographische Aufzeichnungen*, éd. Martin Broszat, Munich, 2013 [Hoess, Rudolf, *Le commandant d'Auschwitz parle*, Paris, 1995].
Koop, Volker, *Rudolf Höß. Der Kommandant von Auschwitz. Eine Biographie*, Cologne/Weimar/Vienne, 2014.

Paul Klee

Klee, Paul, *Das bildnerische Denken. Schriften zur Form und Gestaltungslehre*, éd. Jürg Spiller, Stuttgart, 1964 [*La Pensée créatrice*, trad. Sylvie Girard, Paris, 1973].
Klee, Paul, *Tagebücher 1898-1918*, éd. Felix Klee, Cologne, 1957 [*Journal*, trad. Pierre Clossowski, Paris, 1992].
Schlumpf, Hans-Ulrich, *Das Gestirn über der Stadt. Ein Motiv im Werk von Paul Klee*, thèse, Zuurich, 1969.
Trepesch, Christoph, et Shabab Sangestan (éd.), *Paul Klee. Mythos Fliegen. Katalog zur gleichnamigen Ausstellung (23.11.2013–23.2.2014) im H2 Zentrum für Gegenwartskunst*, Berlin, 2013.

Kathe Kollwitz

Kollwitz, Käthe, *Die Tagebücher*, éd. Jutta Bohnke-Kollwitz, Berlin, 2007 [*Journal, 1908-1943*, trad. Micheline et Sylvie Doizelet, Paris, 2018].

Winterberg, Jury et Sonya, *Kollwitz – die Biographie*, Gütersloh, 2015.

Thomas E. Lawrence « d'Arabie »

Brown, Malcolm (éd.), *Lawrence of Arabia, The Selected Letters*, Londres, 2005.

Anderson, Scott, *Lawrence in Arabia. War, Deceit, Imperial Folly and the Making of the Modern Middle East*, New York, 2013.

Lawrence, Thomas E., *The Complete 1922 Seven Pillars of Wisdom. The « Oxford Text »*, Fordingbridge, 2004 [*Les Sept Piliers de la sagesse : un triomphe*, trad. Renée et André Guillaume, Paris, 1995].

Thomas, Lowell, *With Lawrence in Arabia*, New York/Londres, 1924.

Wilson, Jeremy, *Lawrence of Arabia. The Authorized Biography of T.E. Lawrence*, New York, 1990 [*Lawrence d'Arabie. La biographie autorisée de T.E. Lawrence*, trad. Maurice Larès et Jean-François Moisan, Paris, 1994].

Terence MacSwiney

Augusteijn, Joost, *From Public Defiance to Guerilla Warfare. The Experience of Ordinary Volunteers in the Irish War of Independence 1916-1921*, Dublin, 1996.

Breen, Dan, *My Fight for Irish freedom*, Dublin, 1921 [*Mon combat pour l'Irlande*, trad. Robert Kadig, Rennes, 1939].

Costello, Francis J., *Enduring the Most. The Life and Death of Terence MacSwiney*, Dingle, 1995.

MacSwiney Brugha, Máire, *History's Daughter. A Memoir from the Only Child of Terence MacSwiney*, Dublin, 2006.

MacSwiney, Terence, *Principles of Freedom*, Dublin, 1921.

Moina Michael

Michael, Moina, *The Miracle Flower. The Story of the Flanders Fields Memorial Poppy*, Philadelphie, 1941.

Nguyen Tat Thanh/Nguyen Ai Quoc/Hô Chí Minh

Duiker, William J., *Hô Chí Minh. A Life*, New York, 2000.
Großheim, Martin, *Hô Chí Minh. Der geheimnisvolle Revolutionär*, Munich, 2011.
Lacouture, Jean, *Hô Chí Minh*, Paris, 1967.
Quinn-Judge, Sophie, *Hô Chí Minh. The Missing Years 1919–1941*, Orlando, 2003.
Tran Dân Tîen, *Glimpses of the Life of Hô Chí Minh. President of the Democratic Republic of Vietnam*, Hanoi, 1958.
Trang-Gaspard, Thu, *Hô Chí Minh à Paris (1917-1923)*, Paris, 1992.

Arnold Schönberg

Gervink, Manuel, *Arnold Schönberg in seiner Zeit*, Laaber, 2000.
Nono-Schönberg, Nuria (éd.), *Arnold Schönberg 1874-1951. Lebensgeschichte in Begegnungen*, Klagenfurt, 1998.
Ringer, Alexander L., *Arnold Schoenberg. The Composer as Jew*, Oxford, 1990.
Schönberg, Arnold, *Die Jakobsleiter : Oratorium*, Vienne, 1917.
Schönberg, Arnold, *Briefe*, Erwin Stein, Mainz, 1958.
Staatliche Tretjatow Galerie et Goethe Institut Inter Nationes (éd.), *Arnold Schönberg und Wassily Kandinsky. Malerei und Musik im Dialog. Zum 50. Todestag von Arnold Schönberg*, Moscou, 2001.
Tenner, Haide (éd.), *« Ich möchte solange leben, als ich Ihnen dankbar sein kann. » Alma Mahler – Arnold Schönberg. Der Briefwechsel*, Salzbourg, 2012.

Theurich, Jutta (éd.), *Der Briefwechsel zwischen Arnold Schönberg und Ferruccio Busconi 1903-1919*, thèse, HU Berlin, 1979.

Waitzbauer, Harald, « Arnold Schönberg ist in Mattsee unerwünscht », *in* Robert Kriechbaumer (éd.), *Der Geschmack der Vergänglichkeit. Jüdische Sommerfrische in Salzburg*, Vienne, 2002, p. 153-173.

Richard Stumpf

Horn, Daniel (éd.), *The Private War of Seaman Stumpf. The Unique Diaries of a Young German in the Great War*, Londres, 1967.

Horn, Daniel, « The Diarist Revisited. The Papers of Seaman Stumpf », in *The Journal of the Rutgers University Libraries*, 40, 1 (1978), p. 32-48.

Stumpf, Richard, *Warum die Flotte zerbrach. Kriegstagebuch eines christlichen Arbeiters*, Berlin, 1927.

Soghomon Tehlirian

Der Prozeß Talaat Pascha, Stenographischer Prozeßbericht mit einem Vorwort von Armin T. Wegner, Berlin, 1921.

Hosfeld, Ralf, *Operation Nemesis. Die Türkei, Deutschland und der Völkermord an den Armeniern*, Cologne, 2005.

Harry S. Truman

Ferrel, Robert H. (éd.), *Dear Bess. The Letters from Harry to Bess Truman 1910-1959*, New York, 1983.

McCullough, David, *Truman*, New York, 1992.

Miller, Merle, *Plain Speaking. An Oral Biography of Harry S. Truman*, New York, 1974.

Truman, Margaret, *Harry S. Truman*, Londres, 1973.

Louise Weiss

Bertin, Célia, *Louise Weiss*, Paris, 1999.
Weiss, Louise, *La République tchéco-slovaque*, préface de M. Edvard Benès, Paris, 1919.
Weiss, Louise, *Mémoires d'une Européenne*, vol. 1 : *Une petite fille du siècle*, vol. 2 : *Combats d'une Européenne*, Paris, 1968 et 1976.
Weiss, Louise, *Milan Stefanik*, Prague, 1920.

Virginia Woolf

DeSalvo, Louise (éd.), *Vita Sackville-West/Virginia Woolf, Correspondance 1923-1941*, trad. Raymond Las Vergnas, Paris, 2010.
Lee, Hermione, *Virginia Woolf. Ein Leben*, Francfort/Main, 2006 [*Virginia Woolf ou l'aventure intérieure*, trad. Laurent Bury, Paris, 1999].
Nicolson, Nigel (éd.), *The Question of Things Happening. The Letters of Virginia Woolf*, vol. 2 : *1912-1922*, Londres, 1976.
Phillips, Kathy J., *Virginia Woolf against Empire*, Tennessee, 1994.
Spater, George, et Ian Parsons, *A Marriage of True Minds : an intimate portrait of Leonard and Virginia Woolf*, New York/Londres, 1977.
Woolf, Leonard, *Ma vie avec Virginia*, trad. Micha Venaille, Paris, 2016.
Woolf, Virginia, *La Chambre de Jacob*, trad. Jean Talva, Paris, 1942.
Woolf, Virginia, *Journal intégral, 1915-1941*, trad. C.-M. Huet et M.A. Dutartre, Paris, 1981.
Woolf, Virginia, *La Traversée des apparences*, trad. L. Savitsky, Paris, 1948.

Alvin C. York

Lee, David D., *Sergeant York. An American Hero*, Lexington/Kentucky, 1985.
Skeyhill, Tom (éd.), *Sergeant York. His Own Life Story and War Diary*, New York, 1928.

Marina Yurlova

Yurlova, Marina, *Fille de cosaque, 1914-1919*, trad. Jean-Claude Drouin, Paris, 2015.
Yurlowa, Marina, *Russia, Farewell*, Londres, 1936.

Autres sources

Mondrian, Piet, *et al.*, « Manifest I », in *De Stijl*, 2, 1 (nov. 1918), p. 4-5.
Spengler, Oswald, *Der Untergang des Abendlandes. Umrisse einer Morphologie der Weltgeschichte* (1918), Munich, 1969 [*Déclin de l'Occident. Esquisse d'une morphologie de l'histoire universelle*, trad. M. Tazerout, Paris, 1931-1933].
Troeltsch, Ernst, *Kritische Gesamtausgabe*, vol. 14 : *Spectator-Briefe und Berliner Briefe (1918-1922)*, éd. Gangolf Hübinger, Berlin, 2015.
Salomon, Ernst von, *Die Geächteten*, Berlin, 1930 [*Les Réprouvés*, trad. Andrée Vaillant et Jean Kuchenburg, Paris, 1947].

Crédits des illustrations

p. 10 : Paul Klee © ARTOTHEK

p. 20 : Paul Nash © Imperial War Museum, London / Bridgeman Images

p. 48 : Briton Rivière © Private Collection / Bridgeman Images

p. 84 : George Grosz © Digital image, The Museum of Modern Art, New York / Scala, Florence – © The estate of George Grosz, Princeton, N.J. / Adagp, Paris, 2018

p. 142 : Marcel Duchamp © Private Collection / Bridgeman Images – © Association Marcel Duchamp / Adagp, Paris, 2018

p. 186 : Curt Herrmann © Nationalgalerie, Staatliche Museen zu Berlin-Preußischer Kulturbesitz / Andres Kilger

p. 232 : Walter Gropius © akg-images / Bildarchiv Monheim – © Adagp, Paris, 2018

p. 280 : George Grosz © The estate of George Grosz, Princeton, N.J. / Adagp, Paris, 2018

Table des matières

pca
cmb
édition pré-presse
livres numériques

44400 Rezé

Achevé d'imprimer en août 2018
sur les presses de la Nouvelle Imprimerie Laballery
58500 Clamecy
Dépôt légal : août 2018
N° d'impression : 807425
N° d'édition : 2017-2034

Imprimé en France

La Nouvelle Imprimerie Laballery est titulaire de la marque Imprim'Vert®